KB248541

중용의 성공학

중용의 성공학

초판 1쇄 발행일 · 2002년 8월 20일
중판 2쇄 발행일 · 2004년 2월 20일

지은이 · 이상각
펴낸이 · 이정원

펴낸곳 · 도서출판 들녘미디어
등록일자 · 1995년 5월 17일
등록번호 · 10-1162
주소 · 서울시 마포구 합정동 366-2 삼주빌딩 3층
전화 · 마케팅 (02)323-7849 편집 (02)323-7366
팩시밀리 · (02)338-9640
홈페이지 · www.ddd21.co.kr

ⓒ 이상각 2002
값은 뒤표지에 있습니다. 잘못된 책은 구입하신 곳에서 바꿔드립니다.
ISBN 89 - 86632 - 78 - 0 (03820)

중용의 성공학

이상각 지음

들녘미디어

하나를 버리고 셋을 얻는다

천하무쌍의 성공 비결, 중용

성공에 이르는 길은 온갖 수모와 고난의 가시밭길이다. 하지만 수많은 사람들이 그 길을 노력과 인내, 끈질긴 집념으로 거쳐갔고 마침내 뜻한 바를 이루었다.

그처럼 성공한 인물들 중에는 송 태조 조광윤과 손무의 손자로, 『손자병법孫子兵法』을 집대성한 손빈 같은 이들이 있다. 반면 성공한 듯 보이면서도 사실은 실패한 여불위와 한신 같은 이들도 있다.

이 두 부류의 차이는 대체 무엇인가? 그것은 바로 '중용中庸'에서 비롯된다. 중용을 취한 자는 성공에 이르렀고 그것을 지킬 줄 알지만, 중용을 취하지 않은 자는 성공에 이르렀어도 그것을 빼앗기고 만다. 곧 성패란 '하나를 버리고 셋을 얻는다'는 천하무쌍의 성공 비결인 중용의 유무에서 가름된다.

이런 까닭으로 『논어論語』에서 '중용이 최고'라는 표현으로 처음 나타난 중용은, 모택동에게서 '공자의 가장 큰 발견이자 공헌'이라는 찬사를 받기에 이른다.

실제로 동서고금의 성공 사례들을 살펴보면 모두가 중용의 원칙에 들어맞지 않은 것이 없다. 그렇다면 중용의 원칙이란 대체 무엇인가? 그것은 다음과 같은 두 가지로 말할 수 있다.

첫째, 매사에 선입견을 갖지 않는다(집중執中).
둘째, 구체적인 경우에 따라 알맞은 방법을 채용한다(행권行權).

이와 같은 중용의 원칙에 통달하면 승리의 기쁨을 얻지만, 그렇지 않으면 실패의 쓴맛을 보게 된다. 이러한 진리는 명철보신明哲保身의 주인공 범려 등 성공적인 삶을 살았던 인물들이 명백하게 증명해주고 있다.

지금부터 우리는 '중용의 원칙'이 상업, 전쟁, 관직생활 등 다양한 분야에서 실제로 운용된 사례를 살펴보고, 거기에서 도출된 여러 문제들을 처리하는 과정에서 나타난 중용의 역할을 구체적이고도 입체적인 시각으로 바라보게 될 것이다.

이와 같은 준거를 통해 독자 여러분이 지금껏 알고 있던 중용의 막연한 선입관을 버리고 어떤 분야에서든 성공을 다질 수 있는 깊은 내공을 키웠으면 하는 바람이다.

차례

제1편 중용의 원칙으로 승부한다

중용中庸의 원칙을 운용하는 열쇠는 바로 '중中'이란 글자를 제대로 파악하는 일이다. 이와 같은 바탕에서 중용을 실천해야 성공에 이를 수 있기 때문이다.

예로부터 '중'을 파악하는 방법으로는 예측법, 포용법 등 여러 가지가 전해지고 있다. 그 중에 송나라의 대유학자 주희가 권하는 한 가지 방법을 맛보기로 소개하겠다. 그는 '중'에 대해 이렇게 말했다.

모든 사물은 둘로 나눌 수 있는데, 예를 들면 큰 것과 작은 것(大小), 두터운 것과 엷은 것(厚薄) 등이다. 중中은 이렇게 상반되는 양끝을 잘 파악한 다음 그 중간을 취하여 쓰는 것이다.

그는 또 '만약 2백이라면 많고 5십이라면 적을 경우 백을 취하는 것이 적당하다'고 덧붙였다. 이 말은 모든 사물은 상반되는 것이니, 그 양끝의 중간을 파악해 운용해야 한다는 뜻이다.

언뜻 보기에 이와 같은 주희의 표현은 너무나 형식적이고 간결해서, 어쩌면 그의 중용에 대한 이해가 천박한 것이 아닐까 고개를 갸웃거릴지도 모르겠다. 하지만 생각을 바꿔보면 전혀 그렇지 않음을 알 수 있다.

가령 어떤 사람이 일을 판단할 때 주희처럼 설명이 명확하다면 그는 그 영역에서 전문가임에 분명하고, 따라서 그의 일처리 능력은 물론 장래의 성공까지 의심할 여지가 없지 않겠는가.

중용으로 천하를 얻은 사람

송나라 태조 조광윤

송나라의 개국 황제 조광윤은 쿠데타를 일으켜 중원의 패자가 된 인물이다. 하지만 무력 동원 과정에서 중용의 원칙이 고려되었다는 점은 잘 알려서 있지 않다. 실제로 조광윤이 황제에 즉위하기까지 그의 무리가 행한 책략을 잘 살펴보면 중용의 오묘한 이치가 생생하게 살아 있음을 알 수 있다.

첫째, 그들은 천문을 이용해 민심을 얻었다. 갑작스런 일기 변화에 대해 뜨는 해인 조광윤과 지는 해인 황제를 비교해 그를 준비된 천하의 주인으로 부각시켰다.

둘째, 그후 조광윤은 마지못해 황제 자리에 오르는 자세를 취해 전통적인 윤리에 순응하는 모습을 보였다. 이는 권력 교체기에 필연적으로 일어나는 내부 혼란을 막고, 국력을 고스란히 유지하는 데 커다란 역할을 했다.

셋째, 천자가 된 조광윤은 물러난 옛 황제에게도 예의를 지켜 민심을 하나로 모았다.

이제 『송사연의宋史演義』에 수록된 쿠데타의 전말을 짚어가면서 조광윤이 어떻게 중용으로 천하를 움켜쥐게 되었는지 살펴보자.

진눈깨비가 내리는 싸늘한 날씨였다. 당왕 이경이 궐내에서 화롯불을 쬐고 있는데, 갑자기 보고가 들어왔다.

"황제周世宗께서 승하하시고 태자 종훈이 즉위해서 병부시랑 두의를 파견해 부고를 보내왔습니다."

그 말을 들은 이경은 깜짝 놀라며 연신 눈물을 훔쳤다. 신하들이 기이하게 여겨 까닭을 묻자 그는 이렇게 대답했다.

"황제는 생전에 영명함과 위엄으로 천하를 다스려서 그 누구도 반발하지 않았다. 이제 그가 죽었으니 외적들이 나라를 노릴 것이고, 조정 대신들은 어린 태자를 업신여겨 딴마음을 품을 것이다. 그렇게 되면 우리 강남 땅까지 어지러워질 것이다."

과연 그의 예언대로 국상의 혼란한 틈을 타 북한北漢의 유균이 요나라와 함께 군사를 일으켜 변방을 침범했다. 이에 어린 황제를 대신해 섭정을 맡은 부태후가 대신들을 모아놓고 내책을 논의했다. 이때 대신 범질이 나서서 말했다.

"적들은 그 기세가 막강하지만 우리는 국상 중이라 민심이 흐트러져 있어 섣불리 대적할 수 없는 처지입니다. 마땅히 명망 높은 장수를 파견하지 않으면 사태를 수습하기 어려울 것입니다."

그 말을 들은 태후는 즉시 조광윤을 불러 원수로 임명하고 출정에 관한 모든 권한을 위임했다.

당시 수도의 백성들은 내우외환이 겹치자 몹시 불안해했다. 별별 유언비어가 떠돌고 있었다. 그 중에는 조광윤이 왕이 되려 한다는 소문도 있었다. 때가 때인지라 조광윤은 쓸데없는 오해를 피하기 위해 수도의 군사를 동원하지 않고 지방군을 불러모아 원정길에 나섰다.

어느 날 군대가 진교역에 다다라 날이 저물기 시작하자 조광윤은 야영을 명했다. 이때 진중에는 천문에 능통한 묘훈이란 자가 있었는데, 갑자기 서쪽 하늘을 보면서 기묘한 표정을 지었다. 이를 본 조광윤의 부하 초소보가 물었다.

"묘 선생, 무슨 길조라도 보이십니까?"

그러자 묘훈이 손가락으로 하늘을 가리키며 대답했다.

"저기 태양 아래에 또 하나의 태양이 보입니까?"

초소보가 자세히 살펴보니 과연 두 태양이 아래와 위로 갈라져 있는 것 같았다. 그러다 잠시 후 두 개가 점점 얽히더니 그 중 하나가 다른 하나를 삼키면서 하나로 변하는 것이었다. 눈부신 서광 속에서 자줏빛 구름이 태양 주위로 둥둥 떠 있어 아름답고, 사뭇 신비롭기까지 했다. 한참 후 자줏빛 구름이 서서히 사라지자 태양도 서산 너머로 자취를 감추었다. 한동안 이 광경을 바라보던 초소보가 혀를 차며 물었다.

"대체 저것은 무슨 징조입니까?"

"저것은 분명 조 원수에게 좋은 일이 생길 징조입니다."

묘훈의 말을 들은 초소보는 의아한 표정으로 물었다.

"그게 대체 무슨 뜻입니까? 옛말에 이르길 '하늘에는 두 개의 태양이 있을 수 없고, 백성은 두 임금을 섬길 수 없다'고 하지 않았습니까. 조 원수에게 길한 징조라면 어째서 하늘에 두 개의 태양이 뜰 수가 있는 겁니까."

"이 징조는 하늘이 천하의 주인이 바뀐다는 뜻을 보여준 것입니다. 먼저 사라진 태양은 당금 황제의 퇴위를 말하는 것이고, 나중에 더 밝게 빛나던 태양은 바로 조 원수의 태양이오."

묘훈은 풍수에 밝고 길흉을 맞히기로 이름난 사람이라 군사들에게 상당한 존경을 받고 있었다. 때문에 초소보는 그의 예측을 믿어 의심치 않았다.

이와 같은 신비한 징조에 관한 소문은 삼시간에 전 군으로 퍼져 모르는 사람이 없게 되었다. 그러자 영강령절도사 고회덕은 군심이 이미 조광윤에게 쏠린 것을 알고 동료 장수들을 불러모은 다음 이렇게 말했다.

"지금 나라는 위기에 처해 있고 황제는 나이가 어려 정사를 돌볼 수 없으니, 우리가 아무리 목숨을 걸고 싸운들 그 누가 알아주겠소. 차라리 하늘의 뜻에 따라 조 원수를 새로운 황제로 옹립해 만세의 영화를 누림이 어떠하겠소?"

이에 여러 장수들 가운데 반대하는 이가 하나도 없었다. 하지만 조광윤은 충성심이 드높은 장수라 그와 같은 제안을 함부로 꺼내기가 어려웠다. 때문에 그들은 조광윤의 동생인 조광의에게 그를 설득하도록 했다.

장수들의 제의를 받은 조광의는 마음이 몹시 혼란스러웠다. 아무리 조광윤이 형이라 할지라도 자칫 말을 잘못 꺼냈다간 목숨을 부지하기 어려운 사안이었다. 그가 고민에 빠지자 사정을 알아챈 조보기 방법을 알려주었다.

"조 원수께서 제위를 받아들이지 않는다면 군사들은 실망하여 군영을 떠나고 말 것입니다. 군심은 곧 민심이며 천심이라 그들의 뜻을 저버려서는 안 됩니다. 하지만 조 원수의 태도가 워낙 굳건하니 함부로 말할 수 없습니다. 그러니 원수께서 어쩌지 못하도록 우리의 뜻대로 밀어붙이는 게 제일 좋습니다."

그 말을 들은 조광의는 고개를 끄덕이고 한 가지 계책을 생각해냈다. 다음날 아침이었다. 아직 날이 새지도 않았는데 조광윤의 막사 앞에는 군사들이 구름떼처럼 몰려들었다. 그리고 장수들의 지휘에 따라 우레와 같은 소리로 만세를 불렀다.

"황제 폐하, 만세! 만만세!"

'만세萬歲'란 오로지 황제에게만 붙이는 것으로, 그와 같은 말을 들은 것만으로도 조광윤은 이미 역신이 된 것이었다. 이렇게 분위기를 띄워놓은 다음 조광의는 조광윤의 막사 안으로 들어갔다.

갑작스런 소란에 깜짝 놀라 잠에서 깨어난 조광윤은 동생을 보고 자초지종을 캐물었다. 이어 저간의 사정을 알게 되자 얼굴을 붉히며 소리쳤다.

"너는 어찌하여 나를 불의에 빠뜨리려 하느냐?"

조광의가 고개를 숙이며 말했다.

"아닙니다, 형님. 이것은 하늘의 뜻이니 받아들이십시오. 언젠가 한 고승이 형님에게 준 족자에 두 해의 광명이 겹친다고 했는데, 바로 오늘을 예견한 것입니다. 지금 삼군이 한결같이 형님이 천자의 자리에 오르지 않으면 떠나겠다고 하니, 그렇게 되면 천하는 누란의 위기에 빠져들 것이고, 이는 곧 형님의 불찰이 될 것입니다. 부디 천명을 받아들이십시오."

"닥쳐라! 황제의 명을 받든 장수로 어떻게 역심을 품을 수 있단 말이냐. 내가 저들을 설득하겠다."

대노한 조광윤이 이렇게 말하고 막사를 나섰다. 그러자 밖에서 대기하고 있던 장병들이 이구동성으로 소리쳤다.

"우리는 원수를 천자로 받들겠습니다."

그 기세에 조광윤이 움찔하며 걸음을 멈추자 고회덕, 석수신 등 장수들이 재빨리 달려와 황포黃袍를 둘러 입혔다. 동시에 병사들의 환호성이 천지에 울려퍼졌다.

"만세! 만세! 황제 폐하 만만세!"

이에 조광윤이 낯을 붉히며 탄식했다.

"아아, 너희의 공명심 때문에 내가 불충불의한 자가 되고 마는구나. 어떻게 대사를 이렇듯 갑자기 행할 수 있는가."

그러자 조보가 나서서 말했다.

"이는 하늘의 뜻이고 뭇 사람들이 바라는 바입니다. 원수께서 한사코 사양한다면 위로는 하늘의 뜻을 거역하는 것이고, 아래로는 백성들의 기대를 저버리는 것입니다. 부디 천명과 민의를 받아들이십시오."

"선제의 은혜를 입은 내가 그 시신이 식기도 전에 이런 일을 저지르면, 천하 사람들이 나를 어떻게 보겠는가?"

조광윤이 이렇게 우려하자 조보가 답했다.

"선제의 은혜를 갚는 길은 당금 황제를 예우하고 옛 신하들을 존중해서 그들의 근심걱정을 덜어주면 될 것입니다."

그와 함께 장수들은 조광윤을 수레에 모신 다음 즉위식을 치르기 위해 수도인 변경汴京으로 출발했다. 더 이상 어찌해볼 수 없게 된 조광윤은 장수들에게 이렇게 제안했다.

"너희의 말에 따르겠다. 하지만 태후와 황제에게는 이와 같은 사정을 내가 직접 통보할 터이니 무례하지 말라. 또 여러 대신들도 예를 갖추고, 국고에 손대지 말고 성안의 백성들을 성가시게 하지 말라. 이를 지키는 자는 포상하고 어기는 자는 중벌에 처할 것이다. 이와 같은 조선을 받아들이지 않는다면 나는 하늘이 무너진다 해도 황제가 되지 않겠다."

그러자 장병들은 모두 기뻐하며 그의 앞에 무릎을 꿇었다. 그리하여 변경으로 달려간 그들은 새로운 역사의 장을 열었다.

『송사연의』의 평자評者는 이와 같은 쿠데타의 사전 작업에 대해 이렇게 꼬집고 있다.

"송 태조의 군사 쿠데타는 겉보기엔 태조가 전혀 끼어들지 않은 것 같지만, 실제로는 그가 면밀하게 획책한 성공한 쿠데타다. 변방을 침범한 적군이 더 이상 깊이 쳐들어오지 않은 것, 정벌군을 내보내기 전에 변경에 떠돌던 '조광윤 황제설' 등이 이 추측을 뒷받침해준다. 아울러 묘훈이 하늘의 현상을 관측해 군심을 미혹하고, 고회덕이 원수를 천자로 추대하자고 장수들을 선동한 일 등은 조광윤의 치밀한 모의가 없었으면 불가능한 사건이다."

역사는 바로 이런 것이다. 승자는 왕후장상이 되고 패자는 도둑으로 남는다. 그후의 문제는 어떤 수단으로 세인들의 입을 막느냐에 달려 있을 뿐이다.

참고 기다리는 자가 승리한다

방연을 꺾은 손빈

손빈은 『손자병법』의 저자로 알려진 손무의 손자로, 그 병법서를 집대성한 인물이다. 일찍이 그는 귀곡 선생 문하에서 방연, 소진, 상의 등과 함께 공부했는데 손빈과 방연은 병법에, 소진과 장의는 유세법에 진력했다.

손빈은 역사적으로 두 번 부활한 인물이다. 한 번은 동문인 방연의 흉계에 휘말려 목숨을 잃을 뻔했던 위기에서 벗어난 뒤 마릉 전투에서 방연을 꺾은 일, 또 한 번은 1972년 산둥성 린이현 인췌에산에서 발굴된 죽간에 그가 저술한 『손자병법』 1만1천 자가 세상에 모습을 드러냄으로써 조부인 손무와 나란히 대병법가로 이름을 드높인 일이다.

아무튼 손빈의 경쟁자로 등장하는 방연은 일찍이 위나라의 장수로 이름을 날렸지만 자신보다 뛰어난 재능을 갖고 있는 손빈을 항상 의식하지 않을 수 없었다. 더구나 그가 스승에게 손자병법을 전수받았다는 소문을 듣고 방연은 마침내 암계를 꾸미기에 이르렀다.

이때부터 손빈의 고난이 시작되는데, 『동주열국지 東周列國志』에 나오는 당시 정황은 마치 영화의 한 장면처럼 역동적인 느낌을 전해준다. 천재 손빈은 간계와 모략으로 얼룩지던 춘추전국시대의 세찬 파도 속에서 자신을 지키고 드높인다는 것이 얼마나 힘든 일인가를 자신의 삶으로 적나라하게 보여주고 있는 것이다.

손빈을 초청한 뒤 방연은 곧 위나라의 혜왕에게 소개했다. 일찍이 그의 명성을 흠모하고 있던 혜왕이 친히 계단을 내려와 맞이하자 손빈은 감읍하며 말했다.

"한낱 촌부가 전하의 은혜를 입게 되니 황공할 따름입니다."

그러자 혜왕이 말했다.

"일찍이 묵적이 말하기를, 손빈이야말로 손무병법의 진수를 이어받은 인물이라 하였소. 내 오늘 그대를 얻어 평생의 소원을 풀게 되었는데 어찌 기쁘지 않겠소."

그리고 나서 혜왕은 군사인 방연을 돌아보며 말했다.

"내가 손 선생을 부군사로 임명해 그대와 함께 군사를 다스리도록 하려 합니다. 그대의 생각은 어떻소?"

방연이 대답했다.

"전하, 이미 신이 손빈을 형님으로 모시고 있으니 부군사 직책은 마땅치 않습니다. 제 생각으로는, 먼저 객경으로 대우하다가 훗날 공을 세우면 군사에 임명하십시오. 그때가 되면 저는 뒤로 물러나겠습니다."

이에 혜왕은 고개를 끄덕이며 방연의 말을 따랐다. 본래 객경이란 귀한 손님의 신분이기 때문에 군신관계에 따른 예의의 구속을 받지 않아서 상당한 대우를 받는 것 같았지만, 실제로는 아무런 실권이 없는 자리였다.

그후 기회를 엿보던 방연은 연회를 열고 손빈을 초대한 자리에서 그가 진실로 손자병법을 익혔는지 넌지시 물었다. 이에 손빈이 고개를 끄덕이자 그 책을 빌려달라고 청했다. 그런데 손빈의 대답은 뜻밖이었다.

"미안하오. 나 역시 스승께서 사흘밖에 빌려주지 않아서 기록해 둔 것이 없소."

"그렇다면 형님께서는 그 내용을 다 기억하고 계십니까?"

"그럴 리가 있겠소. 다만 어렴풋이 기억할 뿐이라오."

손빈의 대답에 방연은 더 이상 조르지 못하고 마른침만 삼켰다.

며칠 후 혜왕이 손빈의 재능을 구경하기 위해 연병장에 나왔다. 명에 따라 손빈과 방연이 각각 진을 쳤는데, 손빈은 방연의 진형을 대뜸 알아보고 격파할 방법까지 제시했지만 방연은 손빈의 진 앞에서 꿀 먹은 벙어리가 되었다. 손빈이 또 하나의 진을 치자, 방연은 재빨리 그에게 다가가 진형의 이름과 변화 가능성을 물은 다음 혜왕에게 나아가 아뢰었다.

"이것은 전도팔문진顚倒八門陣인데, 공격을 받으면 장사진長蛇陣으로 변화하게 됩니다."

이에 혜왕이 손빈에게 확인하니 과연 그 말대로였다. 혜왕은 자신의 군사인 방연이 손빈에게 결코 뒤지지 않는다고 생각하고 기뻐했다. 하지만 방연은 자신이 손빈을 이기지 못한다는 것을 깨닫고 손자병법을 빼앗은 뒤 그를 죽이기로 결심했다. 얼마 뒤 방연이 손빈을 찾아가 말했다.

"형님의 가족은 모두 제나라에 있지 않습니까. 어찌하여 그들을 위나라로 불러들이지 않는 것입니까?"

그러자 손빈은 눈물을 글썽이며 대답했다.

"나는 네 살 때 어머니를, 아홉 살 때 아버지를 여의고 제병공의 대부로 있던 숙부댁에서 자랐소. 그런데 전태공의 난이 일어나 피난길에 올랐다가 지금까지 그분은 행방불명이오. 내가 귀곡 선생을 스승으로 모신 이래 고향 소식을 들어본 적이 없는데, 가족이 웬 말이오."

"그래도 고향에는 가족의 산소라도 있을 게 아닙니까?"

"물론이오. 일찍이 스승께서는 나를 보고 고향에서 공명을 이룰 것이라 예언하셨지만, 내가 위나라에 몸담고 있는 이상 오직 위나라만을 위해 일할 것이오."

"지당하신 말씀입니다. 대장부가 이름을 떨칠 곳이 어디 고향뿐이겠습니까."

이렇게 대답한 뒤 방연은 음흉한 미소를 지으며 물러났다. 이때 그의 뇌리에서 사악한 계책이 피어나고 있음을 손빈은 알지 못했다.

그후 약 반년이 지났다. 하루는 손빈에게 정씨라는 장사치가 찾아와 편지 한 통을 전해주었다. 손빈이 떨리는 가슴으로 봉서를 뜯어보니 다음과 같은 내용이었다.

형 평이 아우 빈에게
가문이 불행을 당해서 식구들이 흩어진 지도 어언 3년이나 되었구나. 나는 아버지와 함께 송나라에서 소작을 하다가 아버지가 돌아가신 후에는 혈혈단신으로 외롭게 지내왔다. 이제 임금께서 이전의 허물을 묻지 않고 부르시니 아우도 함께 고국으로 가서 가문을 새롭게 세우는 일에 함께 하면 좋겠다.

편지를 다 읽은 손빈이 대성통곡하자 정씨가 말했다.

"선생의 형님이 하루빨리 고향에서 상봉하자는 말씀을 전하라 하셨습니다."

그러자 손빈은 고개를 저으며 대답했다.

"나는 이미 위나라에 의탁한 몸이오. 그런 말 하지 마시오."

드디어 그가 돌아가려 하자 손빈은 답장을 써서 건네준 뒤 정씨에게 황금 한 덩이를 줘 사례했다.

그가 써준 편지에는 형님과 가족에 대한 그리움을 구구절절 표현했고, 말미에 '저는 위나라에 투신했으므로, 공을 세운 후 훗날 만납시다'라고 쓰여 있었다. 하지만 그가 어찌 알 수 있었으리요. 정씨라는 장사치는 방연의 심복인 서갑의 변신이었다. 손빈은 형님의 필체를 미처 알아보지 못하고 방연의 흉계에 넘어간 것이었다.

손빈의 답장을 손에 넣은 방연은 끝부분을 '저는 위나라에 몸담고 있지만 한시도 고향을 잊지 못하고 있습니다. 빠른 시일 내에 귀국할 예정이니 임금께서 저를 받아주신다면 그 은혜를 잊지 않겠습니다'라고 고친 뒤 혜왕에게 편지를 보여주었다.

"손빈이 위나라를 배신하고 제나라로 가려 하고 있습니다."

그러자 혜왕이 말했다.

"짐이 그에게 재능을 발휘할 만한 직위를 마련해주지 못한 탓이 아닐까?"

"그의 조부인 손무도 오나라의 대장이었지만 결국은 제나라로 돌아갔습니다. 대왕께서 손빈을 중용하더라도 그 마음을 돌려세울 수는 없을 겁니다. 그의 재능이 뛰어나니, 제나라에서 등용하면 반드시 위나라의 후환거리가 될 겁니다. 그러니 당장 없애버리는 게 상책이 아닐까 합니다."

결연한 태도로 방연이 말했지만 왕은 망설였다.

"무고한 손빈을 죽인다면 천하의 손가락질을 받을 것이오."

"전하께서는 너무 인자하십니다. 제가 손빈을 설득해 그가 위나라에 남겠다면 관직을 높여주시고, 그렇지 않으면 마땅히 벌해야 할 것입니다."

이와 같이 사전 정지 작업을 마친 방연은 아무 일도 없었다는 듯 손빈을 찾아가 물었다.

"형님, 집안 소식이 있다면서요?"

방연의 내심을 알 리 없는 손빈은 정씨에게 받은 편지를 꺼내 보였다. 그러자 방연이 말했다.

"이 일을 전하께 여쭤 한두 달 말미를 얻어보지 않겠소?"

"아니오. 자칫하면 의혹을 살지도 모르는 일이오."

"걱정 마십시오. 제가 곁에서 거들어드리겠습니다."

방연은 손빈에게 이렇게 약속한 뒤, 그날 밤 다시 혜왕을 찾아가 전혀 딴소리를 했다.

"손빈은 위나라에 남을 생각이 추호도 없습니다. 게다가 원망하는 마음까지 품고 있으니, 만약 전하께 휴가를 청하면 즉각 제나라와 사통한 죄를 다스리십시오."

이튿날 아무것도 모르는 손빈은 혜왕에게 나아가 한 달 말미를 청했다. 이에 의심이 생긴 왕은 방연의 말대로 즉각 손빈의 죄를 물어 관직을 거두고 하옥시켰다. 그러자 방연은 그를 찾아가 놀란 척하며 위로했다.

"형님이 누명을 쓰다니 청천벽력과도 같습니다. 제가 전하께 다시 여쭈어보겠습니다."

그런 다음 혜왕을 찾아간 방연은 이렇게 청했다.

"손빈을 죽이면 백성들의 원성을 사게 됩니다. 그저 폐인으로 만들어 고향에 가지 못하게만 하십시오."

왕의 허락을 받은 그는 다시 손빈을 찾아가 말했다.

"형님, 제가 최선을 다해 죽음은 면했지만 고생을 면할 수는 없을 것 같습니다."

그리하여 손빈은 결국 무릎 관절을 잘라내는 월형에, 이마에는 '사통외국私通外國'이란 넉 자를 먹으로 새겨넣는 형벌을 받았다. 하지만 그는 자신이 방연에게 구명지은救命之恩을 입었다고 생각했다.

손빈이 앉은뱅이가 되자 방연은 거짓 눈물을 흘리며 몸종 하나를 붙여 시중들게 했다. 이에 감격한 손빈은 『손자병법』을 기억나는 대로 필사해달라는 방연의 부탁을 흔쾌히 받아들였다.

드디어 방연의 흉계가 막바지에 다다르고 있었다. 병서의 필사가 끝나면 방연은 가차없이 손빈을 죽일 작정이었다. 그런데 손빈의 병서 필사는 몸이 불편한 관계로 몹시 더디게 진행되었다.

이에 조바심이 난 방연은 매일 몸종을 윽박질러 손빈을 재촉케 했다. 그러자 사건의 내막을 알고 있던 몸종은 손빈을 가엾이 여긴 나머지 어느 날 방연의 음모를 손빈에게 낱낱이 알려주었다. 이에 손빈은 깜짝 놀랐다.

"방연이 그런 인간인 줄 몰랐구나. 그런 자에게 어찌 귀한 병서를 전하겠느냐."

그날 저녁 식사가 들어오자 손빈은 눈동자를 흩트리며 노한 기색으로 밥상을 뒤엎었다.

"네 어찌 나를 독살하려 하느냐?"

그와 함께 병서를 적어넣던 죽간을 불 속에 집어던지곤 땅바닥에 뒹굴며 거품을 내뿜었다. 급보를 받고 달려온 방연이 놀란 얼굴로 물었다.

"형님, 대체 무슨 일입니까?"

"위왕이 나를 죽이려 한다고? 10만의 천병이 나를 지키고 있는데. 내가 죽으면 위나라 대장은 누가 할꼬?"

이렇게 동문서답하던 손빈이 갑자기 방연을 뚫어지게 쳐다보더니 옷깃을 부여잡고 매달렸다.

"스승님, 제발 저를 좀 살려주십시오."

"난 방연이오. 제발 정신 좀 차리시오."

당황한 방연이 광기를 보이는 손빈을 달랬지만 막무가내였다. 겨우 자리에서 벗어난 방연은 뭔가 미심쩍은 구석이 있어 손빈이 진짜 미쳤는지 떠보기로 했다.

다음날 그는 진창과 돼지 배설물로 범벅된 돼지우리 안에 손빈을 집어넣은 뒤 심복을 시켜 주안상을 들고 가 이렇게 말하게 했다.

"소인은 선생님을 존경해 마지않습니다. 제가 이곳에 온 건 방연도 모르니 어서 드십시오."

하지만 그 음모를 간파한 손빈은 술상을 뒤엎고 오물들과 범벅된 음식을 마구 집어먹었다. 이 광경을 보고받은 방연은 그가 광인이 되었다고 믿었지만 감시의 눈길을 게을리 하진 않았다.

그때 위나라를 지나던 묵적은 손빈의 처참한 소식을 듣고 급히 제나라로 달려가 위왕에게 알렸다. 이에 위왕이 군사를 일으켜 그를 구하려 하자 대신 전기가 이렇게 말렸다.

"전하, 방연이 손빈을 그토록 미워한다면 제나라로 귀환하기 전에 먼저 손을 쓸 것입니다. 다른 방도를 생각해보심이 옳을 것입니다."

얼마 후 위 혜왕은 제나라 왕이 보낸 객경 순우곤으로부터 국서와 공물을 받게 되었는데, 그의 수행원들 가운데 손빈을 구하기 위해 제 위왕이 파견한 금활리란 자가 있었다. 그가 은밀히 손빈을 찾아가 위나라 탈출 계획을 논의했다.

이튿날 위 혜왕은 순우곤 일행을 후히 대접하고 금은비단 등을 하사했으며, 방연도 멀리까지 배웅을 나왔다. 그러나 방연은 자신이 배웅하고 있는 사신의 수레 안에 손빈이 끼어 있으리라곤 꿈에도 생각지 못했다.

손빈 대신 온몸에 오물을 바르고 집에 남았던 왕의도 며칠 후 무사히 위나라를 탈출했다. 방연은 미친 손빈이 우물에 투신자살한 것으로 알고, 시신도 찾지 못하자 자기 짐작대로 혜왕에게 보고했다. 누구도 손빈이 제나라로 갔으리라고는 생각지 못했다.

가까스로 고국 제나라로 돌아온 손빈은 관직을 사양하고 유유자적하며 세월을 보냈다. 당시 제 위왕은 신하들과 경마를 즐겼는데,

대신 전기는 한 번도 왕을 이겨본 적이 없었다. 이를 보고 손빈이
전기에게 말했다.

"왕에게 다시 경마 시합을 청하시오. 그대가 반드시 이기도록 하
겠소이다."

전기는 손빈의 말대로 왕에게 시합을 청하면서 승패에 천금의
내기를 걸었다. 드디어 시합이 벌어지자 전기는 손빈의 말대로 첫
시합에서는 최하급 말을 왕의 최상급 말과 경주케 했다.

결과는 불을 보듯 뻔했다. 뭇 사람들의 조롱 속에 계속된 두 번
째 시합에서 전기는 최상급 말로 왕의 중간급 말과 경주케 하고,
마지막에는 중간급 말로 왕의 최하급 말과 경주케 했다. 그 결과
전기는 2승 1패로 천금을 얻을 수 있었다. 나중에 그 일을 알게 된
위왕은 손빈의 능력에 감탄해 마지않았다.

얼마 뒤 위 혜왕은 중산 땅을 잃은 원한을 풀고자 방연을 시켜
조나라의 한단을 공격게 했다. 한단의 수비 장수는 방연이 이끄는
군세를 당해내지 못하고 연전연패했다.

급보를 들은 조나라 왕은 중산을 할양하는 조건으로 제나라에
구원을 청했다. 이에 제 위왕은 전기를 원수로, 손빈을 군사로 삼
아 지원군을 보냈다. 손빈은 전기에게 이렇게 말했다.

"지금 한단은 너무 멀어, 우리가 아무리 서둘러도 늦습니다. 차
라리 위나라의 수도를 공격하는 척하면서, 요처에 매복한다면 반
드시 승리할 수 있을 것입니다."

과연 방연은 제나라의 침입 소식을 듣자 부랴부랴 군대를 이끌
고 위나라로 되돌아왔다. 드디어 양군이 맞붙자 손빈은 짐짓 패하
는 척하면서 후퇴에 후퇴를 거듭했다.

그런데 제나라 군은 야영지에 첫날은 10만 개의 솥을 건 자취를
남겨놓았고, 둘째 날은 5만 개, 셋째 날은 2만 개의 솥자리를 남겨

놓았다. 이를 본 방연이 기뻐하며 말했다.

"제나라 군사가 우리와 싸운 지 겨우 사흘이 되었는데 도망친 군사가 반이 넘는구나. 이 전쟁은 우리의 승리임에 분명하다."

하지만 이는 그를 방심시키고자 한 손빈의 계교였다. 그는 위나라 군대가 통과하는 마릉 협곡에 군대를 매복시켜놓고 때를 기다리고 있었던 것이다.

과연 그의 예측대로 방연은 아무런 경계심 없이 협곡 안으로 군대를 이끌고 들어섰다. 그런데 문득 불길한 예감이 든 방연이 고개를 돌려보니 커다란 나무에 무슨 글자가 쓰여 있었다. 부하들에게 불을 밝히게 한 다음 읽어보니 '방연이 이 나무 아래서 죽다'라는 내용이었다.

깜짝 놀란 방연이 손을 흔들어 군대를 물리려 했지만 이미 때는 늦었다. 불빛을 신호로 우레와 같은 함성이 울려퍼지면서 사방에서 화살이 쏟아지고 바위와 통나무가 굴렀다. 이미 협곡의 양편은 제나라 군대로 물샐틈없이 막혀 있었다.

위나라 군사는 그야말로 우왕좌왕하면서 썩은 짚단처럼 쓰러져갔다. 그제야 제나라에 손빈이 있었음을 안 방연은 하늘을 원망하며 자결하고 말았다. 이 전투에서 제나라는 위나라의 태자 신까지 사로잡는 전과를 올렸다.

이렇게 해서 원수를 갚고 나라의 은혜에 보답한 손빈은 이후 초야에 묻혀 살면서 병법을 연구하다 천수를 마쳤다. 실로 그는 참고 기다리는 자가 승리하고야 만다는 중용의 진리를 몸으로 증명한 인물이었다.

제2편 시기에 맞는 방법을 쓴다

중용의 관건은 '중中'에 있다. '중'은 하나의 원칙이자 불변의 법칙이므로, 이를 따르지 않으면 누구나 실패의 쓴맛을 볼 수밖에 없다. 그러나 그 '중' 하나뿐이라면 중용은 여타의 법칙과 큰 차이가 없을 것이다.

일찍이 유가의 성인들은 이 점을 미리 파악하고 '중'에다 무궁한 생명력을 부여했다. 그것이 바로 '시중(時中, 시기에 맞는다)'이다. '중'의 원칙은 불변이지만, 그것을 운용할 때는 각자 시기와 상황에 따라서 구체적인 집행의 원칙을 세워야 한다는 것이다. 이를 '행권(行權, 권도를 실행한다)'이라고 한다. 여기에서 '권도權度'란 '방편, 방법'이란 뜻이다.

그들은 많은 저술을 통해 '시기에 맞게 권도를 행하는' 원칙을 말했는데, 그 중에 『하남정씨유서河南程氏遺書』에 나오는 '계절에 따라 옷을 가려 입는 것과 같다'라는 표현이 가장 이상적이다.

아무튼 '시기에 맞게 권도를 행한다'라는 것은 쉽게 이해할 수 있는 이치지만, 말처럼 실천이 쉽지는 않다. 생생한 역사적 사실들이 그 점을 증명해주고 있다.

때를 잃으면 공도 죄가 된다

상앙의 비극

상앙은 중국 역사상 최초의 변법變法을 시행함으로써 진나라의 국력을 일신시켰지만, 처음 그것을 집행할 때의 난맥상은 이루 말할 수 없었다.

애초에 위나라의 전문이 그의 재주를 아껴 위 혜왕에게 추천했지만, 왕은 그의 능력을 알아보지 못했다. 그러던 중 진 효공이 천하에 널리 인재를 모집하자 상앙은 진나라로 가서 효공의 측근인 경감을 찾았다. 이에 경감은 상앙의 정치적인 식견을 알아보고 효공에게 그를 소개해주었다.

드디어 효공을 만난 상앙은 역대 황제들의 사적을 들려주면서 자신의 포부를 밝혔지만 그의 변설이 별 재미가 없었던지 효공은 도중에 잠이 들어버렸다. 이에 굴하지 않고 상앙은 경감에게 부탁해 닷새 뒤에 다시 효공을 만났다. 하지만 이번에도 효공은 상앙의 말을 탐탁찮게 여겼다. 이에 실망한 상앙이 진나라를 떠나려 하자 경감이 간곡히 말렸다.

닷새 뒤에 상앙과 효공은 다시 만났다. 하지만 효공의 태도는 조금도 바뀌지 않았다. 다만 헤어질 때 효공은 상앙이 말한 정치에 대해 찬동의 뜻을 표하는 체할 뿐이었다. 이에 상앙은 이렇게 말하고 물러났다.

"전하께서 제 말에 일리가 있다고 생각하신다면 사흘 뒤에 저를 다시 불러주십시오."

그 말을 들은 경감은 상앙에게 효공이 얼마간 동감을 표시할 때 밀어붙여야 했다고 질책했다. 하지만 상앙은 아무렇지도 않은 듯이 대답했다.

"왕이 스스로 결정을 하지 않으면 중도에 후회하기 쉽습니다."

그런데 이틀이 지나자 효공이 상앙을 찾는다는 전갈이 왔다. 하지만 상앙은 움직이지 않고 이렇게 전하라고 했다.

"저는 약속한 바가 있으니 내일 뵙도록 하겠습니다."

그 말을 들은 효공은 다음날 아침 일찍 수레를 보내어 상앙을 청했다. 드디어 두 사람이 마주하고 나랏일에 대해 논의하기 시작했는데, 그 열기가 너무 높아 사흘 밤낮을 쉬지 않고 이야기했을 정도였다. 대좌가 끝나자 효공은 상앙에게 좌서장이란 벼슬과 황금 5백 냥을 하사하면서 말했다.

"지금부터 국정은 모두 좌서장에게 맡긴다. 그의 말을 듣지 않는 자는 어명을 거역한 죄로 다스리겠다."

그때부터 상앙은 오랫동안 품고 있던 변법령을 제정해 효공의 허락을 받아냈다. 그리고 법을 공포하기 전에 백성들에게 '자신이 말을 하면 반드시 실행한다'는 믿음을 심어주기 위해 3척이나 되는 나무를 남문에 갖다놓고 누구든 북문까지 메고 가면 금 10냥을 상으로 준다고 했다. 하지만 사람들은 수군거리기만 할 뿐, 감히 나서려 하지 않았다.

이에 상앙은 상금을 50냥으로 올렸다. 그러자 한 사람이 나서더니 그 나무를 북문까지 메고 갔다. 이에 상앙은 군중 앞에서 그에게 금 50냥을 직접 건네주었다. 이 소문이 날개 돋친 듯 온 나라에 쫙 퍼졌고, 상앙의 신용이 널리 알려졌다. 이렇게 상황이 무르익자 상앙은 변법령變法令을 공포했는데, 그 내용은 다음과 같았다.

첫째, 도읍을 정한다. 진나라에서 산과 강이 더불어 있는 함양 땅이 그 적지다.

둘째, 현 제도를 설립한다. 나라 안의 촌과 진을 현에 귀속시킨다. 현에 영과 승을 각각 한 사람씩 두고서 각 조례의 집행을 책임진다. 집행자는 자신의 모든 행위에 대해 책임지되 임무를 완수하지 못하면 벌을 받는다.

셋째, 황무지를 개척한다. 말이나 수레가 지나가야 할 길이 아닌 황무지는 부근의 거주민들이 밭으로 개간해 경작하고 그에 따른 조세를 징수한다. 수확은 땅을 재어 6척을 일보一步로, 240보를 일무一畝로 하는데, 6척을 속이는 자는 그 땅을 몰수해 국고로 넘긴다.

넷째, 세금을 부과한다. 세금 징수는 일무의 땅을 기본적인 환산 단위로 하는데, 모든 땅은 관아에 속하는 것으로 개인 소유를 금한다.

다섯째, 부를 나라의 근간으로 삼는다. 남자는 경작하고 여자는 베를 짜는데, 이러한 일에 종사하는 자는 양민으로 취급해 한 호를 단위로 부역을 면제한다. 게을러서 가난하게 된 자는 관가의 노복으로 삼는다. 상공업에 종사하는 자는 물론 둘 이상의 남자가 있는 민가에 대해서도 세금을 부과한다.

여섯째, 전쟁에서 공로가 있는 자를 예우한다. 그 전공의 경중에 따라 작위를 내릴 것이다. 하지만 사사로운 일로 싸우는 자는 그 사안의 옳고 그름을 묻지 않고 참수한다.

일곱째, 간첩의 일을 금한다. 5호를 1보, 10호를 연좌해서 서로 감독케 한다. 1호가 과오를 범하면 나머지 9호까지 책임을 물어 참수한다. 간첩을 고발하는 자에겐 작위를 하사하며, 죄인을 숨겨준 자에겐 적과 마찬가지로 처치한다.

여덟째, 법령을 중시한다. 조정의 영이 이르면, 귀천을 불문하고 일률적으로 따라야 하며 거역하는 자는 참수한다.

이와 같은 변법 시행 초기에 상앙은 변법을 무조건 찬성하거나 무조건 반대하는 백성들을 골라내어 모두 변방으로 추방해버렸다. 또 대신들 가운데 사사로이 변법의 시비를 논하는 자들의 관직을 빼앗아버렸다.

어느 날 태박공자가 도읍을 옮기는 데 불만을 토로했다는 고변을 받은 상앙은 효공에게 여쭈고 나서 그와 그의 스승에게까지 죄를 물어 파면시켰다. 이렇게 되자 어느 누구도 상앙의 변법에 감히 이의를 제기하지 못했다.

얼마 지나지 않아 진나라 안에는 도둑이 자취를 감추고 국고가 가득 찼으며, 백성들이 한마음으로 나라를 부강하게 만들었다. 이렇게 해서 국력이 강대해진 진나라는 곧 주변국들을 하나둘 병합하는 등 그야말로 욱일승천의 기세를 자랑했다.

당시 상앙이 제정한 가혹한 형벌은 은연중 백성들에게 반감을 사고 있었지만, 효공의 절대적인 신임이 있었기에 거리낌없이 법을 집행할 수 있었다. 그러나 효공이 세상을 떠나고 태자인 혜문공이 즉위하자 상황이 바뀌기 시작했다.

신왕이 등극한 뒤에도 상앙의 위세가 수그러들지 않자 일찍이 그에게 앙심을 품었던 태박공자가 스승과 함께 나아가 혜문공에게 말했다.

"전하, 상앙이 변법을 실행한 뒤부터 백성들은 모두 상앙의 법이라고 하지 진나라의 법이라고 하지 않습니다. 그런데도 그가 원로를 자처하며 자신의 허물을 깨닫지 못하고 날뛰니 반드시 모반할 것입니다."

이에 혜문공이 대답했다.

"나 역시 그를 의심했지만 그동안 참고 있었소. 이제 그 말을 들으니 더 이상 좌시할 수 없소."

그리곤 즉시 조서를 내려 상앙의 벼슬을 빼앗은 다음 추방령을 내렸다. 그런데 상앙은 도읍을 떠나면서도 그 행렬이나 수레의 수효 등 그 규모가 제후 못지 않았고, 조정 대신들은 그를 배웅하느라 공무를 보지 못했다. 이 소식을 듣고 분노한 혜문공은 군사를 보내 상앙의 목을 베어오라고 명했다.

바야흐로 성에서 벗어나던 상앙이 그 사실을 알고 대경실색해 가재도구를 버리고 급히 도망쳤다. 며칠 동안 혜문공의 군대에게 쫓기다 지친 그는 민가에 들어가 음식을 청했지만 한 끼도 얻어먹을 수 없었고, 그를 발견한 백성들은 오히려 관청에 신고하기 일쑤였다. 아이러니컬하게도 그것은 자신이 정한 변법 때문이었다.

그렇게 모진 곤욕을 치른 상앙은 위나라로 도망쳤다. 그런데 위혜왕은 그를 사로잡아 혜문공에게 넘기려 했다. 이에 서둘러 위나라를 벗어난 상앙은 상나라로 들어가 군대를 일으켜 자신을 핍박한 진나라를 치려 했다. 하지만 혜문공의 조치가 그보다 신속했다.

결국 사로잡히고 만 그는 진나라로 끌려가 혜문공 앞에서 역모 혐의를 받고 국문을 받는 처지가 되고 말았다. 혜문공은 그의 죄를 일일이 따진 뒤 사지와 머리를 다섯 마리의 소에 매고 끌어당기는 분시형에 처해버렸다.

이렇듯 상앙이 비참하게 죽자 그가 제정한 법으로 피해를 입은 백성들이 구름처럼 몰려들어 그의 시체를 짓밟았다. 상앙은 변법을 실행해 진나라를 부강하게 했지만, 처참한 최후를 맞았던 것이다.

상앙은 실로 때에 맞게 중용을 행하지 않은 업보를 받았다. 나라

를 부강하게 만들기 위해 시행한 법률이 때에 맞지 않고 백성을 배
려하지 못해 공이 화로 바뀌어 자신을 수렁으로 밀어넣는 계기가
되었던 것이다.

힘은 지혜로 대응한다

진평의 혜안

중국의 역대 제왕들에게 가장 골치 아픈 문제 중 하나는 강력한 제후들의 힘을 제어하는 일이었다.

한 고조 유방 역시 마찬가지였다. 명장 한신에게 모반의 징후가 보인다는 보고를 받았을 때 그는 골머리를 앓지 않을 수 없었다. 하지만 그에게는 중용의 권도를 꿰뚫고 있던 책사 진평이 있었다. 진평은 유방의 극단적인 행동을 제어하고, 넘쳐흐르는 한신의 힘을 이용해 이득을 취한 다음 버리는 방법을 권했다.

『사기史記』에 따르면, 유방은 대장군 한신이 제나라를 격파한 다음 스스로 제왕을 칭했다는 보고를 받자 사신 앞에서 몹시 진노했다. 이때 곁에 있던 진평이 그의 발등을 슬쩍 밟아 자제하라고 청하자, 유방은 금방 그 뜻을 알아채고 웃으며 사신을 잘 대접해 돌려보냈다. 그후 유방은 진평의 복안을 받아들여 한신을 제왕에 봉하고 전공을 부추겨 끝내 초나라까지 멸망시켰다.

그렇게 중국을 통일한 유방이 나라의 안정에 주력할 무렵이었던 한나라 6년, 당시 초왕으로 봉해졌던 한신이 또다시 모반의 징후를 보인다는 첩자들의 보고가 들어왔다. 그러자 조정의 신하들은 일제히 들고일어나 한신을 쳐부수자고 주청했다. 이에 고심하던 유방은 다시금 진평을 불렀다.

"한신이 모반을 꾀한다고 하오. 대체 어찌 했으면 좋겠소?"

진평이 말했다.

"지금 폐하의 군사는 한신의 군사보다 못하며, 폐하의 장수 중에도 한신을 따를 만한 자가 없습니다."

그 말에 유방이 고개를 끄덕이자 힘을 얻은 진평이 강력한 어조로 권했다.

"상황이 이와 같은데 폐하께서 무력으로 한신을 핍박하려 한다면, 그에게 확실한 모반의 빌미를 제공하게 됩니다. 그렇게 되면 폐하께선 위험을 피할 수 없게 됩니다."

이렇게 유방을 설득한 다음, 진평은 한신을 붙잡을 계책을 은밀하게 일러주었다.

그로부터 몇 달 뒤, 유방은 전국을 순회한다면서 남방에 있는 운몽택으로 떠났다. 드디어 초나라의 진현에 이르니, 그곳을 관장하고 있던 한신은 아무런 경계심도 없이 혼자 마중을 나왔다.

이때 유방은 연회석상에서 전격적으로 한신을 체포한 다음 낙양으로 끌고 왔다. 그리고 역모 혐의로 그의 지위를 빼앗은 뒤 예전의 공로를 보아 사면해준 다음 회음후에 책봉해 낙양에 머물게 했다. 이는 그가 군사를 움직일 수 없도록 연금한 것이었다. 이렇게 해서 큰 근심거리를 없앤 유방이 진평을 불러 상을 주려 했다. 하지만 진평은 고개를 저었다.

"폐하, 그건 제 공이 아닙니다."

유방이 의아한 얼굴로 물었다.

"내가 그대의 계책으로 일을 성공시켰는데, 어째서 공이 아니라고 하는가?"

"저는 상대의 약점을 이용했을 따름입니다."

이렇게 말하며 진평은 계속 사양할 뿐이었다. 이렇듯 앞으로 나서려 하지 않는 진평을 유방은 신뢰하지 않을 수 없었다. 그는 스스로에게도 중용의 원리를 엄격하게 적용하고 있었다. 때문에 그 후로도 오랫동안 진평은 조정에 머물며 통일된 새 나라의 안정을 위해 많은 역할을 했다.

이는 유방이 중국을 통일하기까지 많은 공을 세웠던 장량이나 소하, 한신 등이 자의반 타의반으로 조정을 떠난 것과 대조적인 모습이었다.

부드러움으로 강함을 이긴다

사마의의 책략

치열한 쟁패전이 벌어졌던 삼국시대 때 사마의는 유일하게 제갈량과 상대할 수 있는 인물이었지만, 나관중의 『삼국지연의三國志演義』에서는 그를 그다지 비중 있게 다루지 않았다. 그러나 실제로 사마의가 제갈량에 뒤지지 않는 훌륭한 책략가였음은 '삼국귀진(三國歸晉, 삼국은 결국 진나라로 돌아갔다)'이라는 역사적 사실이 증명해주고 있다.

『진서晉書』에서는 사마의를 '웅대한 전략과 결단성, 그리고 용맹'을 겸비한 인물이라 평가하고 있다. 남송의 진량도 '사마의가 없었다면 위나라의 천하통일은 이루어질 수 없었을 것'이라고 단언했다.

사마의는 '두 임금의 부탁으로 세 왕조를 보좌하면서' 그 탁월한 재능을 과시해 사람들을 놀라게 했는데, 그가 사용한 권모술수의 일부는 지금까지도 현실적 의의를 찾아볼 수 있다. 그는 모략에 능할 뿐 아니라 선견지명이 있었으며, 일을 처리할 때도 경직되지 않고 시기에 맞게 운용하는 데 거리낌이 없었다.

그의 모략을 한마디로 표현하면 '부드러움으로 강함을 이기고, 음으로 양을 대처하며, 굽히는 것으로 펼 때를 구한다(以柔克剛, 以陰克陽, 以屈求伸)'로 요약할 수 있다. 그는 이 원칙으로 세상에 이름을 떨쳤을 뿐만 아니라 후손들에게도 제왕의 위업을 물려주었다.

『노자老子』에는 '지극한 부드러움은 천하의 지극한 견고함도 깨뜨릴 수 있다'고 했다. 물방울이 떨어져 돌에 구멍을 뚫는 것이 그 실례다. 그러므로 노자는 '부드러움을 지키는 것을 강함이라 한다(守柔曰强)'라고 말했던 것이다.

부드러움으로 강함을 이기기 위해선 우선 조급하지 말아야 한다. 이는 빠른 기간 내에 효과를 보는 것이 아니라 오랫동안 꾸준히 노력해서 목표를 달성하는 방법이기 때문이다.

그러므로 이 방법은 반드시 '음으로 양을 대처하는' 방법이 보조되어야 한다. '양'이란 이미 드러난 것을 가리키고, '음'이란 아직 드러나지 않은 것이다. 일반적으로 양자는 직접 대립하지 않고 오랜 기간 잠재적인 갈등을 거쳐 시기가 성숙했을 때만 공개적인 대결로 나타난다. 이때는 일반적으로 '음'이 압도적인 위치에서 양을 격파하게 된다. 이렇게 함으로써 '이음극양(以陰克陽, 음으로 양을 극복한다)'이 이루어진다.

'이유극강以柔克剛'이나 '이음극양'은 실제로 운용될 때는 모두 '이굴구신(以屈求伸, 굽힘으로써 펼 때를 구한다)'을 중심으로 이루어진다. 가령 약한 자가 자신의 불리한 처지를 파악하지 못하고 모험을 한다면, 그 결과는 계란으로 바위를 치는 격이 되고 만다.

이때 필요한 것은 냉정하게 시기를 판단한 뒤에 먼저 부드럽고 나약한 모습으로 나서는 것이며, 다음에는 암암리에 실력을 키우는 것이다. 이러한 실천 과정에서 가장 중요한 것은 일시적인 굴욕을 참는 일이다. 그리하여 모든 조건이 성숙해서 자기에게 유리한 시기가 되면, 일거에 상대를 격파해 애초의 목표를 달성한다.

사마의의 성공 비결은 정치적인 권모술수를 실천하면서 이러한 점을 잘 운용했다는 점이다.

『삼국지연의』를 펼쳐보면, 제갈량은 제6차 북벌을 위해 기산을 나섰을 때 위수 남안에 군사를 주둔시켰다. 이때 위왕 조예의 명을 받고 촉군과 맞선 사마의는 '견고히 방어하고 교전하지 말라'는 조예의 명을 철저히 지켰다. 거기에는 다음과 같은 까닭이 있었다.

첫째, 촉군은 공격 태세를 갖추었으므로 기세가 사납기 이를 데 없었지만 본국과 거리가 멀어 군량과 마초의 수송이 어려웠으므로 급전을 원하고 있었다. 하지만 위군은 군량과 마초의 보급이 용이했고, 부대의 배치가 산중에 있어 방어에 유리했으므로 지구전을 펼치는 것이 바른 선택이었다. 때문에 사마의가 시간을 끌면 끌수록 촉군은 지칠 것이었다.

둘째, 위군이 병력상으로 우세하기는 했지만 사마의의 용병술이 제갈량에게 뒤진다는 치명적인 약점이 있었으므로 공격 전술을 펴기 어려웠다.

이미 제갈량은 공성계로 사마의의 15만 대군을 물리친 전력이 있었고, 그후로도 신묘한 계략으로 사마의를 궁지에 몰았다. 때문에 사마의 자신조차 '나로서는 공명을 도저히 당해낼 수 없다'고 고백했던 것이다.

그리하여 양군이 대치하던 백여 일 동안 사마의는 촉군의 어떤 도발에도 꼼짝하지 않았다. 사정이 이러하자 조급해진 쪽은 제갈량이었다. 급기야 그는 상대의 화를 부추기는 모략의 하나인 격장지계激將之計를 썼다. 사마의에게 여자의 수건과 복장이 든 함과 편지 한 통을 보냈던 것이다. 그 편지의 내용은 다음과 같다.

그대는 중원을 통솔하고 있는 대장인데도 갑옷과 투구를 갖추고 자웅을 결하는 전장으로 선뜻 나서지 않고, 다만 토성에 숨어서 칼과 화살을 피하고 있으니, 일개 아녀자와 무엇이 다른가.

이에 아녀자의 옷과 수건을 전하니 출전하지 않으려면 엎드려 받도록 하라. 만일 그대가 사나이로서 수치심이 조금이라도 남아 있다면, 보낸 물건을 돌려보내고 전장에서 만나기를 바란다.

편지를 읽고 난 사마의는 '제갈량이 나를 비웃는구나!'라고 말하며 너털웃음을 터뜨렸다. 그리곤 촉의 사신을 환대하면서 제갈량의 근황을 물었다. 이에 영문을 알 리 없는 사신이 정직하게 대답해주었다.

"승상께서는 아침 일찍 일어나 저녁 늦게 자리에 드십니다. 20대의 곤장을 치는 처벌까지 친히 처리하시며, 음식을 많이 드시지 못합니다."

이 말을 들은 사마의는 회심의 미소를 지었다. 사신은 엉겁결에 최고지휘관의 기밀을 누설한 것이었다. 그로써 사마의는 제갈량이 식사량은 적고 잡다한 일에까지 관여하고 있으니, 건강하지 못한 제갈량은 오래 견디지 못할 것이라 판단했다. 이때부터 그는 싸우지 않고도 촉군을 무너뜨릴 수 있음을 자신했다. 한편 제갈량은 돌아온 사신에게서 이런 사마의의 태도를 전해듣고 탄식하며 말했다.

"과연 사마의로구나."

실로 이런 상황을 깨달은 사람은 그들 두 사람뿐이었다. 이때 용맹스런 위군의 장수들은 사마의가 모욕을 당하면서도 여전히 전쟁을 회피하자 불만이 팽배해져갔다. 이에 마음이 번거로워진 사마의는 황제에게 사람을 보내 의견을 구했다. 이는 '장수들에게 떠밀려 싸우게 되면 패배해도 나의 책임이 아니다'라는 선언이나 다름없었다.

이런 상황을 눈치챈 조예는 사마의의 의견을 존중하여 섣불리 싸우지 말라는 교지를 내려보냈다. 사정이 이렇게 되니 뭇 장수들도 별수 없이 사마의의 명에 따를 수밖에 없었다.

그러자 제갈량은 더 이상 사마의를 움직일 수 있는 방법이 없었다. 결국 촉군과 위군은 2월부터 8월까지 오랫동안 창끝을 겨눈 채 하릴없이 시간만 보냈다. 그러다 제갈량이 진중에서 숨을 거두자 촉군은 어쩔 수 없이 본국으로 철수하고 말았다.

제갈량의 마지막 북벌은 이렇듯 사마의의 '부드러움으로 강함을 이긴다'는 계책에 의해 아무런 성과 없이 끝나고 말았다. 그리하여 후세 사람들은 제갈량을 일컬어 '군사를 일으켜 전공을 올리기도 전에 몸이 먼저 죽으니, 천하의 영웅들이 모두 눈물을 머금는구나!'라고 아쉬워했다.

사마의가 지닌 가장 큰 장점은 바로 '인내'였다. 시기가 성숙되지 않았을 때는 어떠한 치욕이라도 인내할 수 있는 준비가 되어 있어야 한다. 치욕을 견디는 것은 수치가 아니라, 이 경우에는 멀리 내다볼 줄 아는 혜안을 보여준다. 그것이 곧 성공을 위한 준비 단계다.

이러한 그의 중용의 묘는 훗날 위나라를 뒤엎고 진나라 건국의 기반을 마련한 후반기의 정치투쟁 속에서 더욱 빛을 발한다.

239년 위왕 조예가 죽자, 사마의는 조상과 함께 여덟 살짜리 황제 조방을 보좌하게 되었다. 그런데 얼마 지나지 않아 두 사람은 갈등을 일으키고, 247년경에 이르자 황실을 등에 업은 조상은 호시탐탐 사마의를 노리게 된다.

사태가 여기에 이르자 사마의는 병을 핑계로 사임하고 은거함으로써 정적들의 시선 밖으로 달아났다. 그리곤 은밀히 아들 사마사, 사마소와 함께 권토중래의 암계를 짜고 있었다.

이와 같은 사마의의 책략은 결코 생소한 것이 아니었다. 201년, 조조가 출사를 요청했을 때도 사마의는 중풍에 걸려 행동이 불편하다는 핑계로 사절한 적이 있었다.

당시 조조는 그의 진실 여부를 확인하기 위해 자객을 보냈다. 하지만 사마의는 자객의 칼이 목에 닿았어도 전혀 움직이지 않음으로써 잠시 속여넘길 수 있었다. 하지만 의심 많은 조조가 시도 때도 없이 늘 사람을 보내 감시했기 때문에 그는 뜨락에서 책을 말리다가 발각되어 어쩔 수 없이 조조를 도울 수밖에 없었다. 그것은 사마의가 병을 핑계로 댄 지 7년 만의 일이었으니 과연 그의 인내는 대단하다고 말할 수밖에 없다.

이번 경우에도 사마의는 그와 같은 책략을 썼지만 방법은 예전보다 훨씬 뛰어났다. 때문에 그의 병을 의심하던 조상이 측근을 보내 탐문했지만 교묘히 속여넘겨 상대가 다시는 자신을 의식하지 않도록 했다. 당시의 과정을 잠깐 살펴보기로 하자.

조상은 위왕이 이승을 형주자사에 임명하자 작별인사를 핑계로 이승을 사마의에게 보내 병의 진위 여부를 캐도록 했다. 그 소식을 들은 사마의는 금세 조상의 간계를 간파했다.

그는 머리를 풀어헤치고 이불로 온몸을 감싼 채 시녀들의 부축을 받으며 침상에 앉아 이승을 기다렸다. 이승은 방 안으로 들어오자마자 걱정스런 표정으로 사마의에게 물었다.

"제가 오늘 황명으로 형주자사가 되어 길을 떠나게 되었습니다. 오랫동안 뵙지 못할 것 같아 인사드리러 왔는데, 몸은 좀 어떠신지요?"

그와 함께 이승은 사마의를 유심히 살폈다. 그러자 사마의는 짐짓 눈빛을 흩뜨리며 대답했다.

"병주는 삭방과 가까우니 수비를 게을리 하지 마시오."

"병주가 아니라 형주로 가게 되었습니다."

"아, 그대가 지금 병주에서 돌아왔다는 말이구먼."

사마의가 계속 엉뚱한 소리를 늘어놓자 이승이 다시 말했다.

"한강의 형주입니다."

그러자 사마의는 바보 같은 웃음을 지으면서 말했다.

"아, 알았네, 알았어. 형주에서 돌아오는 길이라고?"

이승은 너무도 어처구니가 없어 주변 사람들에게 물었다.

"공께서 어찌하여 이렇게까지 되었습니까?"

"귀도 먹은 지 오래되었습니다."

시중들던 사람들도 이미 명을 받은지라 이렇게 대답하자, 이승은 종이와 벼루를 가져오게 한 뒤 글을 써서 사마의에게 내보였다. 그때서야 사마의가 말했다.

"내가 병에 걸려 귀가 먹었네. 그럼 수고하게."

이때 시녀가 약을 가져오자 사마의는 사발을 입에 대고 마셨는네, 거의 절반을 옷에나 흘렸나. 그리곤 침대에 쓰러져 가쁜 숨을 몰아쉬며 이승에게 말했다.

"꼴이 이러하니 아들놈들도 나를 싫어하는 것 같소. 제발 그대가 잘 좀 꾸짖어주시오. 그리고 조상 장군에게 내 아들을 부탁한다고 전해주오."

사마의의 집을 나온 이승은 그 길로 조상에게 돌아가 자초지종을 전했다. 그러자 조상은 크게 기뻐하며 말했다.

"그 늙은이가 죽는다면 내겐 근심이 없소."

이 일화는 사마의가 70세 때의 일이다. 이렇듯 병을 핑계로 정적들을 속이고 암암리에 쿠데타 준비를 마친 그는 249년 정월 초엿새 날, 황제와 조상이 고평릉으로 참배하러 갔을 때 전격적으로 일어나 성문을 닫아건 다음 일거에 조씨 세력을 몰아내고 진나라를 세웠다. 이것이 유명한 '고평릉사변高平陵事變'이다.

'부드러움으로 강함을 이긴다, 음으로 양을 극복한다'라는 사마의의 고등술책은 중용을 활용한 모략에 다름 아니었다. 사마의는 개인적 야심을 실현하는 데 그것을 사용했지만, 이 원칙을 정도正道에 운용한다면 성공에 이르는 훌륭한 방법이 될 수 있다. 사마의는 이 모략을 취함에 있어 주의해야 할 점을 자신의 행동으로써 다음과 같이 정확하게 적시했다.

첫째, 시기가 무르익을 때까지 기다릴 줄 알아야 한다.

자신을 숨기며 때를 기다린다. 이와 같은 단계는 오랜 시간이 걸릴 수도 있다. 하지만 결코 자신이 가진 본래의 역량을 경쟁 상대에게 일찍 드러내선 안 된다. 상대의 방심이 극에 이를 때까지 기다려야 한다.

둘째, 항상 형세의 변화에 유의해야 한다.

기회는 늘 있는 것이 아니다. 때문에 언제나 형세를 면밀히 살펴 기회를 놓치는 일이 없도록 해야 한다. 조급해할 필요는 없지만, 자칫 방심한다면 처음에 계획했던 목표를 달성하지 못한다.

좋은 법도 때와 사람이 맞아야 한다
왕안석의 실패한 변법

역사적으로 '중을 잡아서 권도를 행한다(執中行權)'라는 개념을 실행할 때 기존의 기득권 세력이나 경직된 권위와 부딪치는 일이 비일비재하다. 이때 융통성을 발휘하지 못하면 그 시도는 실패하기 쉽다. 왕안석의 예가 바로 그렇다.

왕안석이 시행했던 변법은 특수한 시기에 진행된 상앙의 변법과 전혀 달랐고, 국가간의 치열한 경쟁 상황에서 통치자가 간절히 바라던 변법도 아니었다.

그가 활동했던 송대는 중국 역사상 비교적 평온한 발전 단계로, 기득권 층은 물론 사회의 전반적인 정서가 안정된 시기였다. 이런 때 변법을 시행하고자 했으니, 왕안석의 애로사항이 적지 않았을 것이다.

돌이켜보면 왕안석의 변법은 당시 평온하게 발전하는 사회에 새로운 활력을 부여함으로써 그 진행 속도를 높이기 위한 취지에서 비롯되었다. 때문에 그의 개혁 정책에는 일면 국민의 허구적인 심리도 개입되어 있었음이 분명하다.

하지만 그의 변법이 제대로 성공을 거두었다면 훗날의 '정강의 수치(靖康之恥)'는 피할 수 있었을 것이다. 『송사연의』 가운데 왕안석의 변법과 관련된 대목을 살펴보면 이 점은 더욱 명확해진다.

왕안석은 임천 사람으로, 어릴 때부터 글을 잘 지어 증공이나 구양수 등 당대의 대가들에게 호평을 받았다. 장성한 뒤 진사를 거쳐 회남 판관 벼슬을 지냈다. 당시에는 판관으로 일정한 기간이 지나면 문장을 지어 높은 관직을 청할 수 있었으나, 왕안석은 그것을 마다했다.

얼마 후 그가 은현으로 자리를 옮기자 문언박, 구양수 등이 그를 고위직에 추천하려 했지만 거절했고, 조정에서 그를 등용하려 했지만 화장실에 숨으면서까지 받아들이려 하지 않았다. 언젠가는 관리가 임명장을 집에 남겨두고 돌아가자 여덟, 아홉 차례나 사람을 보내 결국 돌려주기까지 했다. 옥신각신 끝에 왕안석은 잠깐 동안 '지제고'라는 벼슬을 지내다가 인종이 승하하자 곧비로 사직하고 귀향했다.

이렇듯 완강한 태도에도 불구하고 왕안석이 진정으로 관직을 싫어한 것은 아니었던 듯하다. 그는 동향의 한씨·여씨 사람들과 적극적으로 교분을 나누었는데 훗날 그들 중 한강, 한위, 여공저 등과 함께 경성에 올라가 높은 벼슬에 종사했던 것이다.

그 가운데 한위는 황제인 신종에게 경서를 해독해주었는데, 새로운 해석을 들려줄 때마다 '이것은 왕안석의 주해이지 제가 창안한 것이 아닙니다'라고 말했다. 그래서 신종의 뇌리에 왕안석의 이름이 굳게 각인되었다.

얼마 뒤 황제는 소순 등의 만류를 뿌리치고 왕안석을 등용했다. 이때 사람들은 왕안석이 또 사양할 것이라 여겼지만, 의외로 그는 흔쾌히 지강녕부에 부임했다. 그후 반년도 되지 않아 한림학사 한

기가 권력을 남용하다 지방으로 좌천되었는데, 왕안석이 증공량의 추천으로 그 뒤를 잇게 되었다. 그런데 한림학사의 임명장을 받은 그는 일부러 7개월이 지난 뒤에야 부임했다. 그가 입궐했다는 소식을 들은 신종은 즉시 어전으로 불러들인 다음 정치를 논하다가 이렇게 물었다.

"경은 당 태종을 어떻게 평가하오?"

그러자 왕안석이 정색을 하고 대답했다.

"폐하께서는 요순을 본받아야지 어찌하여 당 태종을 말씀하십니까. 요순이 나라를 다스리던 방법은 간단하고 쉬운 것이었습니다. 하지만 후세의 군주들은 그것을 터득하려 하지 않고 다만 너무나 훌륭해서 따를 수가 없다고 말할 뿐이었습니다. 요순도 사람이거늘 뒷사람이 어찌 따르지 못하겠습니까."

"경이 짐에게 어려운 문제를 내는구려. 하지만 나는 배운 바가 부족해 경이 바라는 대로 되지 못할까 두렵소. 그래서 경의 보좌를 부탁하는 바이오."

신종이 이렇게 말하자 왕안석이 대답했다.

"폐하께서 저의 건의를 원하신다면 어찌 최선을 다하지 않을 수 있겠습니까!"

어느 날 또다시 신종은 왕안석에게 이렇게 물었다.

"짐이 한나라와 당나라의 역사를 살펴보니, 제갈량이나 위징 같은 걸출한 인물이 있었소. 이러한 인재들이 없었다면 한나라와 당나라가 그토록 뛰어난 위업을 이룰 수는 없지 않았겠소?"

"천하에 비상한 재주를 가진 인재는 부지기수입니다. 다만 그들이 아무런 근심 없이 재능을 발휘할 수 있는 여건이 문제일 것입니다. 요순이 네 명의 악인을 제거하지 않았던들 4대 신하가 재주를 발휘할 수 없었을 것이고, 더불어 찬란한 업적을 이루지 못했을 것입니다. 그러므로 폐하께서도 궐내에 간신들을 제거하고 성군의 의지를 굳히는 것이 우선입니다."

이와 같이 명쾌한 왕안석의 대답에 신종은 연신 머리를 끄덕였다. 얼마 후 왕안석은 신종의 부름을 받아 본격적으로 정사에 참여하게 되었다.

드디어 권력의 중추에 서게 된 그는 자신의 원대한 포부를 펴기 직전 다시 한 번 황제에게 개혁을 포기하지 않겠다는 다짐을 받았다. 또한 진승지, 여혜경, 증포, 소철 등을 등용해 자신의 일을 돕도록 허락받았다.

여혜경은 진주추관으로 있다가 임기 만료가 되자 경성으로 발탁된 인물인데, 평소 왕안석과 경서를 논의하다 뜻이 맞아 친교를 나누고 있었다. 왕안석은 그의 유가적 풍모를 높이 평가했고, 실무를 책임질 수 있는 재목으로 믿어 의심치 않았다. 때문에 그는 모든 일들을 여혜경과 상의하여 결정했다.

그들이 토의 끝에 제정한 규제들은 농전, 수리, 청묘, 균수, 보갑, 부역 면제, 시장 거래, 보마, 방전 등 여러 방면을 포괄했다. 농전과 수리는 농토를 자세히 조사하지 않고는 부세 등에 관한 정책을 제정하기 어려웠다. 지금까지 세금을 납부하지 않는 농전을 조사하기 위해 왕안석은 유이 등 여덟 명을 시켜 전국에 순찰을 보냈다.

그런데 몇 년에 걸친 조사 기간 동안 이들이 사리사욕에 눈이 어두워져 만행을 저지르는 바람에 백성들 사이에 왕안석에 대한 원성이 커지는 역효과를 가져왔다. 하지만 이 조사 결과 왕안석은 새로 개간되어 나라에 등록되지 않았던 농전 361,178상頃을 가려내어 국고의 수입을 올렸다. 때문에 이 조치는 왕안석의 변법 조례 중에 성공한 축에 속했다.

당시 지방에서는 해마다 조정에 공물을 보냈는데, 풍년이든 흉년이든 정해진 양은 변하지 않았다. 이렇게 되자 수도에서 멀리 떨어진 지방은 어려웠지만, 가까운 지방에서는 중간상인이 생겨 이익을 챙겨갔다.

이들은 먼저 관리에게 돈을 대어 구입소를 설치한 뒤 값이 쌀 때 사들이고 비쌀 때 팔았다. 그들의 정보는 민간 상인보다 빨랐으므로 시장의 물가는 그들의 손에 의해 좌지우지되었다. 그러자 신종은 설향이란 관리를 파견해 이 일을 관할하게 했고, 곧 그의 건의를 받아 전문적인 관리 부서를 설치했다.

그후 개봉부에 취임해 있던 소식 등 몇몇 관원들은 관부를 너무 많이 설치하면 그만큼 지출도 커지고, 그 비용을 백성들이 고스란히 부담하게 된다는 상소를 올렸다. 하지만 당시 왕안석에게 푹 빠져 있던 신종은 반대 의견을 표한 관원들을 귀양 보내는 등 강경책을 썼다.

순풍에 돛을 단 듯 자신의 뜻이 관철되자 득의양양한 왕안석은 다시 청묘법을 실시했다. 청묘법은 원래 산출이 좋지 않은 섬서 지방 등 변경에서 실시하던 제도였다. 그것은 백성들이 파종 때 스스로 수확을 예산하고, 그 비용을 조정에서 대수지만 가을의 수확으로 본전과 이자를 갚는 조치였다.

왕안석은 일부 지방에서 아주 큰 효과를 보고 있던 이 법을 전국적으로 통용시키기로 마음먹고 신종의 응락을 받은 뒤 우선 하북, 경동, 회북 지방에서 시험적으로 적용해보았다.

이를 위해 또 다른 관제가 설치되었는데, 그 비용 또한 국고에서 본전은 대주었지만 몇 배나 되는 이자로 설치된 관제와 관원들의 비용을 지급하는 방식이라 또다시 백성들의 부담이 가중되었다.

그러자 백성들은 하북의 안무사로, 공평무사하여 백성들의 칭송이 자자했던 한기에게 달려가 청묘법을 취소해달라고 청원했다. 이에 백성들의 사정을 살핀 뒤 한기는 조정에 상소를 올려 다음과 같이 폐단을 지적했다.

신이 조정의 제도를 살펴보건대, 청묘법은 원래 백성들에게 혜택을 가져다주기 위해 제정된 것이지 그 목적이 영리에 있는 것은 아닙니다. 그런데 지금 실행되는 과정을 살펴보면, 어느 향촌의 주민들이나 천 원을 빌리면 천삼백 원을 갚아야 하니 관아에서 고리대금업을 경영하는 것과 다를 바 없게 되었습니다. 그렇다면 항간의 부자들이 가난한 자들에게 하는 행위와 무엇이 다르겠습니까. 이는 조정의 원래 취지와 완전히 상반되는 것입니다.

또 제가 살펴보니 조례에서는 강제적인 수단을 행하지 말라고 했지만 집행 과정에서는 청묘법이 필요없는 가정이나, 그것을 갚기 어려운 가정이나 모두 따라하게 되어 있습니다. 따라서 그것을 갚느라 항간의 분쟁이 끊일 새가 없습니다.

나라의 국고가 풍족한데, 이렇듯 관제를 설치해 백성들에게 부담되는 일을 할 필요가 있겠습니까? 백성들의 원망을 살 뿐입니다. 이제 백성들에게 부담되는 이 제도를 폐지하고 원래의 법대로 행할 것을 허락해주시기 바랍니다.

이 상소를 받아본 신종은 과연 일리가 있는 말인지라 대신들을 불러모은 다음 이렇게 말했다.

"한기는 과연 충신이로다. 짐과 멀리 떨어져 있으면서도 왕실을 잊지 않고 있구나. 짐은 청묘법이 백성들에게 유익하다고만 믿고 있었는데, 실제로 그렇지 않다면 폐지해야 하지 않겠는가!"

그러자 정책 입안자인 왕안석이 반대하고 나섰다.

"한나라의 상홍양은 천하의 재물을 모아 주인에게 드렸습니다. 그야말로 충신이었지요. 지금 폐하께서 주공의 옛 법에 따라 빈약한 자를 도우려는 제도를 행하고 있는데, 그것이 어찌 영리를 탐하는 것이겠습니까."

하지만 신종은 마음속으로 한기의 말을 옳게 여겼기 때문에 아무 대답도 하지 않고 옆에 있던 증공량에게 가만히 당부했다.

"청묘법이 타당하지 않다면 폐지하도록 하라."

이와 같은 논의가 끝난 뒤 퇴궐한 왕안석은 기분이 상한 듯 병을 핑계로 다시는 조정에 나가지 않았다. 그 사이 신종은 사마광을 시켜 한기에게 보낼 답장을 기초하라고 했다.

이에 왕안석이 청묘법을 변호하는 글을 바쳤지만 신종은 자신의 뜻을 굽히지 않았다. 그러자 왕안석은 계속 조정에 발을 끊고 버텼다. 답답해진 신종은 대신 조변에게 물었다.

"짐은 청묘법이 확실히 백성에게 해가 많고 이익이 적은 것이라 폐기하자는 것일 뿐, 왕안석 개인을 싫어하는 것이 아니다. 그런데 왜 그는 조정에 나오지 않는가?"

"새로운 법률은 대부분 왕안석에 의해 비롯되었으니, 폐지 여부 역시 그와 함께 논의하는 것이 옳습니다."

조변의 대답에 곁에 있던 한강도 맞장구를 쳤다.

"성인 공자의 올바른 견해도 반대할 자도 있었으니, 왕안석의 변법인들 어찌 반대 의견이 없겠습니까. 폐하께서 만일 새로운 법을 계속 추진하려면 왕안석을 포용해야 합니다. 그렇게 되면 백성들은 처음에는 그를 비방하겠지만, 결국은 폐하의 덕을 칭송할 것입니다."

대신들이 앞다투어 이렇게 말하자, 마침내 신종은 청묘법을 폐지하려는 생각을 단념하고 말았다. 그리하여 다시 조정에 나온 왕안석은 신종에게 다시금 다짐받았다.

"폐하, 조정 안팎의 대신들이 상소를 올려 정사를 논하고 있지만 선왕의 의도를 제대로 터득한 자는 하나도 없습니다. 그러니 폐하께서는 그들의 말에 흔들리지 마십시오."

이후 왕안석은 더욱 거리낌없이 자신의 뜻을 폈다. 그와 함께 한기의 상소문을 조목조목 반박하는 글을 지어 돌에 새긴 뒤 만 장을 인쇄하여 천하에 배포했다. 이에 한기가 다시 상소를 올려 자신의 태도를 밝혔으나 조정에서는 더 이상 그를 거들떠보지도 않았다. 그러자 한기는 사직상소를 올렸고 왕안석은 재빨리 재가했다.

이를 계기로 사마광, 범진, 여공저, 정호 등 수백 명의 정인군자들이 왕안석의 청묘법을 반대한다는 이유로 앞다투어 관직을 내던졌다. 그러자 왕안석은 기다렸다는 듯이 빈자리에 자신의 수하를 심어 세력을 넓혔는데, 그 범위가 내궁의 태감에까지 이르렀다. 승정전의 설서란 관직은 그다지 눈에 띄지 않는 직책이었지만 매일 황제를 상대하는 자리라 왕안석의 그물망 속에 들어갔다.

왕안석은 또 신종이 다른 관원들을 파견해 민정을 살필까봐 내부도지 장약수와 압반 남원진을 자기 휘하로 끌어들였다. 과연 신종은 그 두 사람을 보내 민정을 탐지케 했는데, 조사를 마치고 돌아온 그들은 청묘법이 잘 시행되고 있다고 허위보고를 했다.

이렇게 되자 신종은 청묘법이 백성들에게 이롭다고 굳게 믿었으며, 이의를 제기하는 대신들에게 도리어 설득하는 지경에 이르렀다.

황제의 확고한 신임을 등에 업은 왕안석은 예로부터 금과옥조로 떠받들던 경술법을 폐지했을 뿐 아니라 과거제도까지 자기 뜻대로 개정해 시부를 폐지하고 경서만 치르게 했다. 이 같은 개혁에 놀란 황태후가 신종에게 변법의 후유증을 걱정했지만 아무 효과도 없었다.

희녕(신종 즉위) 7년, 열 달 동안 비 한 방울 내리지 않는 가뭄이 계속되었다. 그러자 신종은 자신이 정치를 잘못하여 하늘의 노여움을 산 줄 알고 재상을 불러 별로 쓸모 없는 법령들을 폐지하도록 명했다. 이 소식을 들은 왕안석이 황제에게 나아가 말했다.

"수해나 가뭄은 늘 있을 수 있는 일이니 크게 걱정할 바가 아닙니다. 인사를 바로잡는 데 좀더 힘을 쓰면 해결될 것입니다."

그러자 신종이 말했다.

"짐이 걱정하는 것도 바로 인사네. 근래 백성들에게 취하는 것이 너무 많은 것 같네. 가까운 신하나 가족들도 모두 그렇게 여기면서 조정의 폐단이라고 하니, 파면할 것들은 파면하도록 하게."

참정인 풍경 역시 항간에 떠도는 원성을 들었노라고 말했다. 그러자 왕안석이 한마디 쏘아붙였다.

"사대부들이 자신의 뜻을 얻지 못하게 되자 새로운 법에 대해 이러쿵저러쿵 말이 많은 겁니다. 풍경도 그 무리와 함께 어울리고 있으니, 그런 소리를 들었을 것입니다. 그렇지 않다면 저는 왜 그런 소리를 듣지 못했겠습니까."

이에 신종이 아무 말도 하지 않자, 두 사람은 서로 원한을 품은 채 물러났다. 얼마 후 신종은 자신의 과오를 자책하는 조서를 내려 신하들의 직언을 듣고자 했다. 그 글은 한림학사 한위가 기초한 것이었다.

당시 왕안석이 발탁한 인사들 가운데 복주 사람 정협이란 자가 있었다. 조서가 내려오기 전 감안상문이란 직위에 있던 그는 왕안석을 찾아가 변법의 폐단을 지적했지만 왕안석이 상대해주지 않았다. 그러던 중 황제의 조서를 본 그는 자기가 보고 들은 민간의 고난을 12폭의 유민도流民圖에 담아 신법의 폐지를 권고하는 글과 함께 신종에게 보냈다.

하지만 이미 정보를 입수한 왕안석 측근들에 의해 그의 상소는 퇴짜를 맞았다. 하는 수 없이 그는 다시 긴급 군사정보라고 하면서 유민도와 상소문을 은 대사를 통해 황제에게 올려보냈다. 드디어 신종이 그것을 펴보니 12폭의 유민도와 함께 간곡한 글이 들어 있었다.

작년의 메뚜기 재해와 가을, 겨울의 가뭄 때문에 곡식이 싹을 틔우지 못하고 오곡을 심을 수도 없었습니다. 봄부터 강이 마르고 산에도 초목이 제대로 자라지 못해 백성들이 도탄 속에 허덕이고 있지만 저들 스스로는 그 재난을 감당할 수 없습니다. 그러니 폐하께서 국고를 열고 백성들에게 불리한 법령들을 폐지해야 그들에게 그나마 살길이 열리게 됩니다.

지금 조정에서 권력을 휘두르고 있는 자들은 탐욕스럽고 눈앞의 이익에만 급급하여 원대한 포부를 품은 대신들은 그들과 거래하는 것조차 꺼려하고 있는 실정입니다. 폐하께서 그와 같은 간사한 무리들을 내치고 천하의 충신과 현자들을 불러들인다면 사직의 복이 아닐까 합니다.

일찍이 폐하께 천하 산천의 그림을 바친 일은 있었지만 민간 백성들을 그림에 담아드린 일은 없었습니다. 오늘 신이 이 그림만 봐도 눈물이 나는데, 실제의 상황은 이보다 더 심한 일이 허다합니다. 신이 여쭌 대로 행하여 열흘 내에 효과가 없다면 황제를 속인 죄로 다스려도 달게 받겠습니다.

상소를 다 읽은 신종은 침울한 마음으로 그림을 펼쳐보았다. 그것은 동북 지방에 흉년이 든 광경이었는데, 백성들이 무리 지어 사나운 모래폭풍 속에서 방황하는 장면이었다.

어떤 이는 온몸이 부스럼 투성이었고, 어떤 이는 비쩍 말라 있었으며, 어떤 이는 남루한 차림을 했는데 짚으로 대충 몸을 가린 이도 있었다. 어떤 이들은 주린 배를 달래려고 나무껍질을 벗기거나 풀뿌리를 캐고 있었고, 어떤 이들은 손과 발에 족쇄를 차고 간수들의 채찍에 몸을 잔뜩 움츠리고 있었다.

본래 정협은 그림을 잘 그렸으므로 그림으로 철석같은 마음을 움직일 수 있었다. 하물며 신종은 백성들을 아끼는 황제였다. 그는 오랫동안 그림을 보더니 후궁으로 들어갈 때 몸에 지니고 갔다. 그날 신종은 뜬눈으로 밤을 새웠다.

다음날, 백성들에게 부담이 되는 법령을 모두 폐기한다는 황제의 특별조서가 내려졌다. 이에 온 나라의 백성들이 환성을 올리며 기뻐했다. 그러자 기이하게도 하늘에서 뇌성벽력이 울리며 폭우를 쏟아냈다.

신종은 또 재상을 비롯해 민정을 제대로 보고하지 않은 대신들을 불러 엄하게 꾸짖었다. 이에 심기가 불편해진 왕안석의 무리는 정협을 모함하려 했다. 왕안석은 신종에게 사직상소를 올리는 한편 정협을 잡아들였다. 또 여혜경과 등관을 황제에게 보내 설득하게 했다. 두 사람은 신종 앞에서 눈물을 흘리며 법령 폐기의 부당성을 제기했다.

"신들이 밤낮으로 침식을 전폐하고 만든 법들을 폐하께서 일거에 폐기하니 참담한 마음을 가눌 수가 없습니다. 그것도 사리분별이 어두운 자의 상소에 의한 것이니 참으로 불가합니다. 지금까지 순조롭게 행해지던 신법이 아니옵니까."

그러자 신종의 마음이 다시 흔들렸다.

"이 신법은 내가 적극적으로 추진하던 것이다. 오늘 이 정도 이뤄놓기까지 얼마나 큰 공을 들였는데, 그렇게 쉽게 폐지하겠느냐? 짐이 지금은 잠시 그 법을 늦추는 것일 뿐이다. 너희가 조금이라도 나라를 사랑하는 마음이 있다면, 왕안석이 조정을 떠나지 못하도록 설득하라."

그러자 여혜경이 대답했다.

"폐하께서 신법을 폐지하지 않는다면 왕안석은 자연히 남게 될 것입니다."

그후 얼마 지나지 않아 신법은 다시 집행되기 시작했다. 왕안석의 무리는 또 '수실법'을 창안해 더욱 가혹하게 백성들을 착취했다.

그들은 수백 가지 물건을 관아에서 정한 가격대로 매매하게 했을 뿐 아니라 백성들이 소유하고 있는 집과 땅을 비롯한 모든 재물들에 가격을 매겨 관아에 등록하도록 했다. 그리고 재산을 은닉한 자는 엄하게 처벌하고, 그것을 고발한 자에게는 그 액수의 3분의 1을 포상했다.

이렇게 되자 백성들의 재산은 개와 닭까지 모두 관아에 등록되어 부역이나 세금을 내는 데 조금의 여유도 없게 되었다. 또 재해를 당해 절반의 수확도 거두지 못하는 지역에 대해서는 세금을 면제한다고 했지만, 실제로는 조금도 면제하지 않아 백성들의 원성이 가득했다.

이러한 실정은 왕안석의 무리에게 철저히 봉쇄되었으므로 신종은 아무것도 모르고 있었다. 어느 날 신종이 후궁에 가서 안부를 물으니 태황태후가 말했다.

"조정의 법은 경솔하게 바꾸지 말아야 한다. 선제께서는 일찍이 내가 들은 것을 말하면 반드시 확인하는 습관이 있었다. 그러니 너도 직접 확인하는 습관을 길러서 후환이 없노록 하라."

"지금 조정은 안정되고 백성들은 평화로우니 걱정하지 마십시오."

신종이 대답하자 태황태후가 고개를 저으며 말했다.

"부역의 면제나 청묘법 등의 신법에 대해서 백성들은 고달프다고 하던데, 어찌하여 폐지하지 않는가?"

"신법은 나라와 백성 모두에게 유리한 것입니다. 폐지할 이유가 없습니다."

"내가 알기로는 전혀 그렇지 않다. 신법은 전부 왕안석이 제안한 것이라고 하던데, 그가 아무리 재주가 있다고 한들 백성들의 이익에 맞지 않으면 결국 좋은 결말을 보지 못할 것이다. 그러니 그의 재주를 귀중히 여긴다면 지금이라도 그를 다른 곳으로 전근시키는 것이 바람직하다."

"지금 대신들 중에 오직 왕안석만이 국사를 담당할 수 있는데, 어찌 그를 내보내겠습니까."

대답을 듣고 태황태후가 다시 말하려는데, 옆에 있던 동생이 태황태후를 거들어 형인 신종의 국정에 대해 간했다. 그러자 신종은 발끈하여 동생을 꾸짖고 노여움에 떠는 태황태후의 곁을 떠났다. 며칠 후 신종이 다시 문안을 올리자 태황태후가 눈물을 흘리며 말했다.

"왕안석이 반드시 천하를 혼란에 빠뜨릴 것이니, 대책을 세워야 한다."

신종은 마지못해 말했다.

"그렇다면 재상 자리를 맡을 만한 사람을 찾은 후에 왕안석을 내보내도록 하겠습니다."

이때는 마침 왕안석이 정협의 상소 이후 재상직에서 물러나려던 참이었다. 신종이 후임자를 묻자 그는 한강과 여혜경을 추천했다. 그래서 신종은 왕안석을 지강녕부에 파견하고 한강을 동평장사, 여혜경을 참지정사에 임명했다.

그들은 왕안석과 같은 무리였기 때문에 신법을 그대로 집행했는데, 사람들은 한강과 여혜경을 각각 전법사문(傳法沙門, 진리를 전하는 승려), 호법선신(護法善神, 진리를 수호하는 착한 신)이라고 떠받드니 그들의 기세가 더욱 높아졌다.

이와 같은 꼴을 보고 울분을 참지 못하던 정협은 당나라의 역사를 정리하면서 역대의 재상들을 충신과 간신으로 나누었다. 그리고 그 시대의 간신과 지금의 여혜경을 같은 인물로 논했다. 이에 분개한 여혜경은 그를 멀리 귀양 보냈다. 이어 왕안석의 동생조차 형과 정치적인 견해가 맞지 않았기 때문에 파직되었다.

이렇듯 정적들을 축출한 여혜경과 한강은 이제 저희끼리 권력을 다투었다. 여혜경은 왕안석이 다시 조정에 들어와 자기 자리를 빼앗을까 두려워 매사에 왕안석의 영향력이 미친 법령을 철저히 배제하려고 했다. 그러자 경쟁자 한강은 비밀리에 왕안석을 다시 등용하자고 신종에게 건의했다. 신종 또한 왕안석이 그리웠던지라 쾌히 응낙했다.

그러던 어느 날 신종이 갑자기 병으로 자리에 눕더니 불과 석 달 만에 세상을 떠나고 말았다. 그의 뒤를 이은 황제 철종은 열 살에 불과했으므로 태황태후가 수렴청정을 하게 되었다.

태황태후는 일찍부터 왕안석의 신법이 야기한 폐단을 알고 있었으므로 조서를 내려 왕안석의 조치를 일부 완화시킴으로써 민심의 안정을 도모했다.

다음으로 태황태후는 왕안석에게 배제되었다가 『자치통감資治通鑒』을 써서 자정전의 학사로 발탁됐던 사마광을 문하시랑으로 등용하여 국정을 돕게 했다.

사마광은 태후의 뜻에 따라 왕안석 측근들의 간섭을 무릅쓰고 백성들에게 불리한 변법들을 하나둘 폐지해갔다. 그리고 쫓겨났던 예전의 충신들을 차례차례 불러들이니 정사가 점차 정상적으로 운영되어갔다. 그렇게 1년이 지나자 마침내 왕안석이 시행하던 변법이 모조리 폐지되었고, 백성들은 다시 안락한 생활로 돌아갈 수 있었다.

제3편 하늘을 거역하면 망한다

'중용'이 뛰어난 처세의 철학임은 의심할 여지가 없다. 문제는 '어떻게 중용의 이치를 터득해서 삶에 운용하는가'다.

세상의 수많은 비극들은 당사자들의 인위적인 행동에서 비롯되었다. 더 깊이 말하자면 그들의 행위가 중용의 도리에 어긋났기 때문이다.

공자는 중용이 널리 보급되지 못한 까닭이 사회를 움직이고 있는 인간 때문이라고 한다. 즉 총명한 자는 중용을 넘어선 행위를 하게 되고, 우둔한 자는 중용의 도리를 이해하지 못하기 때문에 일을 그르쳤다는 것이다.

사람들이 매일 밥을 먹고 물을 마시고 있으면서도 진정으로 그 맛을 헤아리는 자가 많지 않은 것처럼, 중용의 철학은 인간의 일상생활과 밀접한 관련이 있음에도 사람들은 그것을 깊이 이해하려 들지 않는다. 때문에 공자는 이렇게 말했다.

"우둔한 자가 자만하거나, 비천한 자가 자의적으로 행하거나, 현세에 사는 자가 과거만 숭상하는 것은 모두 재난을 초래할 뿐이다."

헛된 욕망의 대가는 크다
쾌사의 착각

'선양禪讓'이란 중국 고대의 제왕인 요순시대에 행해진 국가의 최고 권력을 이양하는 제도다. 곧 천하에 덕이 있는 사람을 찾아 왕권을 물려주는 방법이다.

이 제도는 나라와 사회가 안정되고 후계자가 재능과 덕을 겸비하고 있을 때는 긍정적인 작용을 하지만, 그 반대일 경우엔 역효과를 초래할 수밖에 없다.

아이러니컬한 것은 천하가 혼란하고 세상의 풍속이 전례 없이 타락한 전국시대에도 요순을 본받아 선양제도를 행한 자가 있었다는 것이다. 그 미련한 모방자는 결국 자신뿐 아니라 나라를 멸망시키는 결과를 초래하고 말았다.

연나라의 재상 자지는 신장이 8척으로, 손으로 나는 새를 잡고 달리는 말을 따라잡는 재주가 있어 역왕 때부터 국사를 맡았다. 그런데 새로 즉위한 쾌사가 주색에 빠져 국정을 멀리하자, 이를 지켜보던 재상 자지가 슬그머니 왕위를 넘보게 되었다.

이때부터 재상의 일당은 제후들 앞에서 늘 임금보다 재상의 위신을 높이기에 총력을 기울였다. 이런 음모를 알지 못한 쾌사는 어느 날 그 일당의 핵심원인 한 대신에게 누가 조정에서 재능이 가장 뛰어난지 물었다.

"제나라의 맹상군이 천하에 둘도 없는 현자라고 들었네. 그렇게 재능 있는 사람이 돕고 있으니, 제나라 왕이 결국 천하를 쥐락펴락하게 되지 않겠는가?"

그러자 자지의 측근이었던 대신이 대답했다.

"폐하, 맹상군이 현자라고 하지만 알려진 것만큼 뛰어난 재능을 발휘하고 있지는 못합니다. 나라 안에 관여하는 일이 너무 많아 정신이 흩어져 있기 때문이지요. 그와 달리 우리나라의 재상은 국사를 잘 처리하고 있으니 맹상군에 비할 바가 아닙니다."

이 말을 들은 쾌사는 더욱 재상을 믿고 국정에 관한 모든 일을 위임했다. 그러던 어느 날 쾌사는 대신들이 모인 자리에서 이렇게 물었다.

"역사상 뛰어난 임금이 그렇게 많은데, 사람들은 왜 늘 요순만 입에 올리는 것이오?"

이때 재상 자지와 한통속인 대신이 일어나 대답했다.

"그것은 요임금이 순임금에게 선양했고, 순임금은 또 우임금에게 선양했기 때문입니다. 그후 우임금 역시 그 자리를 익에게 선양했지만 태자를 폐하지 않은 것이 후환거리가 되었습니다. 그래서 그가 죽은 후 태자 계가 익과 천하를 다투는 결과를 낳았습니다. 이 때문에 후세인들은 요순에 비해 우임금의 덕이 부족하다고 말하는 것입니다."

쾌사는 그 말재주에 빠져들어 이렇게 물었다.

"짐도 재상에게 선양한다면 천하 사람들에게 칭송 받을 수 있을까?"

그러자 때가 왔다고 생각한 대신들은 일제히 말했다.

"전하께서 그렇게 하신다면, 옛날의 요순과 더불어 역사에 그 이름을 전할 수 있을 겁니다."

이에 쾌사는 드디어 요순을 본받겠다고 선언하고 왕위를 재상 자지에게 선양함과 동시에 태자 평을 폐한다고 선언했다. 그러자 재상은 짐짓 몇 차례 사양하다가 마지못한 척하며 왕위에 올랐다.

즉위식에서 그는 하늘에 제사를 지내고 임금의 복장과 왕관을 쓰면서도 조금도 부끄러워하는 기색이 없었다. 원래의 연왕 쾌사는 대신의 자리에 서서 그 광경을 지켜본 다음 그날부터 황궁을 떠나 별궁에서 거처했다.

그런데 이와 같은 자지의 모략극에 분개한 장군 한 사람이 군사를 일으켜 반기를 들었다. 그리하여 10여 일간 치열한 전투를 치렀지만 불행하게도 장군은 자지에게 패하고 말았다. 그후 자지를 추종하던 대신들이 한 목소리로 말했다.

"저들이 반란을 일으키는 것은 태자가 있기 때문입니다. 마땅히 화근을 없애야 합니다."

그 말을 들은 자지가 태자를 잡으려 했지만, 음모를 눈치챈 태자는 재빨리 한나라로 도망쳤다. 일이 이 지경에 이르자 백성들은 자지와 그 추종자들을 몹시 미워하게 되었다.

이때 제나라의 민왕이 장군 광장에게 10만 대군을 내줘 연나라를 공격하게 했다. 그러자 연나라 백성들은 제나라 군사들에게 앞다투어 물과 음식을 가져다주면서 환영했다.

이 모두가 백성들이 의리를 저버린 재상 자지를 원망했기 때문이었다. 그로 인해 제나라 군대는 순풍에 돛을 단 듯 불과 50일 만에 연나라의 도읍까지 쳐들어갔는데, 도성의 백성들까지 성문을 활짝 열어주는 지경에 이르렀다.

재상 자지의 일당은 결사적으로 제나라 군대에 대항했지만, 이미 그 결과는 예정되어 있었다. 결국 그들은 모두 죽거나 생포되었고, 별궁에 있던 쾌사는 낙담하여 목을 매고 자결했다. 그로 인해 3천 리에 걸쳐 있던 연나라의 국토는 제나라 차지가 되었다.

제 민왕은 생포되어 끌려온 연나라 재상 자지의 죄를 괘씸하게 여겨 능지처참한 다음 그 살을 소금에 절여 그 추종자들에게 먹였다. 재상 자지는 불과 1년 남짓 연나라의 왕으로 군림했지만 헛된 탐욕 때문에 모든 것을 잃었고, 요순과 같은 선양으로 자신의 이름을 후세에 길이 남기려 했던 쾌사 역시 우둔한 임금으로 역사에 기록되는 비극을 낳았다.

자신에게 유리한 생각만 하지 말라

명장 오기의 편상

'편상偏傷'이란 중용을 위반함으로써 나타나는 병적인 현상을 말한다. 『순자荀子』「불구不苟」편에 따르면, 편상이란 원래 근심을 일컫는 말이다. 즉 사람들이 자신에게 유리한 점만 생각하기 때문에 이로부터 기인되는 불리한 점을 고려하지 않는 경우를 말한다.

편상의 폐단은 문제를 전체적으로 생각하지 못하는 것이다. 상앙의 변법이 진나라를 부강하게 했지만, 가혹한 형벌로써 그 집행을 독촉했기 때문에 변법을 기초한 상앙조차 예상치 못한 화를 입었다. 이것이야말로 편상에 대한 더할 나위 없이 좋은 예다.

중국 역사에서 편상 때문에 비명에 죽은 영웅호걸은 상앙만이 아니다. 전국시대 때 영욕을 한 몸에 받았던 명장 오기도 그런 사람들 중 하나였다.

위나라 사람 오기는 어릴 적부터 검술을 연마하며 무장의 꿈을 키웠다. 그러던 중 게으름을 피우는 바람에 어머니의 꾸지람을 듣자 발끈하여 스스로 팔을 깨물어 피를 내면서 말했다.

"오늘 저는 재주를 배우려 집을 떠나겠습니다. 재상과 같이 높은 자리에 올라 수레를 타고 호위병과 시종들을 거느리지 않으면 결코 어머니를 찾아뵙지 않겠습니다."

이렇게 해서 눈물로 만류하는 어머니를 뿌리치고 길을 나선 오기는 노나라에 가서 증삼에게 가르침을 받았다. 그후 유나라의 대부 전거가 노나라에 들렀다가 우연히 그를 보고 재능에 탄복한 나머지 자신의 딸을 줘 사위로 삼았다. 그런데 오기가 노나라에 머문 지 6년이 지나서야 스승 증삼은 그에게 연로한 모친이 있다는 사실을 알고 꾸짖었다.

"자네는 오래도록 유학하면서 노모를 한 번도 찾아뵙지 않으니, 그러고도 속이 편한가?"

그러자 오기는 자신이 어머니 앞에서 독한 다짐을 하고 떠나온 사실을 전했다. 그 말을 들은 증삼은 '다른 사람이라면 몰라도 어찌 어머니에게 그러한 다짐을 할 수 있는가?' 하면서 그를 점차 싫어하게 되었다.

얼마 지나지 않아 오기는 인편을 통해 어머니가 세상을 떴다는 소식을 전해들었다. 소식을 접한 오기는 단지 세 번 곡을 하고는 마치 아무 일도 없다는 듯이 제 할 일을 했다. 그 모습을 지켜보던 증삼은 더 이상 참을 수가 없었다.

"오기가 어머니의 부음을 듣고도 외면하니 근본 바탕이 나쁜 인간임에 틀림없다. 사람은 기본이 되어 있지 않으면 마치 원천이 없는 샘물처럼 쉽게 마르게 되고, 뿌리가 든든하지 않은 나무처럼 쉽게 꺾이게 된다. 그러한 사람이 어찌 훌륭한 인재가 될 수 있겠는가."

이렇게 말한 다음 증삼은 오기를 문하에서 쫓아냈다. 그때부터 유학을 포기한 그는 3년 동안 병법 공부에 몰두하는 한편 노나라의 재상과 각별한 관계를 맺었다. 얼마 뒤 노나라 왕은 재상의 추천을 받아들여 오기를 대부에 임명했다. 지위가 높아지고 수입도 만만찮아지자, 오기는 처첩을 늘리고 주색에 빠져 호화롭게 생활했다.

한편 제나라의 재상인 전씨가 왕권을 노리다 노나라가 간섭할까 걱정이 되자 먼저 노나라를 멸망시키고자 군사를 일으켰다. 이에 노나라의 재상이 오기를 추천했지만 왕은 들은 체도 하지 않았다. 제나라의 군대가 이미 출동했다는 급보가 이어졌다. 이에 몸이 달은 재상이 다시 재촉하자 노나라 왕이 말했다.

"짐도 오기의 재주를 모르는 것은 아니지만 그의 처족妻族이 전씨 집안이 아닌가. 부부지간의 사랑이 그의 뜻을 바꾸지 않으리란 보장이 없네. 그러므로 짐이 망설이는 것이다."

그때 오기도 제나라의 침공 소식을 들었는데, 왕이 아무런 대책을 세우지 않자 의아하게 생각해 재상에게 달려가 물었다.

"재상께서는 어찌하여 적이 침공해오고 있는데 대적할 준비를 갖추지 않습니까? 제게 군사를 맡겨주신다면 반드시 격퇴해 보이겠습니다."

"내가 이미 몇 차례 전하께 그대를 추천했지만 망설이고 계시네. 그대가 전씨 집안의 사위인 점이 껄끄러운 모양이네."

재상의 대답을 들은 오기는 그 길로 집에 돌아와 아내를 부른 다음 물었다.

"남자에게 아내가 있다는 것은 무엇을 뜻하는지 아시오?"

"그것은 집안에 내외가 있게 하고 가도가 세워지니, 남편이 크게 성공해서 가업을 이루도록 하는 것이 아내의 일입니다."

"옳은 말이오. 내가 재상의 직책에 올라 나라의 모든 혜택을 받으며 역사에 이름을 남긴다면, 그것이 바로 가업을 이루는 것이 아니겠소. 당신도 그렇게 되기를 바라지 않소?"

아내 전씨는 영문을 모른 채 당연히 바라는 일이라고 대답했다. 그러자 오기가 결연한 표정으로 말했다.

"내가 그렇게 되기 위해서는 당신이 꼭 들어줘야 할 일이 하나 있소. 그렇게 해주시겠소?"

"제가 어떻게 해야 당신이 공명을 이루겠습니까?"

"지금 제나라가 노나라를 공격해오고 있소. 전하께서는 나를 대장으로 삼아 군대를 이끌게 하고 싶으면서도 내게 전씨 성을 가진 아내가 있다는 것이 영 부담스러운 모양이오. 그래서 오늘 당신의 머리를 빌려 왕의 의심을 풀까 하오. 그래야 나에게 공명을 이룰 기회가 오지 않겠소."

이 말을 듣고 전씨가 깜짝 놀라는 순간 오기는 검을 빼어 그녀의 목을 쳤다. 이와 같은 오기의 행실에 대해 후세 사람들은 이렇게 시로 읊었다.

하룻밤의 부부라도 백 일의 은정인데,
어찌하여 무고한 사람을 원혼으로 만드는가?
어머니의 죽음도 돌아보지 않는 못된 사람이으니
구구하게 아내 따위를 논할 수 있겠는가?

이어 오기는 아내의 머리를 들고 어전으로 가서 왕에게 출전을 청했다.

"신이 나라의 은덕에 보답코자 했지만, 전하께서는 아내 때문에 저를 의심했습니다. 이제 신이 스스로 아내의 목을 잘라 노나라에 대한 일편단심을 표합니다."

이와 같이 너무도 황당한 일이 벌어지자 왕은 한동안 벌어진 입을 다물지 못했다. 그는 재상을 불러 상의했다.

"오기가 아내까지 죽여가면서 출전코자 하니, 그의 마음을 정말로 추측키 어렵소."

그러자 재상이 말했다.

"이는 오기가 아내보다 명예를 더 탐한다는 증거입니다. 지금 전하께서 그를 등용하지 않는다면 반드시 제나라로 갈 것입니다."

그 말을 들은 노나라 왕은 어쩔 수 없이 오기를 대장으로 삼은 뒤 2만의 군사를 내줘 제나라 군대를 막게 했다. 드디어 군사들을 이끌고 출전한 오기는 병사들과 똑같이 먹고 자면서 행군할 때도 말을 타지 않았다. 또 병사들이 무거운 배낭을 메면 자신도 그만한 무게의 배낭을 짊어졌고, 환자가 생기면 직접 약을 끓여 갖다주었다. 이에 군사들은 오기를 위해 목숨을 걸고 싸우기로 결심했다.

한편 제나라 장군은 노나라에서 오기를 대장으로 임명했다는 소식을 듣고는 이렇게 비웃었다.

"오기는 전씨 집안의 사위인데다 호색한으로 이름난 자다. 노나라가 그에게 군대를 맡겼다면 승리는 우리의 것이다."

마침내 두 나라의 군대가 진을 쳤다. 이때 제나라의 첩자가 노나라의 성황을 탐지해 장군에게 보고했다.

"적장 오기가 병사들과 함께 식사를 하고 있었습니다."

그러자 제나라 장군은 코웃음을 치며 말했다.

"장수는 위엄이 있어야 군사들이 두려워해서 명령을 잘 따르는 법이다. 오기가 그처럼 위엄을 지키지 않는다면 어떻게 군사들을 움직일 수 있겠는가."

그리고는 사신을 보내 화해를 구걸하는 척하면서 오기의 군정을 탐지하게 했다. 이때 오기는 정예 병사들을 모두 숨겨두고, 늙고 병든 노약자들만 진중에서 서성거리게 했다. 그리고 지극히 예의를 갖춰 사신을 맞아들였다. 사신이 오기에게 물었다.

"듣건대 장군께서는 아내를 죽여 이 자리를 얻었다는데, 과연 그렇습니까?"

"제가 명사의 가르침을 받았는데, 어찌 금수만도 못한 짓을 했겠소. 아내가 병으로 세상을 떠났을 때 마침 군사를 거느리는 직책을 맡았기 때문에 그런 헛소문이 돌게 된 것이오."

그러자 사신이 말했다.

"장군이 전씨 가문과의 인연을 버리지 않는다면, 우리 장군께서는 그대와 화친을 하고 싶어합니다."

이에 오기는 아주 반가운 표정을 지으며 말했다.

"저는 일개 서생인데, 어떻게 장군과 대적할 수 있겠습니까. 만일 싸움 없이 물러날 수 있다면, 더 이상 무엇을 바라겠습니까."

그러고는 사흘 동안 사신을 자신의 진중에 머물게 하면서 극진히 대접했다. 하지만 사신이 떠나자마자 오기는 정예 군사를 이끌고 그의 뒤를 밟아 적진으로 돌진했다.

사신의 보고를 듣고 한시름 놓으며 좋아하던 제나라 진영에서는 노나라 군사들이 불시에 쳐들어오자 당황하여 걷잡을 수 없이 무너져버렸다.

몇 시간 지나지 않아 들판에는 제나라 군사들의 시체가 산처럼 쌓였다. 오기는 병사들을 독려해 얼마 남지 않은 패잔병들을 국경 밖 멀리까지 쫓아버렸다. 이 전공으로 오기는 그토록 소원하던 재상 자리에 오를 수 있었다.

한편 패주한 제나라 장군은 사신을 불러 자초지종을 알아본 다음 혀를 차며 말했다.

"오기의 용병술은 옛날 손무에게도 뒤질 것이 없구나. 만일 그가 노나라에 오래 머문다면 우리에게 커다란 우환거리가 될 것이다."

그는 노나라에 잠입해 오기에게 미녀 두 사람과 금은보화를 줘 달래도록 사신에게 명했다. 오기는 그것을 기쁘게 받아들이면서 말했다.

"제나라가 노나라를 범하지 않는 한, 노나라가 어찌 제나라를 범하겠소."

 하지만 사신은 오기의 저택에서 나오는 즉시 오기가 제나라의 뇌물을 받고 내통하고 있다는 소문을 퍼뜨렸다. 소문은 삽시간에 퍼져 노나라 왕의 귀에까지 들어갔다. 그렇지 않아도 오기를 마뜩찮게 여기고 있던 왕은 오기를 잡아들이도록 했다.

이에 깜짝 놀란 오기는 가솔들을 팽개치고 황급히 위나라로 도망친 뒤 적황의 집에 기거했다. 마침 위왕 문후는 서하 지방을 맡길 인물을 물색하고 있던 터라 오기를 불러 물었다.

"그대는 노나라에서 큰 공을 세웠는데, 어찌하여 이러한 처지가 되었는가?"

"노나라 왕이 간사한 무리의 말에 속아 끝까지 저를 믿어주지 못했기 때문입니다. 신이 죽음을 무릅쓰고 여기에 온 것은 전하께서 인재를 예의로 대하고 재능에 따라 중용한다는 소문을 들은 까닭입니다. 만일 저를 믿어주신다면 이 한 목숨 다 바쳐 보답하겠습니다."

그러자 위나라 왕은 오기에게 서하를 다스리도록 명했다. 임지에 도착한 오기는 성곽을 보수하고 군사를 훈련시켰으며, 민심을 얻으려 애썼다. 그 결과 그 성은 오기의 성을 따 '오성吳城'이라는 이름을 가질 정도로 안정되었다.

얼마 뒤 진나라는 혜공이 죽은 후 권력다툼이 벌어져 일대 혼란에 빠져들었다. 이에 오기가 군사를 일으켜 진나라의 하서 지역에 있는 다섯 개의 성곽을 공략했다.

오기의 활약에 기분이 좋아진 위왕은 오기를 추천한 공로로 적황을 재상에 임명하려 했지만, 대신 이극이 위성을 추천하자 그 의견에 따랐다. 이에 적황이 서운함을 감추지 못했지만 자신이 위성보다 못함을 알자 흔쾌히 받아들였다. 이때부터 위나라는 가장 강성한 시기로 들어서게 되었다.

그 사이 위왕 문후가 병에 걸려 목숨이 경각에 달렸다. 당시 조나라가 위나라를 범한 일로 관계가 악화되어 있는 상황이었다. 문후가 마침내 병사하자 새롭게 즉위한 태자는 전문을 재상에 임명했다. 그 소식을 접한 오기는 매우 불쾌한 기분으로 조정에 나갔다가 전문을 붙잡고 물었다.

"나는 삼군을 통솔해 병졸로 하여금 진군의 북소리를 들으면 자신을 잊고 나라를 위해 싸우게 하는데, 그대는 그렇게 할 수 있겠소?"

"못하오."

"나는 문무백관과 백성들을 다스려 나라를 부강하게 하는데, 그대는 그렇게 할 수 있겠소?"

"못하오."

"나는 서하를 지키면서 진나라가 감히 넘보지 못하게 했고, 그것을 이웃나라에서도 부러워했는데, 그대는 그렇게 할 수 있겠소?"

"못하오."

이렇듯 전문이 계속 자신보다 못하다고 하자 오기가 말했다.

"이 세 가지 모두 나보다 못하다면 당신의 능력은 나의 아래인데, 어찌하여 재상 자리에 낭신이 앉아 있을 수 있소?"

그러자 전문이 대답했다.

"나 자신도 재상의 지위를 부끄럽게 생각하오. 하지만 신왕은 나이가 어리고 대신들과도 어색한지라 백성들 또한 불안해할 것입니다. 이러한 때 선왕과 친분을 가진 내가 이 직책을 수행하는 것이 자연스럽다고 생각하오. 이와 같은 상황에서 공로의 경중을 따져 자리를 다툰다는 것은 나라의 안정을 해치는 일이 아니겠소."

이에 오기는 볼멘소리로 말했다.

"당신 말에 일리가 있소. 하지만 그 자리는 마땅히 나의 것이오."

이렇듯 두 사람이 열띤 대화를 했는데, 환관 하나가 그들의 말을 엿듣고 왕에게 달려가 낱낱이 알렸다. 이에 왕은 오기를 괘씸하게 여겨 관직을 빼앗고 서하에도 다른 사람을 파견했다. 이에 위험을 느낀 오기는 위나라를 떠나 초나라로 들어갔다.

일찍이 오기의 능력을 들어 알고 있던 초나라의 도왕은 그를 보자마자 재상에 임명했다. 이에 오기는 감읍하면서 초나라를 강성하게 만들겠다고 다짐했다.

"우리 초나라는 국토가 수천 리, 인구도 수백만 명에 달하니 주변의 제후들을 누르고 맹주가 될 만합니다. 그러자면 군사력을 키워야 하는데, 군대를 기르기 위해서는 재력이 뒷받침되어야 합니다. 군사들을 배불리 먹여야 전시에 힘을 쓰기 때문입니다. 그런데 지금 조정에는 쓸데없는 관직이 많아 국록만 축내고 있습니다. 그에 반해 병사들은 배가 고파 허리띠를 졸라매고 있으니 어떻게 그들에게 애국심을 불러일으킬 수 있겠습니까? 청컨대, 폐하께서는 조정의 한직을 없애고 그들이 받던 국록을 군비로 돌려주십시오. 이런 조치를 취했는데도 국력이 강해지지 않는다면, 어떠한 벌이라도 받겠습니다."

이와 같은 말로 도왕의 재가를 받아낸 오기는 여러 대신들이 반대하는데도 한직을 없앴으며, 퇴직한 대신들의 봉록을 그 후세가 상속하지 못하게 하고, 그 퇴직 연한에 따라서 봉록을 줄이는 등 일련의 개혁을 실행했다.

이러한 조치들은 초나라를 여러 제후국들 중에서 가장 강성한 나라로 급부상하게 했다. 하지만 기득권을 갖고 있던 대신들의 이익을 건드린 꼴이 되었으므로, 오기에게는 수많은 정적들이 생겨났다.

얼마 뒤 도왕이 병으로 죽자, 시신을 묻기도 전에 대신들이 무기를 들고 오기에게 몰려왔다. 궁지에 몰린 오기는 급한 나머지 왕의 시신을 끌어안았다. 그렇지만 대신들은 아랑곳하지 않고 오기의 몸을 마구 찌르고 베어버렸다.

현명했지만 중용의 도를 깨우치지 못하고 이리저리 오가며 영화를 탐했던 오기의 일생은 결국 이와 같이 처참한 마침표를 찍고 말았다.

자아도취는 불행을 부른다

조괄의 지상담병

『중용中庸』에서는 공자의 말을 인용해 자아도취에 쉽게 빠지는 사람들을 평한 구절이 있다.

공자가 말하기를, 사람들은 모두 자기가 총명하다고 말하지만 그들 중에는 짐승을 잡는 그물 속에 가두어놓거나 함정에 빠뜨리면 어떻게 탈출해야 할지 모르는 사람도 적지 않다. 사람들은 또 자기가 총명한 축에 든다고 말하지만, 중용의 원칙에 따라서 살라고 하면 단 한 달도 그대로 행하지 못한다.

공자는 자신이 월등한 재주를 갖고 있다고 자부하지만, 실제 위험이나 어려움에 봉착하면 속수무책으로 타인에게까지 피해를 끼치는 사람들을 비평한 것이다.

이러한 사람들의 행위를 '지상담병(紙上談兵, 종이 위에서만 병법을 논한다)'이라고 한다. 전국시대 때 그런 사람이 있었으니, 그가 바로 조괄이다. 그의 '지상담병'은 자신을 죽음의 길로 이끌었을 뿐만 아니라 망국의 결과까지 초래했다.

　진나라의 소왕이 왕흘을 파견해 조나라를 공격했지만, 조나라의 명장 염파의 방어진을 돌파할 수 없었다. 그리하여 4개월 동안 대치하고 있었으나 왕흘은 이렇다 할 전과를 올리지 못했다. 속이 탄 소왕이 범수를 불러 대책을 물었다. 그러자 범수가 말했다.

　"염파는 노련한 장군입니다. 우리 진나라의 군대가 강한 걸 알기 때문에 경솔히 교전하지 않고 군사들이 지치기를 기다리는 것입니다. 그를 격파하는 방법은 이간책뿐입니다."

　그리하여 범수는 진 소왕에게 천금을 받아 문하생들에게 조나라로 가서 조왕의 측근들을 매수하게 했다. 뇌물 공세에 넘어간 조왕의 신하들은 '진나라가 가장 두려워하는 사람은 명장 마복군이므로 그의 아들 조괄이 대장으로 나설까봐 두려워하고 있다. 늙고 두려움이 많은 염파는 벌써 수만의 병졸들을 잃은 상태이니 며칠 안으로 진나라에 항복할 것'이라는 소문을 퍼뜨렸다.

　조나라는 마침 조가의 피살과 더불어 연이어 세 개의 성곽을 잃어버렸고, 명장 염파가 진나라의 정면공격을 회피하고 있던 때라 소문은 쉽게 조왕에게 납득되었다. 조왕은 즉시 조괄을 불러들여 물었다.

　"경이라면 진나라의 공격을 물리칠 수 있겠는가?"

　"진나라에서 무안군을 보내면 좀 힘들겠지만, 왕흘이라면 얼마든지 이길 수 있습니다."

　조괄이 대답하자 조왕은 그 이유를 물었다.

　"무안군 백기는 진나라의 명장입니다. 한나라와 위나라를 멸망시켰을 뿐만 아니라 24만 명을 참수하고 61개 성을 탈취했으며, 초나라를 공격할 때는 13만 명의 목을 벴고 싸울 때마다 이겼습니다. 그러므로 제가 그와 대적한다면 승패의 확률이 반반입니다. 하지만 왕흘이 진나라의 주장으로 나선다면, 지금까지의 수세를 역전시켜 반격을 가할 수 있습니다.”

자신만만한 조괄의 대답에 조왕은 크게 기뻐하며 금은보화를 하사한 뒤에 군사 20만을 내줘 전장에 나가도록 명했다. 조괄이 출정하기 전에 금은보화를 가득 싣고 집으로 돌아오자 그의 어머니가 말했다.

“네 아버지가 생전에 조나라 장수로 나서지 말라고 당부하지 않았더냐? 왜 사양하지 않았느냐?”

조괄이 대답했다.

“제가 사양하지 않으려는 게 아니라, 이 나라에 저만한 장군이 없기 때문입니다.”

그러자 조괄의 어머니는 그 길로 왕에게 상소를 올렸다.

조괄은 부친의 병서만 읽었지 그 조화와 실제 운용에 대해서는 잘 알지 못합니다. 전하께서는 부디 그를 전장에 보내지 말아주십시오.

상소문을 본 조왕은 조괄의 어머니를 불러들여 그 까닭을 묻자, 그녀는 이렇게 말했다.

“일찍이 조괄의 부친은 포상을 받으면 모두 수하 병졸들에게 나누어주었으며, 명을 받은 날은 가사를 멀리하고 반드시 군중에서 병졸들과 같이 유숙했고, 매사에 독단을 버리고 반드시 여러 사람들과 상의했습니다. 그런데 제 아들 조괄은 장군이 되자 군졸들을 멀리했고, 하사 받은 금은보화를 전부 집으로 실어왔으니 장군으로서 취할 바가 아닙니다. 그의 부친이 생전에 당부하기를 '괄이 장군이 되면 반드시 조나라를 망하게 할 것'이라고 했습니다. 제가 이런 이야기를 하는 것은 전하께서 밝게 살피시어 낭패가 없기를 바라기 때문입니다."

그래도 조왕이 자신을 믿지 않자 조괄의 어머니는 이렇게 간청했다.

"전하께서 제 말을 믿지 않고 기어이 조괄을 전장으로 내보내시겠다면, 만일 그가 패할 경우 가족을 연좌시키지 말아주십시오."

그녀의 청이 간절한지라 조왕은 그녀의 말을 수락하고 조괄에게 하루바삐 출전할 것을 명했다. 드디어 조괄은 군사를 거느리고 수도인 한단을 떠났다. 드디어 작전이 성공했음을 안 범수의 문하생들은 즉시 함양으로 돌아가 결과를 보고했다.

이에 진 소왕과 범수는 머리를 맞대고 논의한 끝에 은밀히 무안군을 왕흘에게 보냈다. 또한 이를 누설하는 자는 참수형에 처한다고 선언했다.

조괄은 의기양양하게 조나라 군대가 주둔하고 있는 장평관에 도달하니, 염파는 백여 명의 군사만 거느리고 한단으로 돌아갔다. 도착 즉시 조괄은 수하 장수들의 간언에도 불구하고 염파가 설치했던 진영을 모두 뜯어고치게 하고, 부장들을 심복 장수들로 모두 교체한 다음 군령을 내렸다.

"적군이 오면 모두 힘을 합쳐서 싸워라. 전투에서 승리하면 끝까지 추격해서 진나라 군사를 하나도 남김없이 죽여라."

이때 새로 부임한 진나라의 장수 백기는 조괄의 행실을 탐문한 뒤 먼저 3천여 명을 내보내 싸움을 걸었다. 그러자 조괄은 직접 만 명을 거느리고 응전해 승리를 거두었다. 하지만 진영에서 그 광경을 지켜보던 백기는 왕흘에게 이렇게 말했다.

"이제 저자를 꺾을 방법을 알았다."

첫 전투에서 승리를 거둔 조괄은 득의양양하여 진나라 측에 도전장을 보냈다. 이에 백기가 10리 뒤로 물러나 진을 치자, 조괄은 적군이 자신을 두려워하고 있다고 착각하고 '내일은 왕흘을 사로

잡아 제후들을 놀라게 하겠다'고 호언장담했다.

이때 백기는 아군에게 몇 차례의 전투에서 일부러 패하도록 하면서 조나라 군사를 깊숙이 유인하게 하는 한편, 은밀히 군대를 나누어 적의 군량 수송로와 퇴로를 차단하라고 명령했다.

이러한 계략을 알아채지 못한 채 조괄은 군사들을 재촉해 4경에 밥을 짓고 5경에 공격을 개시하도록 했다. 급습을 당한 진나라 군사들이 당황한 척하며 패주하자 신이 난 조괄은 부장들이 만류하는데도 그 뒤를 쫓았다.

조괄이 10여 리를 추격하여 진나라 진영에 거의 이르자 쫓기던 진나라 군사들은 두 갈래로 갈라지며 사라졌다. 이에 조괄은 총공격령을 내렸지만 이미 대비하고 있던 진나라 진영은 강인하게 저항했다. 그런데 갑자기 후미에 남아 있던 군사들이 진나라 군사들의 기습으로 전멸되었다는 급보가 날아들었다.

당황한 조괄이 황급히 군사를 돌리려 했는데, 양편에서 일단의 진나라 군사들이 나타나 앞을 가로막았다. 이때 상대 진영에서 벽력같은 호통이 터져나왔다.

"이놈, 조괄아. 무안군이 여기에 있으니 어서 무릎을 꿇어라!"

그제야 겁을 집어먹은 조괄은 징을 쳐 군사들을 불러모은 다음 수비 태세를 갖추었다. 수하 장수들은 전투력이 남아 있을 때 혈로를 뚫지 않으면 포위된다고 조언했지만 그는 고개를 저었다. 무안군과 정면 대결할 용기가 없었던 것이다.

드디어 백기가 이끄는 진나라 군사들은 조나라 진영을 물샐틈없이 포위했다. 조괄은 급히 조왕에게 파발을 띄워 지원병과 군량미를 요청했지만, 이미 보급선이 끊어진 지 오래였다. 진나라 군사들은 매일 조괄의 진 앞에 나타나 투항을 종용했다. 그 사이 진 소왕은 대군을 출동시켜 조나라 지원군의 진로를 차단하니, 조괄의 군대는 오도가도 못하는 지경이 되고 말았다.

포위된 지 40여 일이 지나자 조나라 진영에는 초근목피마저 떨어지고, 굶주린 병사들이 서로 잡아먹는 일까지 생겨났다. 막다른 골목에 이르자 조괄은 어쩔 수 없이 남은 군대를 네 갈래로 나누어 포위망을 뚫으려 했다. 하지만 용의주도한 백기가 사전에 그와 같은 저항을 예견하고 궁수들에게 저지토록 하여 조괄의 시도는 무산되었다.

이렇게 또 1개월이 지나자 조괄은 견디지 못하고 남아 있는 군사들 중 정예 5천 명을 가려내 최후의 탈출을 시도했다. 하지만 몇 개월 동안 굶어 힘이 빠진 그들은 강맹한 진나라 군대의 포위망을 뚫을 수 없었다. 결국 조괄은 혼전 중 화살에 맞고 말에서 떨어져 죽고 말았다.

승세를 탄 백기는 조괄의 수급을 베어 장대에 꽂아들고 항복을 권하는 깃발을 높이 든 채 조나라 진영으로 군대를 몰아갔다. 이에 풀이 죽은 조나라 군사들은 싸울 엄두도 내지 못한 채 모두 항복하고 말았다.

이 싸움에서 투항한 조나라 군사는 통틀어 40만이 넘었다. 만일에 대비해 백기는 이들을 열 갈래로 나눈 다음 10명의 장수와 20만 명의 병사들에게 인솔하도록 지시했다. 그리고 젊고 힘센 자들을 계속 군중軍中에 머물게 하고 노약자들은 고향으로 돌려보낼 거라는 소문을 퍼뜨렸다.

이와 같은 분위기에 투항군들은 감지덕지하면서 마음을 가라앉혔다. 그러던 어느 날 백기는 밀령을 내려 진나라 군사들을 모두 흰 수건으로 머리를 동이게 한 다음, 한밤중에 투항군들을 모조리 참살토록 했다.

피와 살이 튀는 참혹한 밤이었다. 진나라 군사들은 저항력을 상실한 조나라 투항군들을 닥치는 대로 죽였다. 요행히 참극의 무대에서 탈출한 자들도 밖에서 대오를 갖추고 기다리던 진나라 군사들의 칼날을 피하지 못했다.

　이렇게 해서 하룻밤 사이에 투항한 조나라의 군사 40만 명이 모조리 살해되었다. 시체가 태산과 같이 쌓이고 붉은 피가 강물처럼 흘렀으니 그 참혹함은 이루 형언할 수 없는 지경이었다. 훗날 당 현종은 삼장법사에게 7주야 동안 법회를 열게 해 이때의 원혼들을 달래기까지 했다.

　이 싸움에서 죽음을 당한 조나라 군사는 40만 명이 넘었는데, 백기는 그 중에서 240여 명의 소년만 살려 한단으로 돌려보냈다. 그것은 조나라에게 진나라의 위엄을 전하기 위해서였다고 한다. 결국 풋내기 조괄의 '지상담병'으로 인해 조나라는 멸망의 위기에 이르렀다.

시작이 나쁘면 끝도 나쁘다
천하를 거래했던 여불위

세상에 총명한 사람은 헤아릴 수 없이 많지만 여불위만큼 총명한 자는 드물다. 평범한 장사꾼에서 진나라를 쥐락펴락하는 대신이 되기까지의 일생은 그의 총명함을 증명해주고 있다.

전국시대 말기 아버지와 함께 여러 나라를 넘나들며 장사를 해 천금을 모은 그는 어느 해 조나라의 수도 한단에 갔다가 기이한 사람을 발견했다. 그는 평민 복장을 하고 있었지만 초연한 풍채 속에 형언키 어려운 위엄이 서려 있었다. 흥미가 생긴 여불위가 현지 사람에게 그의 정체를 물었다.

"저 사람은 인질로 와 있는 진나라의 태자 안국군의 아들입니다."

그 말을 들은 여불위는 무릎을 쳤다.

'이거야말로 큰 이익을 볼 수 있는 장사로군!'

이렇게 생각한 그는 즉시 아버지와 의논했다.

"농사를 지으면 투자의 몇 배를 수확할 수 있습니까?"

"열 배쯤 되겠지."

"금은보석을 팔면 몇 배를 벌 수 있지요?"

"백 배쯤 될까."

"그렇다면 한 사람을 제왕의 자리에 올려놓는다면 그 이익이 얼마나 되겠습니까?"

"그런 일은 있을 수도 없겠지만, 만일 그렇게 된다면 이익은 천만 배, 아니 계산할 수 없을 정도겠지."

이렇게 말하면서 여불위의 아비지는 입맛을 다셨다. 드디어 마음을 굳힌 여불위는 거금을 들여 조나라의 대신 공손건과 인연을 맺었다. 이어 공손건을 통해 진나라 태자와 자리를 함께 한 다음 은밀히 속삭였다.

"지금 진나라 왕은 늙었고, 태자가 총애하는 화양 부인에게는 아직 일점혈육조차 없습니다. 당신의 형제가 20여 명이나 되지만 아직까지 누구도 태자의 눈에 들지 못했습니다. 이런 때 당신이 귀국하여 화양 부인의 양자가 된다면 앞날을 도모할 수 있을 것입니다."

그러자 그는 눈물을 글썽이며 말했다.

"낸들 그런 생각이 없겠습니까? 하지만 이 나라를 탈출할 기회가 없으니 그게 무슨 소용이 있겠습니까."

여불위가 다시 말했다.

"제가 넉넉지는 않지만 천금을 들여서라도 진나라의 태자와 화양 부인을 찾아가 당신을 구원토록 해보겠습니다."

"성공하면 내 그대와 더불어 부귀공명을 함께 하리다."

이후 여불위는 그에게 황금 5백 냥을 주면서 좌우의 시종들을 매수하고 공손건의 빈객들과도 널리 사귀게 했다. 얼마 지나지 않아 공손건의 수하는 모두 그와 가까이 지내게 되었다.

여불위는 다시 진귀한 금은보화를 들고 진나라의 함양으로 가서 화양 부인의 여동생을 포섭하기로 했다. 여동생을 만난 여불위는 선물을 내밀며 말했다.

 "태자의 아드님이 조나라에서 밤낮으로 태자와 화양 부인을 그리워하고 있으니 그 효성이 정말 대단합니다. 부인에게도 약소하나마 선물을 보내왔습니다."

화양 부인의 여동생이 선물 보따리를 풀어보니 모두가 진귀한 보석들인지라 흡족해하며 말했다.

"수고했소. 그런데 그는 어떻게 지내고 있소?"

"그분께서는 모친을 일찍 여의었기 때문에 계모를 친어머님처럼 생각해왔다고 합니다. 그래서 진나라로 돌아오면 화양 부인에게 효도할 일념에 불타고 있습니다."

"그분의 형편은 지금 어떠하오?"

"진나라가 조나라를 공격할 때마다 조왕이 그분을 죽이려 했지만 워낙 덕이 있는 분이라 여러 사람들이 극구 만류하여 지금까지 목숨을 부지하고 있습니다. 그러니 귀국하고 싶은 마음이 오죽하시겠습니까."

"다른 사람들이 그를 두둔하는 것은 무엇 때문이오?"

"바로 그분의 현명함과 효성이 주위 사람들을 감동시켰기 때문입니다. 태자와 부인의 생신 때만이 아니라, 아침저녁으로 목욕재계하고 향을 피운 다음 서편 하늘을 향해 제를 지낸다는 것은 조나라 사람들도 다 알고 있는 사실입니다. 게다가 열심히 공부하고 현자들을 존중하니 많은 사람들이 그를 존경하고 있습니다."

말을 마친 여불위는 다시 금은보화와 황금 5백 냥을 내놓으면서 말했다.

"그분은 태자와 화양 부인을 모시지 못하는 걸 안타까워하고 있습니다. 그래서 미천한 저를 통해 자신의 마음을 화양 부인에게 전해달라고 하셨습니다."

이렇게 그녀를 감복시키고 여불위가 물러나자 화양 부인의 여동생은 곧바로 언니를 찾아갔다. 화양 부인 역시 그녀의 말을 전해듣고 매우 감동했다. 며칠 뒤 여불위는 다시 그녀를 찾아가 화양 부인을 만난 자초지종을 들은 다음 물었다.

"화양 부인에게 지금 자제분이 있습니까?"

"한 명도 없지요."

"저는 일찍이 '색으로 환심을 사면, 색이 쇠퇴할 때는 그 사랑도 사라진다'고 들었습니다. 지금 태자께서는 부인을 사랑하고 있지만 일점혈육이 없으니 언제 그 마음을 잃을까 두렵습니다. 이런 때에 현명한 사람을 골라 양자로 삼는다면, 앞으로 제 자식이 왕이 될 터이니 설사 백 년이 지난들 무슨 걱정이 있겠습니까. 지금 조나라에 있는 그분이 화양 부인을 어머니로 모시고 싶어하니 이것이야말로 천재일우의 기회가 아니겠습니까."

이와 같은 여불위의 말을 동생에게 전해들은 화양 부인은 내심 일리가 있다고 생각했다.

어느 날 잠자리에 들기 전 화양 부인은 태자 앞에서 눈물을 글썽였다. 태자가 놀라서 그 이유를 물으니, 화양 부인은 슬하에 자식이 없어서 그런다고 하면서 조나라에 있는 태자의 아들을 양자로 삼고 싶다고 했다.

그 말을 들은 태자는 진왕에게 조나라에 인질로 가 있는 아들을 귀국시켜달라고 청했다. 하지만 진왕은 당시 조나라를 미워하고 있었기 때문에 태자의 말에 따라 교섭하려 하지 않았다. 이런 사정을 알게 된 여불위는 왕후의 남동생 양천군의 수하들을 매수해 양천군을 만나기를 청했다. 드디어 양천군을 만난 여불위가 말했다.

"그대는 지금 죽을죄를 지은 것을 알고 있소?"

"죽을죄라니, 대체 무슨 말인가?"

일개 장사꾼에게 협박을 받은 양천군이 어리둥절한 표정으로 물었다. 그러자 여불위는 천연덕스럽게 입을 열었다.

"그대의 문인들은 모두 높은 관직에 있으며, 재산은 헤아릴 수 없이 많고 후궁엔 미녀들로 넘쳐나니, 그 부귀의 정도는 황제에 버

금가고 있습니다. 하지만 태자에게는 세력을 얻은 자가 하나도 없습니다. 지금 진왕은 나이가 많으니 그가 갑자기 승하하고 태자가 즉위하는 날에는 태자의 수하들이 그대를 원망하지 않겠습니까. 그 결과는 뻔한 것이지요."

그 말을 들은 양천군은 사색이 되어 물었다.

"그러면 어떤 대책이라도 있습니까?"

"지금 태자의 슬하에는 후계자로 적합한 자식이 없습니다. 그러므로 조나라에 인질로 가 있는 아드님을 진나라에 데려오면 그 공로로 평생 편안한 생활을 할 수 있을 겁니다. 만일 영화로운 일생을 보전하려면 당장 왕후께 여쭈어 진왕에게 이 일을 독촉하도록 하십시오. 이 길만이 살길입니다."

그러자 양천군은 즉시 누나인 왕후를 찾아가 전후사정을 말했고, 왕후는 동생을 위해 그날로 진왕에게 이 일을 재촉했다. 왕후까지 동원되니 진왕은 어쩔 수 없이 말했다.

"짐이 기회를 보아 그 애를 귀국토록 조나라에 말하겠소."

태자와 화양 부인은 이 일을 성사시키기 위해 황금 5백 냥과 조나라에 있는 아들이 입을 옷까지 여불위에게 주면서 전해주라고 했다.

여불위가 조나라로 돌아와 자세히 사정을 말하니, 그는 크게 기뻐하며 옷만 받아두고 황금은 모두 여불위에게 주었다. 당시 여불위의 곁에는 가무에 능한 한단의 미인 조희란 여인이 있었다. 그녀가 임신 2개월째란 걸 알게 된 여불위에게 또 다른 생각이 떠올랐다.

"만약 그가 귀국하면 틀림없이 왕위에 오를 것이다. 조희를 지금 그에게 바치면 그녀가 낳은 아들이 또 다음 왕위를 이을 것은 당연한 이치, 그렇게 된다면 내 아들이 왕이 될 테니, 천하는 우리 여씨 집안의 것이 되지 않겠는가."

여기까지 생각이 미친 여불위는 즉시 조희를 구슬려 기인을 섬기게 했다. 조희가 말을 듣지 않자, 천하가 여씨 것이 될 때 다시 부부관계를 회복하자고 달랬다.

태자의 아들은 여불위가 미인을 바치자 기뻐하며 매일같이 즐거운 나날을 보냈다. 얼마 뒤 조희가 사내아이를 낳으니, 그가 바로 역사에 이름을 날린 진시황이다. 그는 아기의 이름을 '조정'이라고 지었다. 조정이 세 살 나던 해, 진나라가 또 조나라를 공격해왔다. 여불위는 급히 태자의 아들을 찾아갔다.

"조왕이 분노하면 어떻게 될지 모르니 빨리 진나라로 도망치는 것이 상책입니다."

그를 설득한 여불위는 황금 3백 냥으로 남문을 지키는 병졸들을 한 사람도 빠짐없이 매수했다. 그러고는 자기 가족이 고향으로 돌아가려고 하니, 비록 전쟁 중이지만 성문을 좀 열어달라고 부탁했다. 또 한편으로 황금 백 냥을 공손건에게 건네주면서 자기가 고향으로 돌아가려고 하니, 성문을 지키는 병졸들에게 편의를 봐주게 해달라고 청했다. 그런 다음 술상을 차려왔다.

"제가 사흘 뒤에 귀향하려고 하니, 떠나기 전에 술이나 한잔 나눕시다."

공손건은 평소처럼 만취상태가 되었다. 그때를 노린 여불위는 태자의 아들을 시종으로 분장시킨 다음 온 가족과 함께 진나라로 떠났다. 성문을 지키던 병졸들은 모두 여불위에게 뇌물을 받았기 때문에 아무런 의심도 없이 문을 열어주었다. 뒤늦게 술에서 깨어 인질이 탈출했음을 안 공손건은 죄책감에 못 이겨 자결하고 말았다.

한편 여불위 일행은 진나라로 가는 도중에 전투를 독려하러 나온 진왕을 만난 다음 곧장 함양으로 향했다. 이미 소식을 들은 태자와 화양 부인이 중당에서 기다리고 있었다.

이때 여불위는 태자의 아들에게 초나라 복색을 입힌 다음 입궐케 했다. 화양 부인이 초나라 사람이었으므로 그녀의 환심을 사려는 의도였다. 드디어 태자 부부를 만난 아들은 눈물로 그동안의 그리움을 하소연했다. 화양 부인이 그의 옷차림을 보고 놀라 물었다.

"너는 왜 초나라 복색을 하고 있느냐?"

"저는 한단에 있을 때도 어머니가 그리워 초나라 옷을 입고 살았습니다."

그 말을 들은 화양 부인은 크게 기뻐했다. 한편 태자는 여불위의 공로를 인정하여 동궁의 땅과 집, 황금 50냥을 하사했다.

"그대가 아니었으면 귀한 아들을 잃을 뻔했다."

세월이 지나 마침내 조정이 진나라의 왕이 되었다. 여불위는 내심 기뻐했지만 조정이 나이를 먹어가면서 총명한 재질을 보이자 은근히 두려운 마음도 없지 않았다.

당시 그는 후궁에서 태후 조희와 도둑처럼 동침하곤 했다. 그렇지만 여불위는 자신의 행각이 탄로 나면 큰 화를 당할 것 같아 자신을 대신해 태후의 음욕을 채워줄 만한 인물을 물색했다.

그러던 중 시중들 가운데 한 사내가 양기가 끓어 넘쳐 몇 차례나 다른 사람의 아내를 건드리다 붙잡혔다는 소문을 들었다. 이에 여불위는 그자를 사면하여 자기 옆에 두었다. 당시 진나라에서는 농사철이 끝나면 사흘 동안 축제를 열었는데, 그때는 평소에 할 수 없는 온갖 재주를 다 부려도 죄를 묻지 않았다.

여불위는 이 기회에 그 사내로 하여금 시장바닥에서 양물을 수레바퀴 구멍에 끼운 다음 수레바퀴를 돌리게 했다. 그런데 수레바퀴를 돌리는 그자의 양물은 추호의 손상도 입지 않았다. 이 소문은 발이 달린 것처럼 삽시간에 좍 퍼졌다.

이 소문은 태후의 귀에도 들어갔다. 호기심이 생긴 그녀는 여불위를 불러 그 진위를 물었다. 이에 여불위는 미소를 지으며 말했다.

"태후께서 그자를 만나보겠다면 제가 알선해드리지요."

"그자는 궐내 사람도 아닌데, 어찌 후궁에 마음대로 출입할 수 있겠소?"

그러자 여불위가 그녀의 귀에다 대고 소곤거렸다.

"그자가 예전에 지은 죄가 있으니, 거짓으로 궁형에 처한 다음 후궁의 내시로 쓰면 되지 않겠습니까."

그 말을 들은 태후는 저도 모르게 무릎을 치며 말했다.

"참으로 기발한 계책입니다."

태후는 여불위에게 필요한 황금을 주면서 꼭 이 일을 성사토록 하라고 명했다. 그리하여 여불위는 그자를 후궁으로 들여보내 태후의 시중을 들게 했다. 과연 그자의 정력이 워낙 뛰어난지라 태후는 크게 만족하여 다시는 여불위를 부르지 않게 되었다.

그런데 얼마 지나지 않아 정사에 너무 빠진 나머지 태후가 임신하게 되었다. 이에 태후는 병에 걸렸다는 핑계로 내시와 함께 함양 땅으로 나가 살았다. 그후 태후는 2년 동안 아들을 둘이나 낳아 비밀리에 키웠다. 뿐만 아니라 진시황 사후 그 뒤를 잇게 하려는 계획까지 꾸몄다.

태후는 또 내시에게 공로를 빌미로 땅과 작위를 하사할 것을 요구했다. 그러자 내막을 모르는 진시황은 태후의 정부에게 땅을 주고 장신후로 봉했다. 이렇게 되자 태후의 총애를 등에 업은 내시는 천 명에 달하는 시종과 식객을 집 안에 두었으며, 붕당까지 만들어 정사에도 관여하는 등 위세를 부리기에 이르렀다.

진시황 9년, 천문을 살피는 관리가 금년에는 나라에 변란이 있을 거라고 진시황에게 보고했다. 마침 진시황은 함양에 세운 천단에 제를 지내기 위해 함양에 머물고 있었는데, 관리의 보고가 마음에 걸려 여불위와 한 장수에게 3만의 군사를 내줘 함양 근처에 주둔케 했다.

이때 진시황의 나이는 26세였지만 관례를 치르지 못했으므로 태후는 그 일을 빌미로 닷새 동안 연회를 베풀어 백관들을 위로했다. 그런데 마침내 장신후의 복이 천명을 넘어섰는지 문제를 일으키고 말았다.

장신후는 나흘 내내 술에 만취된 채 관리들과 도박을 하다가 연거푸 돈을 잃었다. 흥이 다한 사람들이 그와의 도박을 거절하자 분노한 나머지 이렇게 소리쳤다.

"내가 황제의 계부인데, 어찌 너희가 말을 듣지 않느냐."

이때 좌중에 대부 한 사람이 있었는데, 그 말을 듣고 크게 놀라 황급히 밖으로 나가다 진시황과 마주쳤다. 당황한 그의 표정을 본 진시황은 그를 달래어 자초지종을 캐물었다.

마침내 사건의 전말을 알게 된 진시황은 대노하여 즉시 군대를 보내 태후의 거처를 수색토록 했다. 하지만 이 소식은 다른 내시들에 의해 장신후에게 전해졌다. 겁에 질린 그가 태후에게 급보를 전하며 말했다.

"기왕 이렇게 되었으니 우리가 먼저 황제를 죽입시다. 당신의 옥새로 가짜 조서를 만들어 군대를 움직이면 될 것이오."

태후가 인감을 내주자 그는 황궁에 반란을 일으킨 자가 있어 급히 군대를 모은다는 가짜 조서를 만들어 정오까지 한 무리의 군사를 집결시켰다. 하지만 군대가 황궁으로 들어가다 진시황을 만났다. 황제가 황궁을 범한 군사들을 엄하게 꾸짖자 그들은 장신후의 조서대로 행한 것이라고 말했다. 대노한 황제가 호통쳤다.

"장신후가 바로 반란을 일으킨 자다. 어서 그자를 잡아들여라!"

이렇게 해서 창끝을 돌린 군사들과 장신후의 수하들 간에 싸움이 벌어졌고, 백성들이 진시황을 응원했으므로 반란은 손쉽게 진압되었다.

혼란이 진정되자 국문이 시작되었다. 장신후는 이 모든 사건의 시발점이 여불위라고 털어놓았다. 모든 진실을 알게 된 진시황은 맨 먼저 태후의 사생아부터 처단했다. 그런 다음 장신후를 능지처참시켰고, 그의 삼족은 물론 그를 따르던 무리를 남김없이 사형에 처했다. 하지만 태후는 친어머니인지라 차마 죽이지는 못하고 멀리 귀양 보낸 다음 3백 명의 군사에게 주야로 감시하게 해 세상 사람들과 접촉하지 못하게 했다.

반란을 평정한 진시황이 도읍으로 돌아왔지만 여불위는 두려운 나머지 병을 핑계로 집에서 나오지 않았다. 이에 진시황은 만조백관들을 불러모아 여불위를 어떻게 처벌할지를 물었다. 그러자 대신들은 여불위를 두둔하고 나섰다.

"여불위는 선대부터 대신으로 있으면서 사직에 커다란 공을 세웠습니다. 이번 일에 과오가 있다고는 하지만, 장신후와 직접 대면한 것이 아니므로 사실 여부도 확인할 수 없습니다. 따라서 지나친 형벌은 피하심이 옳을 것입니다."

이에 따라 진시황은 여불위의 모든 관직을 삭탈하고 고향인 하남으로 내려보냈다. 이 소식을 들은 이웃나라에서 다투어 그를 청했다. 이런 분위기를 알게 된 진시황은 그에게 다음과 같은 친필 서한을 보냈다.

그대는 진나라에 무슨 공로가 있어 10만 호의 봉록을 받았는가? 그대는 진나라와 무슨 친분이 있다고 상부의 호칭을 받았는가? 이번 반란은 그대로부터 비롯되었음에도 짐은 아무런 형벌을 내리지 않았다. 그런데도 참회하지 않고 다른 제후들과 사사로이 연락하고 있으니 도저히 묵과할 수가 없다. 이제 그대에게 명하노니, 촉군의 한 성으로 가서 여생을 보내도록 하라.

이 편지를 본 여불위는 처음엔 화가 치밀었다.

"내가 선왕을 도와 나라를 세운 공로는 공로가 아니란 말인가. 태후가 나와 동거할 때 잉태해서 황제를 낳았으니, 어찌 나와 친분이 없다고 하는가. 황제가 어찌 나를 이렇듯 핍박한단 말인가."

한동안 울분을 터뜨리던 여불위는 잠시 후 깊은 한숨을 몰아쉬며 이렇게 말했다.

"나는 장사꾼의 아들로 태어나 다른 사람의 나라를 탐냈고 남의 아내를 차지했으니, 그 죄는 벌써 죽어 마땅하다. 그러니 황제가 어찌 나를 그대로 둘 수 있겠는가."

이렇게 탄식한 여불위는 스스로 독주를 마시고 목숨을 끊었다. 실로 그는 한 나라를 거래한 총명한 장사꾼이었건만, 황제가 된 친아들에 의해 종국에는 비극적인 최후를 맞고 말았다. 이는 그가 품었던 큰 뜻이 처음부터 커다란 탐욕을 내재하고 있었기 때문이다. 시작이 나쁘면 끝도 나쁘다.

공든 탑도 하루아침에 무너진다

절개를 꺾은 이사의 비극

인류사를 돌이켜보면 탁월한 용맹이나 지혜를 겸비했던 영웅호걸들이 헤아릴 수 없이 많다. 하지만 그들 가운데 공명을 이룬 후 자신을 지키지 못하고 비참하게 삶을 마감한 사람도 많다.

이는 대체로 결정적인 순간에 자신을 주체하지 못했기 때문인데, 진시황의 충신이었던 이사도 마찬가지였다. 언변이 좋고 재능이 뛰어난 이사는 진시황을 도와 중국을 최초로 통일한 공신이다. 하지만 그는 말년에 기득권과 봉록을 보전하기 위해 절개를 꺾었다가 모든 것을 잃은 비운의 인물이 되었다.

『사기』에 따르면 이사는 초나라 사람으로, 젊은 날 군청의 보잘것없는 관리로 일하고 있었다. 그러던 어느 날 뒷간의 쥐가 안절부절못하면서 좋은 것을 먹지 못하는데, 곳간의 쥐는 편안하게 쌀을 먹으며 사는 모습을 보고 환경의 차이에 따라 인간 역시 천양지차로 살 수 있음을 깨달았다.

그는 관직을 내놓고 순자의 문하로 들어가 제왕으로서 나라를 다스리는 방법을 배웠다. 그후 이사는 진나라에 자신의 미래를 걸기로 작심하고 스승에게 여쭈었다.

"선비가 성공하려면 무엇보다 시기를 잘 파악해야 한다고 들었습니다. 지금 각 제후들이 천하를 얻기 위해 다투고 있으니, 아직 뜻을 이루지 못한 무리들은 분주히 다니면서 성공의 기회를 찾아야 할 때입니다. 비천한 지위에 있으면서도 진취적인 마음을 갖지 못한 자는 사슴을 사냥하고도 그 고기를 먹지 못하는 것과 다름없어서 사람의 몸만 갖추었을 뿐 바보에 지나지 않습니다. 비천보다 더한 치욕은 없으며, 가난보다 더한 비극은 없습니다. 평생을 비천과 가난에 시달리면서도 자신은 세속에 탐닉하지 않는다고 자부하는 것은 오늘날의 선비가 취할 바가 아닌 듯합니다. 때문에 저는 서쪽 진나라로 가기로 마음먹었습니다."

진나라로 간 이사는 여불위의 휘하에 들어간 다음 점차 능력을 인정받아 시위가 되었다. 드디어 황제를 만나게 된 그는 진시황에게 자신의 정견을 피력할 수 있었다.

"폐하, 범인이 그저 범인에 머무는 것은 기회를 포착할 줄 모르기 때문입니다. 공을 이루기 위해서는 적이 허점을 보일 때 과감하게 공격하여 재기불능의 타격을 가해야 합니다. 과거 강성하던 진 목공의 패업이 여섯 제후국으로 뻗어나가지 못한 것은 제후국들의 힘이 남아 있었고, 주 왕실의 운이 다하지 않았기 때문입니다. 하지만 지금은 상황이 다릅니다. 여섯 제후국들이 모두 진나라의 강대함에 떨고 있으며 주 왕실 또한 쇠락했으니, 이런 때 천하통일의 패업을 이루는 것은 부뚜막 위의 재를 쓸어내는 것처럼 쉬운 일입니다. 이와 같은 천재일우의 기회를 놓치면 제후국들에게 또다시 재기와 단합의 기회를 주게 되니, 그렇게 되면 아무리 영명한 왕일지라도 천하를 제패할 수 없을 것입니다."

이 말을 들은 진시황은 이사를 신임하여 그에게 통일 대업을 진두지휘토록 허락했다. 이후 이사는 세객들을 각처로 파견하고 자객들을 보내는 등 다양한 모략을 통해 이웃나라들의 연횡을 분쇄하기에 이르렀다. 그리하여 20년 후 진나라는 천하를 통일했고, 이사는 승상 자리에 올랐다.

천하를 제패한 진나라는 왕을 황제라 칭했으며, 각 군현의 성벽을 허물고 무기를 없앰으로써 반발의 여지를 봉쇄했다. 또 제후나 봉토제도를 없앴고, 공신에게도 권력을 주지 않는 등 강력한 중앙집권 방식의 정책을 견지했다.

진시황 34년, 함양의 궁전에서 한 차례 연회가 있었다. 그 자리에서 대신 주청신 등이 황제의 은덕을 찬양하자 제나라의 순우월이 이렇게 간했다.

"폐하, 제가 알기로 천 년의 왕업을 이었던 은주시대의 왕들은 종친과 공신들에게 봉토를 나누어주고 자신을 보좌케 했습니다. 그런데 지금 진나라는 천하를 제패했는데도 종친이나 공신들을 푸대접하고 있습니다. 이런 때 반란이라도 일어난다면 어찌하시렵니까? 부디 과거의 일을 살펴 오늘의 안정을 도모케 해주십시오. 지금 주청신 등이 폐하께 아부를 일삼는 것은 폐하의 과오를 조장하는 것에 지나지 않습니다. 부디 이들을 내쳐 만세의 본보기로 삼아주십시오."

이 말을 들은 진시황은 승상 이사에게 어찌 처리할 것인가를 물었다. 그러자 이사는 순우월의 견해에 반박하는 글을 올렸다.

폐하, 옛날처럼 제후들이 병립하고 천하가 분열되어 있을 때는 사람들이 과거의 경험만 중시하여 국정을 비판하는 데 망설임이 없었습니다. 그리하여 자신들의 학설만 내세워 조정의 법령과 제도의 권위를 훼손시키곤 했습니다. 그러나 지금은 강력한 황제의 권위가 서 있는 통일제국시대이므로 흑백과 시비가 분명한 때입니다.

이때 필요한 것은 오로지 황제 한 사람의 존엄을 지키는 일뿐입니다. 그런데 아직도 옛날과 같은 사고방식으로 조정의 권위를 무너뜨림으로써 자신의 권위를 내세우며, 군중을 선동하여 천하의 안정을 뒤흔들려는 무리가 남아 있습니다. 이들을 그대로 방치한다면 진나라는 필시 가까운 시기에 누란의 위기를 맞게 될 것입니다. 그러므로 신은 다음과 같이 건의합니다.

민간에 나도는 시문이나 서책, 제자백가들의 저작을 모두 수거하여 불태우는 것입니다. 다만 백성들의 생활에 필요한 의약, 운세, 농업 재배에 관한 서적만을 남겨 조정의 전문 관리들만 배우도록 해야 합니다.

이렇게 해서 역사상 유례를 찾아볼 수 없는 '분서갱유焚書坑儒'가 시행되었다. 이처럼 이사는 옛날부터 내려온 지혜를 과감히 끊어버렸다. 그리하여 나라의 통일 법령 제정, 문자 통일, 별궁 건축 등 모든 새로운 제도가 진시황 대부터 시작되게 했다.

이듬해 이사는 진시황이 전국을 감찰하고 대외적으로 오랑캐들을 평정하는 데 커다란 공을 세웠으며, 큰아들 이유는 삼천군의 군수로 재직했고, 나머지 아들은 진나라의 부마가 되었고, 딸들은 진씨 가문의 며느리가 되었다. 이렇듯 집안이 영화를 누리게 되자 자식들 앞에서 이사는 감개무량한 얼굴로 말했다.

"일찍이 스승께서 말씀하시길, '사물은 지나치게 과분하지 말아야 한다'고 했다. 나는 평민으로서 어느 누구도 알아주지 않았는데, 이제 황제의 은덕을 입어 부귀영화의 극에 이르게 되었다. 하지만 오르막이 있으면 내리막도 있는 법, 앞날의 길흉은 점칠 수가 없구나."

진시황 37년 10월, 황제는 연해주 일대로 시찰을 나갔다. 행차에는 승상 이사, 중차부령 조고와 옥새를 관할하는 대신, 막내아들 호해가 대동했다.

그런데 행차 도중 진시황이 병에 걸려 생명이 위독한 지경에 이르렀다. 자신의 최후가 가까워졌음을 알아차린 황제는 조고를 시켜 '군대를 몽염 장군에게 맡기고 함양에 와서 짐의 장례식을 주관하라'는 내용의 편지를 맏아들 부소에게 보내라고 명했다.

하지만 이 편지를 보내기도 전에 진시황이 숨을 거두었다. 그러자 이사와 조고는 혼란을 방지하기 위해 황제의 죽음을 숨기고 함양으로 돌아가기로 결정했다. 이때 조고는 태자 부소를 제쳐놓고 호해를 옹립하기로 마음먹고 이사에게 건의했다. 이에 이사가 펄쩍 뛰자 조고는 이렇게 말했다.

"부소가 황제가 되면 반드시 몽염을 재상으로 임명할 것입니다. 그렇게 되면 승상은 닭 쫓던 개 신세가 되고 말 것이 아니겠소. 당신 가문의 영광을 보전하는 길은 이 방법뿐입니다."

조고가 이렇듯 간곡하게 권하자 결국 이사는 조고의 음모에 가담하기로 했다. 그들은 진시황의 거짓 유서를 꾸며 호해를 태자로 봉했음을 공포하고, 맏아들 부소를 꾸짖는 진시황의 편지를 보내 자결을 명했다. 위인됨이 성실했던 부소가 이를 믿고 자결하려 하자 몽염이 말렸다.

"폐하께서 순행에 나서기 전 공자를 태자로 봉하고 제게 30만 대군을 맡겨 변방을 수비토록 명하셨으니, 이와 같은 편지는 믿을 수 없습니다. 경솔히 행동하지 마시고 우선 편지의 진위를 따져보십시오."

하지만 사신이 재촉하자 부소는 아버지의 명을 거역할 수 없다면서 자결하고 말았다. 이렇게 해서 호해는 아무런 제지도 없이 제위에 오를 수 있었다.

황제가 된 호해는 모든 정사를 조고에게 맡기고 향락에만 심취했다. 이는 조고 역시 원하는 바였다. 조고는 우선 후환을 없애기 위해 진시황의 열두 왕자를 살해했고, 열 명의 공주를 능지처참시켰다. 또 강력한 법률을 제정해 반역의 여지가 있는 대신들을 잡아들였다. 이 같은 가혹한 처벌에 사람들은 전전긍긍하여 숨을 죽였다. 또 호해를 위해 거대한 토목공사를 벌이고 세금과 병역, 부역을 과중하게 부과했다.

그러자 학정에 견디지 못한 백성들이 들고일어났으니, 그 대표적인 저항이 진승과 오광의 난이었다. 이사는 나라의 위기를 걱정하여 수차례 황제를 만나려 했지만 번번이 거절당했다. 호해에게는 오직 주지육림의 쾌락만이 최대의 관심사였다.

이때 이사는 정치적으로 궁지에 몰려 있었다. 마침 군수로 있던 아들이 반란군에게 참패해 조정의 추궁을 받게 된 것이었다. 가족의 안위를 염려한 그는 어쩔 수 없이 조고의 뜻에 따를 수밖에 없었다.

한편 조고는 여러 사람들의 원한이 자신을 겨누고 있음을 알았으므로, 그들이 호해를 구슬려 자신을 위해할까 두려웠다. 때문에 호해의 환락을 조장하는 동시에 다른 신하들과의 접견을 아예 봉쇄해버렸다. 이사 역시 조고의 경계 대상이었으므로, 이사가 국사를 논하기 위해 몇 차례 알현을 청했지만 불가능했다.

그러던 어느 날 황제가 후궁에서 미녀들과 즐기고 있을 때 조고는 승상 이사가 여쭐 일이 있어 왔다고 전갈했다. 흥이 깨진 호해가 화를 내며 소리쳤다.

"승상은 하필이면 이런 때 나를 만나려 하는가. 나를 업신여기는 것이 아니고 무엇이란 말인가."

그 말을 들은 조고는 즉시 호해의 반감을 부추겼다.

"폐하께서 그러시면 위험합니다. 폐하께서 등극하신 뒤에도 승상은 아무런 보상도 받지 못했으니 불평불만이 많을 것입니다. 듣자하니 그의 아들이 반란군과의 싸움에서 별로 성의를 보이지 않았다고 합니다. 이는 무슨 까닭이 있지 않겠습니까."

가뜩이나 기분이 상한 호해는 조고의 중상모략에 금방 넘어갔다. 그는 즉시 사건의 전말을 캐내라고 명했다. 이 소문을 들은 이사는 분개한 나머지 상소문을 올려 조고의 전횡과 행패를 낱낱이 보고했다. 하지만 조고에게 모든 것을 맡겨놓고 있던 호해는 도리어 이사를 의심했다. 그는 즉시 조고를 불러 이사를 심문하라고 명했다.

쾌재를 부른 조고는 즉시 군대를 동원해 이사와 그 추종자들을 모두 체포했다. 그는 이사에게 반역죄를 뒤집어씌우고 자백할 것을 종용했다. 이사가 강력히 반발하며 황제 앞에서 전말을 밝히겠다고 버텼지만 조고는 그런 기회를 주지 않았다.

연일 혹독한 고문이 이어졌다. 매 앞에는 장사가 없는 법, 결국 이사는 반역을 시인하고 말았다. 오랜 고문과 세뇌로 정신이 혼미해진 그는 며칠 뒤 자신이 그토록 원하던 황제의 친국이 벌어졌음에도 자신의 무죄를 주장하지 못했다. 조고의 완벽한 승리였다.

호해가 등극한 지 2년이 된 그해 7월, 이사는 처형되었고 그의 삼족은 멸문지화를 당하고 말았다. 그렇게 해서 진시황의 영광을 받들었던 승상 이사의 일생은 비참하게 끝을 맺었다.

훗날 태사공은 이사를 일컬어 이렇게 탄식했다.

"이사는 일개 평민의 신분으로 열심히 공부하고 노력해서 진나라의 천하통일에 큰 공을 세웠고, 승상의 지위까지 올랐으니 중용을 받들었다고 할 만하다. 그러나 만년에는 작위와 봉록에 눈이 어두워 절개를 지키지 못했으므로 모든 것을 잃었다."

천재도 모자란 것이 있다

이백과 두보

당나라의 이백과 두보는 삼척동자도 아는 당나라의 시인으로, 수많은 사람들의 마음속에 남아 있다. 하지만 그들은 관직이 개인의 영달로 치부되었던 옛날에 자신들이 남긴 문학적 업적에 비하면 형편없는 경력을 갖고 있다.

사실 두 사람은 관직에 오를 만한 외적·내적 조건을 모두 구비한 인물이었다. 그러나 그들이 보잘것없는 관직을 떠돌며 세상을 한탄할 수밖에 없었던 것은 당시의 군주들에게 원인을 찾을 수도 있겠지만, 더욱 중요한 것은 그들 자신의 성격과 밀접한 관련이 있어 보인다.

이백은 사천 사람으로, 열 살 때 시서詩書를 통달하고 검술을 즐겼으며, 재물을 탐내지 않고 '종횡술縱橫術'을 좋아했다고 한다. 이는 일찍이 그가 정치에 관심을 갖고 있었음을 보여주는 대목이다.

당초 이백은 오균의 추천을 받아 당 현종의 부름을 받고 장안으로 들어갔다. 이때 그는 너무나 기쁜 나머지 「남릉별아동입경 南陵別兒童入京」이라는 시까지 지었다. 그리고 얼마 지나지 않아 그의 재능이 천하를 뒤흔들기 시작했다. 태자의 문인 하지장은 이백에게 감탄한 나머지 이렇게 말하며 황제에게 직접 추천하기까지 했다.

"그대는 마치 인간 세상에 귀양온 천상의 신선과 같군!"

현종을 만난 이백은 즉석에서 아름다운 시를 지어 바쳤다. 이에 황제는 수라상의 반찬을 직접 집어주는 등 기쁨을 감추지 않았다. 이백은 곧 한림학사에 임명되었다.

그때는 당나라의 전성기였고, 현종은 매우 명철한 황제였다. 그런 황제의 총애를 받게 되었으니, 그의 앞날은 탄탄대로에 들어선 것이었다. 또 그의 명성은 조정의 문무대신뿐 아니라 백성들에게도 널리 알려져 있었고, 한림학사라는 위치에서 직접 국정에 참여할 수도 있었다. 이때 이백도 자신을 제갈량 등 역사적으로 유명한 재상들과 견주면서 웅대한 포부를 펼쳐 보였는데, 당시 상황에서 그것은 결코 분에 넘치는 생각이 아니었다.

이처럼 좋은 조건을 갖추고 있었음에도 이백은 정계에서 낙마하고 만다. 그것은 그가 가진 문학적 재능에 비해 정치적 기예가 부족했기 때문이었다. 창조적인 광기가 문학으로 빛을 발한 데 비해, 정치에서 필요한 권모술수나 인간관계에 문제가 있었음을 말해주는 것이다.

이백은 자신의 명성과 황제의 총애를 믿고 다른 사람을 배려하지 않았다. 어떤 때는 황제나 황후까지 백안시하곤 했다. 또 그는 항상 만취하여 자신을 절제하지 못했다. 이러한 처신이 천재인 자신을 만족시켰을는지는 몰라도 일상을 살아가는 뭇 사람들을 만족시킬 수는 없었다. 그러므로 그가 정계에서 쫓겨난 것은 당연한 결과였다.

이백보다 10년 늦게 태어난 두보의 상황은 이백과 매우 큰 차이가 있었다. 젊은 시절 그는 '안사의 난(安史之亂, 안록산과 사사명의 반란)'으로 방황해야 했다.

755년 안록산은 어양에서 반란을 일으킨 뒤 신속히 장안으로 쳐들어왔다. 이때 장안을 탈출한 두보는 남루한 차림으로 봉상으로 가서 즉위한 지 얼마 되지 않은 숙종을 찾아갔다.

숙종은 그의 충성을 기특하게 여기고 작은 관직을 하사했다. 물론 보잘것없는 자리였지만 두보에게는 비로소 자신의 정치적 재능을 발휘할 기회가 주어진 것이었다. 하지만 그는 천재일우의 기회를 사사로운 우정 때문에 날려버리고 말았다.

당시 안록산의 반란군을 진압하러 나섰던 방관이 본인의 부패와 과실 때문에 연이어 패배하면서 나라를 누란의 위기로 몰아넣었다. 이에 대노한 숙종이 그를 사형에 처하게 하자 두보가 두둔하고 나선 것이다. 그 이유는 '작은 죄인데 어찌 대신을 죽일 수 있는가' 하는 것이었다.

당시 방관의 죄상은 죽어 마땅했다. 그러므로 공무를 행하는 관리인 두보가 그를 두둔할 이유라곤 없었다. 하지만 두보는 그의 치벌이 부당하다고 강력하게 변론했다. 이에 숙종은 두보까지 벌하려다 재상의 간언으로 겨우 참았다. 그럼에도 두보는 끝까지 자기 고집을 버리지 않았다.

이와 같이 한번 옳다고 생각하면 절대 번복하지 않는 편벽된 성격이 두보의 관운을 막았다. 이백의 약점인 광기는 없었지만, 지나치게 경직되고 융통성이 없다는 면에서는 이백과 크게 다르지 않았다.

실로 두보는 자신이 문장을 자부했으며, 내내 자신이 현명한 군주를 만나지 못한 탓에 등용되지 못했다고 탄식했다. 이런 우월감만으로는 세상과 순조롭게 교통할 수 없었다.

중국의 대문호로 알려진 이백과 두보는 이렇듯 개인적인 허점 때문에 관직에서 고배를 마실 수밖에 없었다. 그들의 재능은 천하의 공인을 받았고, 나름대로 큰 뜻을 품고 있었지만 각자의 경직된 성격으로 인해 세상의 변화에 대처하지 못했다.

훗날 신문방은 그들의 운명을 이렇게 평했다.

언변이 뛰어나다고 반드시 행위까지 공인 받는 것은 아니다. 마찬가지로 행위가 공인을 받는다고 반드시 언변이 뛰어난 것은 아니다. 이백과 두보, 두 사람의 기구한 일생을 보면, 하는 말은 모든 사람을 놀라게 했고 충효 또한 천하에 칭송할 만했다. 문장 또한 세상을 뒤흔들었으니, 과연 고금의 모든 장점들을 구비했다고 하겠다. 그러나 애석하게도 이러한 기재들에게도 모자람이 있어 헛되이 삶을 낭비한 것이야말로 한없는 아쉬움으로 남는다.

제4편 편안할 때 위기를 생각하라

인생은 탄탄대로를 걸을 때도 있고, 가시밭길을 걸을 때도 있다. 중요한 것은 순경順境이나 역경逆境에 처했을 때 어떻게 처신하느냐다. 사람들은 대개 순경일 때는 기고만장하다가도 역경에 처하면 자포자기에 빠지곤 한다.

반대로 지성인은 순경과 역경에 마음을 쓰지 않는다. 순경은 역경에서 분발한 결과이고, 역경은 순경에서 처신을 잘못한 까닭이라고 믿기 때문이다. 따라서 비록 순경에 처했다 해도 항상 얇은 얼음장 위를 걷듯이 하고, 역경에 처했을 때는 부질없는 절망보다는 실속 있는 노력을 쏟아부어야 한다. 인생에 대한 이런 태도만이 사람들을 순경으로 이끌어준다.

『순자』「유좌宥坐」편에는 다음과 같은 내용이 담겨 있다.

오호라, 지나치게 많이 담아서 기울어지지 않는 것이 어디 있으랴! 자로가 이에 대해 묻자 공자는 이렇게 말했다.

"총명한 자는 우매한 척할 줄 알아야 하고, 천하를 놀라게 할 공명을 이룬 자는 겸양을 알아야 하며, 용맹한 자는 비겁한 모습도 보일 줄 알아야 하고, 갑부는 겸손할 줄 알아야 하느니라. 이것이 바로 지나치게 넘치다가 손해보지 않도록 하는 가장 좋은 방법이다."

공자의 이 말은 상황과 조건을 무시한 과시는 개인의 인생에 아무런 도움도 줄 수 없다는 뜻이다. 젊었을 때 공자가 노자를 찾아가자 노자는 이렇게 말했다.

"탁월한 상인은 깊이 감추고 텅 빈 듯 보이며, 군자는 덕을 깊이 쌓아도 우매한 것처럼 보인다."

이 또한 지나치게 자신을 과시하거나 능력과 욕망을 남용하는 것이 인생사에 아무런 도움도 되지 않는다는 점을 역설한 것이다.

큰 지혜는 어리석은 듯이 보인다
한기의 속임수

송나라의 재상 한기는 재능과 덕을 겸비했으면서도 어수룩하기로 소문난 사람이었다. 그는 남에게 양보하고 타인의 과오를 용서하는 것을 생활의 원칙으로 삼았는데, 남들에게 담이 크다는 소리를 한 번도 들어본 적이 없었다.

그렇지만 그의 생애에서 드러난 두 가지 일을 보면, '진인眞人은 상相을 드러내지 않는다'라는 말의 좋은 본보기임을 알 수 있다. 사람들은 한기가 평소대로 속임수 따위를 전혀 쓰지 않을 줄 알았지만, 그는 나라의 안녕을 위한 결정적인 순간엔 속임수도 마다하지 않았다.

황제 영종이 막 숨을 거두었을 때였다. 대신들이 급히 태자를 황궁으로 불러들이려고 서두르고 있는데, 영종의 손이 한 번 꿈틀거렸다. 그러자 재상 증공이 깜짝 놀라 한기에게 태자를 좀더 늦게 불러야겠다고 말했다. 하지만 한기는 황제가 정말로 회생하면 죽을지도 모르는 위험을 무릅쓰고 태자의 입궁을 재촉했다.

"선제께서 회생하신다면 태상황이 되실 것이니 걱정 말고 태자를 불러들이시오."

이와 같은 한기의 결단으로 태자가 제때 입궁해 왕권을 거머쥐었으므로 영종의 죽음에 뒤이을 권력투쟁의 위기 상황을 막을 수 있었다.

또 한번은 대신 임수충이 헛소문을 퍼뜨려 황제와 태후 사이에 불화를 조성하는 등 간교한 짓을 한다는 소문이 들려왔다. 이에 한기는 아무런 내색도 하지 않고 파면 대상의 이름이 기재되지 않은 파면장을 마련하게 했다. 담당 대신이 당황하고 있는데, 참정 구양수가 이렇게 말했다.

"시키는 대로 하면 재상께서 어련히 조처하지 않겠는가."

한기는 파면장을 받아들자 즉시 임수충을 불러들인 다음 일갈했다.

"너의 죄는 죽어 마땅하나 황제의 은혜로 점주의 부사로 보내니 오늘 안으로 성성을 떠나노독 하라."

한기의 일갈에 겁에 질린 임수충은 아무런 의심 없이 그날로 경성을 떠났다. 임수충은 그토록 어수룩한 한기가 거짓말을 하리라곤 꿈에도 생각지 못했다. 만일 한기가 아니고 다른 사람이었다면 교활한 임수충은 우선 황명의 진위부터 따져보았을 것이다.

이처럼 속임수를 썼지만 이는 한기 자신에게 아무런 결점도 되지 않았다. 그러므로 '대지 약우'는 최고의 인생 수양법임에 틀림없다. 한기는 평소에 이와 같은 수양을 쌓았기 때문에 나라를 위해 간신을 제거하는 데 큰 공을 세운 것이다. 이런 사람에게는 타인들보다 기회가 많이 주어지게 마련이다.

해로움을 이롭게 한다
손숙오의 다짐

『순자』「중니仲尼」편에는 다음과 같은 내용이 들어 있다.

총명한 사람들은 충분한 여유가 있을 때도 그 반대의 경우를 염두에 두며, 안전할 때도 위험한 경우에 대비한다. 그들은 조심스레 앞날을 예측하고 화근을 미연에 제거하려고 노력하므로 어떠한 경우에도 실패하지 않는다.

『한시외전韓詩外傳』에 따르면 손숙오는 이 방면의 진수를 터득한 인물이었다. 언젠가 그가 호구장인을 만났을 때, 호구장인이 그에게 물었다.

"내가 듣기로 유리한 일에 세 가지가 있고, 해가 되는 일에 세 가지가 있다고 했다. 그것이 무엇인지 알고 있는가?"

그러자 손숙오는 정색하면서 말했다.

"우둔한 제가 그것을 어찌 알겠습니까. 그 삼리三利와 삼해三害에 대하여 고견을 듣고 싶습니다."

호구장인이 말했다.

"세 가지 해가 되는 일이란 다음과 같다. 첫째 작위가 높은 자는 타인의 질투를 받게 되고, 둘째 임금을 늘 가까이하는 자는 타인의 방해를 받을 수 있으며, 셋째 봉록을 많이 받는 자는 타인의 원한을 살 수 있다는 것이다."

그 말을 듣고 난 손숙오는 반문했다.

"제가 높은 작위에 있으면서도 아랫사람들과 잘 어울리고, 임금을 가까이하면서도 큰 기량을 보이지 않고, 봉록을 많이 받아도 그만큼 많은 사람들에게 베푼다면 그 해로운 점이 이로워지지 않을까요?"

그러자 호구장인이 눈을 치뜨며 칭찬했다.

"정말 좋은 말이네. 요순도 바로 그 점을 병통으로 여겼다네!"

미래의 위기를 잊지 않는다

월왕의 참모 범려

안정된 처지에 있을 때도 잠재적인 위기를 잊지 않는 것은 지성인의 처세술이다. 세상에는 절대적으로 좋은 것도 없거니와, 절대적으로 나쁜 것도 없다. 그러므로 자신이 유리한 지위에 있을 때 언제나 불리한 처지로 전락할 때를 대비해야 한다.

월나라의 범려야말로 그런 처세를 적극적으로 실천한 대표적인 인물이라 하겠다.

범려는 월왕 구천을 도와 20여 년간 천신만고 끝에 오나라를 멸망시키고 '와신상담臥薪嘗膽'의 치욕을 씻어버린 사람이다. 그후 월나라는 승승장구하면서 열국의 패권을 거머쥐었고, 그 공으로 범려는 상장군의 호칭을 얻게 되었다.

하지만 범려는 그와 같은 영광의 그늘 아래 안주할 수 없는 자신을 발견했다. 무엇보다도 자신이 섬기고 있던 구천이란 위인은 고난은 같이할 수 있어도 부귀는 같이 누릴 수 없다는 걸 깨달았다. 고심하던 그는 결국 구천에게 다음과 같은 편지를 보내 작별을 고했다.

신이 생각하건대, 신하는 임금의 걱정을 들어줘야 하고 임금이 능욕을 당할 때는 목숨을 버려야 합니다. 일찍이 폐하께서 와신상담하실 때 저는 죽어 마땅했으나, 후일의 복수를 위하여 지금까지 목숨을 이어왔습니다. 이제 모든 일이 성사되었으니 미루어두었던 죽음을 내려주십시오.

그러자 구천이 그를 부른 다음 간곡하게 말했다.

"짐은 그대와 함께 나라를 다스리려 하는데, 갑자기 무슨 소리요? 부디 곁에서 국정을 보좌해주시오."

하지만 범려는 고개를 저었다.

"전하께서는 법에 따라 행사하지만, 신은 개인의 취미에 따라 살겠습니다. 목숨을 거두지 않으신다면 신이 떠나도록 허락해주십시오."

이렇게 말하고 궁궐에서 나온 범려는 구천의 허락을 기다리지 않고 가족들과 함께 월나라를 떠났다. 그뒤 제나라의 어느 시골에 정착한 그는 아들과 함께 농사를 지어 금세 집부기 피었다. 이런 소문을 들은 제나라 왕이 그를 초빙하려 했다. 그러자 그는 이렇게 사양했다.

"일개 백성으로서 부자가 되었는데, 관직의 우두머리인 승상직까지 오르는 것은 좋은 일이 아닙니다."

범려는 곧 재산을 동네 사람들에게 골고루 나누어준 다음 표연히 사라졌다. 그후 범려는 다른 지방에서도 많은 재산을 모았지만 예전과 같이 사람들에게 베풀면서 살았다.

이와 같은 범려의 처신에 비해, 함께 월나라를 일으킨 동료 문종의 처신은 자신을 나락으로 밀어뜨리는 결과를 가져왔다. 그는 범려의 충고에 귀기울이지 않고 월나라에서 부귀영화를 누리고 있었다. 그런데 당시 월나라의 경쟁국이었던 제나라에서 다음과 같은 밀서를 보내 문종을 회유했다.

하늘에 나는 새가 보이지 않으면 좋은 활도 제 할 일을 다한 것이요, 토끼가 들에 보이지 않으면 사냥개도 삶아 먹히게 마련입니다. 월왕 구천의 생김새가 목이 길고 입이 뾰족해서 마치 새가 모이를 쪼는 듯한데, 이런 사람과는 함께 환난을 겪을 수는 있어도 같이 환락을 즐길 수는 없는 법이오. 그러니 우리 제나라로 귀의하는 것이 어떠하오?

편지를 읽은 문종은 마음이 심란하여 병을 핑계로 조정에 나가지 않았다. 그러자 그를 눈엣가시처럼 여기던 간신들은 구천에게 그가 모반을 획책하고 있다고 고변했다. 이에 의심이 생긴 구천은 그에게 보검을 보내면서 말했다.

"과거에 그대는 오나라를 격파할 일곱 개의 계략이 있다고 했는데, 불과 세 개로 대사를 성공시키지 않았는가. 아직도 네 개가 남았으니 선왕에게 가서 여쭈어라."

이런 결과를 보며 문종은 일찍이 범려의 충고를 듣지 않은 것을 후회했다. 하지만 이미 돌이킬 수 없는 운명임을 알게 된 그는 구천이 내려준 칼로 목을 찔러 자결하고 말았다.

범려와 문종, 두 사람은 함께 협력하여 오나라를 격파하고 공명을 이루었지만 각자의 처세에 따라 전혀 상반된 결말을 맺었다.

해는 정오를 지나면 기울어진다

물러날 때를 안 범수

춘추전국시대는 수많은 영웅호걸들이 활약했으며, 그런 만큼 범인凡人으로서는 이해하기 힘든 기이한 사건들이 많이 발생했다. 진나라 소왕 때 권력의 최고층에서 나라를 쥐고 흔들던 범수가 평민인 채택과 변론을 한 다음 의식적으로 권력에서 떨어져 나온 것도 마찬가지 사건이다.

당시 진나라의 재상인 범수의 권세는 하늘을 찌를 듯했다. 하지만 그 내면을 살펴보면, 그는 소왕의 일거수일투족에 온 신경을 곤두세우며 가슴 답답한 나날을 보내고 있었다. 한번은 조정에서 소왕이 한숨을 길게 내쉬는 모습을 보고 범수가 얼른 다가가 말했다.

"전하, 신은 '임금에게 근심이 있음은 신하의 치욕이고, 임금이 모욕을 당하면 신하는 죽어 마땅하다'고 들었습니다. 지금 전하께서 한숨짓고 계시니, 저희가 어떤 일을 잘못 처리한 것이 아닐까 두려운 마음 금할 수가 없습니다."

이에 소왕이 말했다.

"만사가 사람의 뜻대로 되는 것이 어디 있겠소. 지금 무안군은 죽었고, 정안평은 배반했고, 밖에서는 강적들이 노리고 있는데 조정에는 훌륭한 장수가 없으니 어찌 걱정하지 않을 수 있겠소?"

그 말을 들은 범수는 부끄럽고 두려운 마음에 아무런 대꾸도 못했다.

당시 연나라에는 박식하고 언변이 뛰어난 채택이란 사람이 있었다. 그가 대량에 갔을 때 현지에서 관상을 잘 보기로 소문난 당거를 찾아가 물었다.

"선생이 조나라의 이태를 보고 '백 일 내에 국정을 잡을 사람'이라고 했다는데, 과연 그렇게 되었소?"

"그야 당연하죠."

"그렇다면 나는 무엇을 할 사람 같소?"

"선생의 코를 보니 전갈과 같고, 두 어깨는 목보다 더 높이 솟았으며, 두 무릎은 항상 구부리고 다니고 있소. '성인은 모양이 이상하다'고 하는 말은 바로 그대를 가리키는 것이 아니겠소?"

그 말을 들은 채택은 당거가 자신을 놀리는 줄 알고 다시 물었다.

"세상의 부귀는 이미 제가 누리고 있는 것 이상이 없소. 그러니 얼마나 더 살 수 있는지나 말해주오."

"선생은 지금부터 43년을 더 살 수 있소."

당거의 단언을 들은 채택은 웃으며 말했다.

"좋은 곡식에 기름진 고기를 먹고, 길을 나서면 말이나 수레가 있으며, 품에는 금은보화가 떨어질 사이가 없고, 뭇 사람들의 존경을 받는 내가 어찌 그 이상을 바라겠소."

기분이 좋아진 그가 몇 나라를 더 돌아다니다가 위나라를 지나던 중 강도를 만났다. 취사도구마저 모두 빼앗긴 채택이 들판에서 허허로이 쉬고 있는데, 마침 안면이 있던 친구가 지나가다 그를 보고는 이렇게 권했다.

"선생의 관상을 보니 서쪽에서 공명을 이룰 것 같습니다. 마침 진나라의 재상이 물러날 의향이 있는 것 같던데, 그곳으로 한번 가 보지 않겠소?"

"마음이 없는 것은 아니지만 너무 멀군요."

그러자 그 친구는 채택에게 노자를 꺼내주면서 꼭 한번 가보기를 권했다. 그 길로 함양에 도착한 채택은 여인숙에 거처를 정한 다음 주인에게 일렀다.

"식사를 준비할 때 밥은 꼭 흰쌀로, 고기는 꼭 기름진 것으로 하라. 내가 승상이 되는 날이면 후한 상을 주겠다."

"대체 댁은 뉘신데, 승상이 된다고 장담하시오?"

여인숙 주인은 그의 뜬금없는 말에 실소를 했다. 그러자 채택은 자기 이름을 밝히며 진 소왕이 자기를 보기만 하면 승상으로 임명할 거라고 떠벌렸다. 그의 말은 곧 소문이 되어 바람처럼 저잣거리를 떠돌기 시작했다. 불과 며칠 지나지 않아 소문을 들은 범수는 채택을 부른 다음 물었다.

"나를 대신해 승상이 되셨나는 자가 바로 그대인가?"

"예, 그렇습니다."

채택의 당당한 대답이었다.

"그대가 무슨 재주로 나의 승상직을 대신할 수 있는가?"

"당신의 소견이 어찌 그리 짧습니까? 자연을 살펴보아도 뒤에 오는 계절이 앞의 계절을 교체하는 법이니, 내가 온 이상 당신도 물러날 때가 된 것이 아니겠소?"

"내가 만약 물러나지 않는다면?"

"사람은 신체가 건강하고 머리가 명석할 때 덕을 베풀 수 있으며 세상을 위해 좋은 일도 많이 할 수 있습니다. 따라서 그러한 자만이 세상 사람들의 존경을 받을 것이 아니겠소?"

"그렇지."

범수는 가볍게 머리를 끄덕였다.

"일단 천하 사람들의 존경을 받은 이상, 그것을 후대까지 이어가게 하는 것이 이른바 길조이고 행복이 아니겠소?"

"옳은 말이다."

범수는 다시 한 번 동감을 표시하지 않을 수 없었다.

"하지만 진나라의 상앙, 초나라의 오기, 월나라의 문종 등은 모두 공명을 이루었지만 그 종말은 처참했습니다. 당신도 그렇게 되기를 바라는 건 아니겠지요?"

범수는 계속 그의 말에 동감을 표하다간 꾐에 넘어갈 것 같아 이렇게 되받아쳤다.

"그들 모두 천하가 인정하는 공명을 이루어 역사에 이름을 남길 텐데, 왜 마다하겠소. 사람은 태어나서 죽게 마련인데, 대장부가 뜻을 이루었다면 어떻게 죽든 무슨 상관이 있단 말이오."

말은 이렇게 했지만, 내심 불안을 감추지 못한 범수는 자신도 모르게 사리에서 일어났다.

"현명한 군주와 충성스런 신하는 그 나라의 복이요, 자애로운 아비와 효성스런 자식은 그 가정의 복이오. 어느 신하가 현명한 임금을 마다하고, 어느 자식이 자애로운 부모를 모시고 싶지 않겠소. 상앙, 오기, 문종 등은 불행하게 죽었지만 후세에 이름을 남기기 위해 임금을 섬긴 것은 아니었소. 대장부로서 공명을 이루고 천수를 누리는 것은 상책이요, 공명을 이루자마자 죽는 것은 중책이요, 이름을 더럽히고 목숨만 건지는 것은 하책이 아닌가."

이렇게 말하며 범수가 무의식중에 당하까지 내려왔지만, 채택은 질문을 계속했다.

"당신은 상앙 등을 본받아도 무방하다고 했는데, 지금의 임금이 상앙 등이 모시던 임금처럼 그대를 생각해준다고 생각하오? 당신은 자신의 공로가 상앙 등과 비교해서 월등하다고 봅니까?"

"그렇진 않소."

범수의 김빠진 대답이었다.

"지금 당신이 누리고 있는 부귀는 그들보다 훨씬 월등합니다. 저는 그들 모두가 권세에 빠져 물러나지 않으려 했기에 불행해졌다고 생각합니다. 따라서 당신도 정상에 있는 지금 물러나는 게 상책일 것입니다. '해는 정오를 지나면 기울어지고, 달도 만월이 되면 이지러진다'는 이치를 아십니까? 지금 당신이 다른 사람을 추천하고 은퇴한다면 행복하고 한가로운 만년이 기다리겠지만, 그 반대라면 불안 속에서 여생을 보낼 수밖에 없습니다."

채택의 말에 범수는 결국 탄복하지 않을 수 없었다.

"선생의 지혜와 말솜씨가 뛰어나다는 소문만 들었는데, 지금 보니 과연 명불허전名不虛傳이구려! 선생의 말대로 하겠소."

드디어 마음을 비운 범수는 그를 집으로 데리고 가서 좋은 술과 안주로 극진히 대접했다. 그리고 이튿날 조정에 들어가 진나라 소왕에게 말했다.

"선하, 저희 집에 채택이라는 사람이 있는데, 그 재능이 마치 모래알 속에서 반짝이는 금강석과도 같습니다. 저는 그에 비하면 등불 주위를 오가는 부나비와도 같습니다. 부디 그를 중용하십시오."

이에 소왕이 채택을 불러 정치에 대한 식견을 듣더니 흡족해하면서 조정에 나오도록 명했다. 얼마 지나지 않아 채택이 점차 소왕의 두터운 신임을 얻자 범수는 병을 핑계로 승상직에서 물러났다. 그 뒤를 이어 채택이 승상이 되었다.

채택은 재상에 임명된 지 몇 달 뒤 조정에서 자신을 미워하는 사람이 생겨나자 미련 없이 재상직을 내던졌다.

그후 채택은 진나라에서 10여 년간 소왕, 효문왕, 장양왕을 비롯해 진시황까지 섬겼다. 또한 진나라의 사자로 연나라에 갔으며, 3년 후 연나라의 태자를 진나라의 인질로 보내는 데 큰 공을 세웠다.

한편 채택의 변설에 크게 깨달은 범수는 평생 공들여 이룩한 권

력의 세계를 미련 없이 떠났다. 그 결과 그는 전전긍긍하던 지난날
과 달리 편안한 여생을 보낼 수 있었다.

나보다 먼저 남을 생각한다
청나라 명신 증국번

사람들은 일생 동안 부와 명예를 위해 많은 시간과 정력을 투자한다. 하지만 그것이 진정 만족할 만한 것일까? 이 문제에 대해서는 그 누구라도 자신있게 대답하기 힘들 것이다.

'정관의 치'라는 태평성대를 열었던 당 태종도 마찬가지였다. 언젠가 그는 황제의 고충을 토로한 적이 있다.

"사람들은 황제가 가장 높은 자리에 있으므로 아무런 근심걱정도 없으리라 생각하겠지만, 사실은 전혀 그렇지 않다. 나는 늘 두려움에 싸인 채 지낸다. 그 하나는 내가 하는 일이 하늘의 뜻에 맞을까 하는 두려움이고, 또 다른 하나는 민심에 맞을까 하는 두려움이다. 내가 한 나라의 주인이라 하여 독단적이고 오만하게 행동한다면, 언젠가 내가 과오를 범했을 때 어느 누구도 그것을 고치도록 도와주지 않을 것이다. 그래서 나는 늘 마음을 비우고 여러 사람의 비평과 건의를 받아들일 준비를 하고 있으며, 이미 지나간 일들도 일일이 반성해보고 있다."

    그때 재상인 위징이 말했다.

"옛 사람들도 시작이 좋다고 결과까지 반드시 좋은 것은 아니라고 했습니다. 폐하께서 항상 그 두려운 마음을 간직하시기를 바랍니다. 하늘과 백성을 두려워하는 마음이 있으면, 언제나 자신을 엄하게 추궁하고 반성할 수 있지요. 그러면 나라도 영원히 안정되어 기울어질 염려가 없습니다."

세상 사람들은 누구나 자기 일에 몰두할 수 있지만, 그 뜻대로 모든 것이 이루어지지 않는다. 높은 자리에서 권력을 행사하는 사람들도 마찬가지다. 그들은 자기 일에 몰두하면서 매일매일 근심 걱정 속에서 살고 있지만, 실제로 그 승패나 생활은 본뜻과 아무런 상관이 없다.

청나라 왕조의 명신이었던 증국번도 당 태종과 비슷한 발언을 남기고 있다. 그는 높은 관직에 있는 자가 주의해야 할 점을 다음과 같은 세 가지로 설명했다.

첫째, 불여不與. 남의 뜻을 좇아 하지 말라. 즉 일을 처리할 때 자기와 상관없는 듯 무책임하게 하지 말라는 뜻이다.

둘째, 불종不終. 결말이 좋지 못하다. 옛 사람들은 매사에 조심하는 것은 좋은 결말이 있기를 바라기 때문이다. 하지만 고위직에 있을수록 좋은 결말을 보지 못한 자들이 더 많았으니, 그 직위 자체가 안고 있는 위험성 때문에 제 수명대로 살아남은 자가 적다는 뜻이다.

셋째, 불승不勝. 책임을 맡을 능력이 있는지를 살펴봐라. 말하자면 자신의 능력이 그 관직을 맡을 수 있는지에 대해 충분한 고려가 있어야 한다는 뜻이다.

증국번은 실제로 평생 동안 이런 원칙에 충실했다. 청나라 말기 그는 오랫동안 높은 관직에 있었지만, 한시도 고도의 경계심을 풀지 않았다.

서태후는 집정한 지 18일째 되는 날 증국번을 흠차대신 겸 양강총독에 임명했다. 그로 인해 증국번은 강소, 안휘, 강서, 절강 등 4개 성의 군무와 순무 및 제독에 관한 사무를 보게 되었다. 그와 함께 동생 증국전도 안찰사라는 고위직에 임명되었다. 이때 증국번은 친구에게 다음과 같은 편지를 썼다.

나는 15일부터 22일까지 연이어 14건의 임명장을 받았네. 직위가 너무 높아지고 있네. 이와 같은 지나친 예우 때문에 나는 매우 두렵기만 하네.

이후 증국번 형제는 태평천국의 수도 천경을 격파하면서 그 명성이 하늘을 찌를 듯이 높아졌다. 당시 그는 30여 개의 직함을 가지고 30만 상군(廂軍, 황제의 호위군)을 통솔하면서 여러 성과 지역을 통제하고 있었다. 또한 다른 두 갈래의 지방 무장인 이홍장과 좌종당을 견제하는 역할도 맡고 있었다.

장강 유역과 이남에 있는 모든 지역의 조세와 관직의 임명권 등이 모두 그의 손아귀에 들어 있었다. 말 그대로 청나라의 강산 중 절반이 그에게 쥐어져 있는 셈이었다.

그에 비례해 그의 모든 행동은 주변의 추측과 상상, 질시의 초점이 되었고 언제라도 모함을 받을 위험에 직면해 있었다. 황제까지도 '태평천국의 난이 평정되니 증국번이 나타났다'고 탄식할 정도의 권력이 그에게 있었다.

이러한 상황 속에서 세간에는 증국번의 정치적 앞날에 대한 추측이 난무했다. 청나라의 주인인 만주족의 내부에서는 그를 제거할 기회를 호시탐탐 노리고 있었으며, 반대쪽에서는 그가 새로운 나라의 주인이 되기를 바라기도 했다.

노련한 증국번은 자신이 주목의 대상이 되어 있음을 알고 있었다. 단지 그에 대한 특별한 대책이 떠오르지 않아 내심 전전긍긍하고 있을 뿐이었다. 그런 가운데 조정에서는 그를 견제하는 움직임이 구체화되고 있었다.

그를 호북의 순무로 위임한다는 조서가 내려졌다가 철회되기도 했고, 예부시랑의 신분으로 군사를 거느리게 하기도 했다. 또 그의 부하들에게 높은 작위를 내림으로써 이간을 획책하기도 했다. 그런 와중에 다음과 같은 일도 벌어졌다.

동생 증국전이 천경을 공략했을 때 증국번은 동생에게 직접 조정에 승전보를 전하라고 지시했다. 그런데 조정에서는 증국전의 관직이 낮으니 아직은 증국번을 통해 조정과 연락하라고 엄격히 꾸짖었다. 그리고 얼마 후 천경의 재물, 특히 금은에 대한 자세한 명세서를 올려보내라고 명했는데, 거기에는 이런 내용이 덧붙여져 있었다.

> 증국번은 유신으로서 군대를 거느리고 많은 공을 세웠다. 앞으로 계속 이렇게 하면 영원히 조정의 은혜를 받을 수 있을 것이다. 그러므로 수하를 잘 다스려 승리를 거두고 공을 세웠다 해서 교만하지 말라.

이 내용은 마치 여러 장병들에 대한 훈계 같았지만, 실제는 증국번 형제에 대한 경고나 다름없었다. 그것을 눈치채지 못할 증국번이 아니었다. 그는 즉시 그에 상응한 조처를 했다.

첫째, 공로가 있다고 교만하던 증국전을 고향으로 돌려보냈다.

둘째, 상군 12영을 감원하고 병력을 다른 장수들에게 통솔케 하고, 자신은 휘하에 수천 명의 병사만 거느렸다.

셋째, 자신이 담당하고 있던 광동, 강서, 호남 등 3성의 세금 징수권을 회수해달라는 조서를 올려 스스로 자신의 권력을 삭감하려 했다.

증국번의 이러한 조처들은 조정의 의도에 부합되었으므로 쉽게 시행되었다.

한번은 증국번의 상군이 천경을 공략한 뒤의 일이었다.

조정에 있던 만주족 관리들이 조서를 빌려 군비지출 명세서를 올리라고 독촉했다. 하지만 10여 년간의 혼전을 겪은 뒤라 군비가 얼마나 소모되었는지 정확하게 계산하라는 것은 그를 궁지에 몰아 넣겠다는 뜻과 다름없었다.

이 때문에 전체 상군이 크게 반발했다. 조서가 내려오자 분노한 증국전, 팽옥린, 좌종당, 포초 등은 비밀리에 증국번을 찾아가 청 나라를 뒤엎고 새 나라를 세우자고 권했다. 이때 상군의 기세는 하 늘을 찌를 듯했으므로 증국번이 머리만 끄덕였다면 거사는 손바닥 을 뒤집듯이 쉬운 일이었다. 하지만 증국번은 부하들의 분노를 교 묘하게 덮어버렸다.

그 사건의 내막은 다음과 같았다.

천경을 공략한 어느 날 밤 11시가 훨씬 넘었을 때였다. 증국번이 친히 태평천국의 장령 이수성을 심문하고 침실로 들어왔는데, 상군 의 고급 장령 30여 명이 와 있었다.

증국번은 즉시 그 중에 동생 증국전이 있는지부터 확인했다. 그 는 몸이 불편해서 오지 않았다고 하자 증국번은 급히 동생을 불렀 다. 드디어 사람들이 다 모이자 증국번은 엄숙한 표정으로 그들을 둘러보았다. 장내는 쥐죽은듯이 조용해서 서로의 숨소리마저 들릴 정도였다. 무거운 분위기 속에서 증국번은 붉은 종이와 벼루, 붓을 가져오게 한 다음 아무 말 없이 일필휘지—筆揮之했다.

하늘과 바다에 있는 꽃, 그 수를 헤아릴 수 없지만 흐르는 물과
높은 산의 마음은 저절로 아네.

증국번은 붓을 내려놓고도 한동안 아무 말을 하지 않았다. 그렇
지만 얼굴에는 만감이 교차하는 표정이 그려져 있었다. 그러다 획
몸을 돌려 안으로 들어가버렸다.

그 자리에 모인 장령들 중에는 머리를 끄덕이는 자도 있었고, 눈
물을 머금는 자도 있었으며, 한숨을 내쉬며 고개를 젓는 자도 있었
다. 모두 착잡한 심정으로 있을 때 증국전이 한마디했다.

"아무 말도 하지 마시오. 이 일은 없었던 것으로 하고, 다시는 입
밖에 내지 맙시다. 만일 무슨 사단이라도 생기면 내가 책임을 다
지겠소."

그렇게 해서 반역을 도모했던 사람들은 뿔뿔이 흩어지고 말았다.

증국번이 안경을 공략했을 때였다.

승리를 거두자 상군의 장령들은 늘 그러했듯 경축연을 열고자
했다. 하지만 증국번은 경축연을 반대하며 각자 주련을 하나씩 쓰
게 했다. 그런데 이때 증국번을 추대하여 새로운 나라를 세우려는
장령들 중 강경파인 이원도가 '왕후장상에는 종자가 없다, 제왕은
모름지기 진실해야 한다'는 뜻의 글을 썼다. 그 글을 본 증국번은
즉시 그것을 찢어버리고 그를 꾸짖었다. 이와 같은 일은 『증국번
일기』에 기록되지 않았지만 정황으로 보아 여러 차례 있었다.

증국번의 제자 가운데 안휘의 순무 팽옥린이 태평천국군이 점령
하고 있던 안경을 수복한 다음 사람을 보내 증국번을 청했다. 증국
번이 탄 배가 아직 기슭에 닿기도 전에 팽옥린은 심복을 시켜 밀서
한 통을 보내왔다. 증국번이 그 편지를 들고 선미로 가서 뜯어보
니, 아무런 칭호도 없이 그저 열두 자만 적혀 있었다.

東南半壁無主, 老師豈有意乎(동남쪽 절반에 주인이 없는데, 스승께서 어찌 뜻이 있으랴).

이때 옆에서 시중을 들던 부하가 이 글을 엿보고 놀란 표정을 지었다. 그와 동시에 증국번이 얼굴을 붉히며 편지를 구겨 삼킨 다음 이렇게 소리쳤다.

"허튼 소리! 설금(雪琴, 팽옥린의 자)이 나를 떠보는구나!"

증국번은 이렇듯 교묘한 행동으로 여러 차례 부하나 후배들의 분에 넘치는 생각을 막았고, 그후에도 그런 뜻을 표시하는 자가 있으면 즉석에서 호통쳤다. 이 때문에 그의 생일 때 한 친구가 '벽력같은 수단, 보살 같은 마음씨'라는 글을 써 보내기까지 했다고 한다.

이처럼 언제나 자신의 현재를 지키려는 증국번의 중용술은 금전에 대한 태도에도 나타난다. 그는 늘 가족들에게 여유가 있을 때 다른 사람에게 나누어주라고 당부했다. 뿐만 아니라 스스로 검소한 생활을 했고, 남이 치기를 먼저 염려해주었다. 동치 원년(同治帝 : 청조 제8대 황제, 재위 1861~1875) 5월, 금릉을 공격하고 있을 때 그는 동생들에게 이렇게 말했다.

"나라를 위해 공을 세우고 관직생활이 순조로울 때 땅을 사고 호화스런 저택을 마련한다면, 안팎이 너무 넘치는 것처럼 보이게 된다. 그렇게 되면 겸손과 양보가 전혀 없는 것처럼 보이므로 결코 오래 지탱할 수 없다. 이것은 나의 신조이니 너희도 서서히 체험해 보기 바란다."

역대 제후나 대신들의 사연에 밝은 그는 세상 사람들에게 자기가 너무 강하거나 부유하게 보이면 결국 좋은 결말을 보지 못할 것임을 잘 알고 있었다. 때문에 자식들에게 수시로 일렀다.

"돈이 많으면 쉽게 교만해지고, 사치에 빠지고, 음탕해지거나 안일함을 즐기게 된다. 이러한 생활은 가문에 먹칠하고 자신의 앞날을 망치게 된다. 할아버지께서는 다른 사람들이 사재를 늘리는 것을 가리켜 망할 징조라 하셨다."

그리곤 이렇게 경고했다.

"우리 집에서는 절대 돈을 모으거나 땅을 사지 말라. 돈이 생기면 선을 베풀고 덕을 쌓는 데 쓰는 것이 가장 좋다."

과연 그는 솔선수범하여 가난한 사람들이나 어려운 친척들을 도와주었다. 이와 같이 자신보다 남을 먼저 생각하는 증국번의 태도에는 중용의 도가 물씬 녹아들어 있었다.

제5편 군자는 우매와 누추를 가리지 않는다

지혜로움과 어리석음, 선과 악 등은 절대적으로 대립된다. 그러나 이러한 대립항을 상대할 때는 완연히 상반된 태도를 취해서는 안 된다. 왜냐하면 상투적인 선입견에 빠짐으로써 구체적인 문제들을 처리할 때 부정적 영향을 가져올 수 있기 때문이다.

이 문제에 관하여 『순자』「비상非相」편에서는 '겸술兼術'이란 사상을 제시하고 있다. 즉 현명한 자는 포악무도한 자를 용서할 수 있고, 지혜로운 자는 우매한 자를 포용할 수 있으며, 박식한 자는 천박한 자를 받아들일 수 있고, 정밀함은 잡다함도 포용할 수 있다는 것이다.

여기에서 겸술이란 곧 포용을 가리킨다. 훌륭한 미덕은 모든 악덕을 포용할 수 있다는 뜻이다. 이러한 처세술은 미덕에 손상을 주는 것이 아니라 오히려 그 미덕을 빛내준다.

곧 '물이 너무 맑으면 고기가 살 수 없다'는 말을 압축한 것으로, 현대 생활에도 자못 중요한 의의를 지니고 있다. '지성인이 우매한 자를 포용하고, 박식한 자가 천박한 자를 받아들인다'는 말은 실제로 한 사람의 흉금과 아량을 가리키고 있다.

겸술은 사회적 인간이 넓은 흉금, 다시 말해 '아량'을 지닐 것을 요구한다. 아량은 한 개인의 수양을 말해주는데, 선천적으로 타고 나기도 하지만 후천적인 노력으로 쌓은 품행이 더욱 중요하다. 이 아량은 종종 기대 이상의 인내와 포용력을 보임으로써 성공에 이르는 중요한 요소로 여겨진다.

온유로 편벽을 무찌르다

염파를 감복시킨 인상여

전국시대 조나라의 재상 인상여와 명장 염파의 이야기는 천고의 미담으로 남아 있다. 이때 인상여는 횡포를 부리던 염파를 포용해 화해함으로써 중국 역사상 가장 아량이 넘치는 인물로 알려졌다.

『사기』에 따르면, 인상여가 진나라에 가서 귀중한 화씨지벽和氏之璧을 조나라로 되찾아온 뒤 두 나라 왕이 만나도록 했을 때였다. 조왕은 그를 재상으로 임명하면서 크게 치하했다.

"이제 인상여를 얻었으니 나라가 태산처럼 안정을 이루었고, 구정(九鼎, 우왕 때 만든 솥으로 나라의 굳건함을 나타냄)처럼 굳건해졌다. 인상여의 공은 다른 신하들이 따를 수 없다."

이때 장군 염파는 불만을 품고 좌우의 사람들에게 이렇게 말했다.

"그동안 나는 목숨을 걸고 싸워 얻은 공으로 이 자리에 앉았는데, 세치 혀만 놀린 인상여가 더욱 높은 지위를 얻었으니 참을 수 없는 일이다. 그자가 내 눈에 띄면 가만두지 않겠다."

이 소문을 들은 인상여는 염파를 피했으며, 병을 핑계로 조정에도 나가지 않았다. 이에 사람들은 그가 염파를 두려워한다고 수군거렸다. 하지만 인상여의 태도는 더욱 심해졌다. 거리에서 염파의 행차와 마주치면 골목으로 들어가 피해 있다가, 그가 지나간 다음 나오기까지 했다. 그러자 그의 측근들조차 분개하여 그를 질책했다.

"우리가 당신을 따랐던 것은 당신이 대장부이기 때문입니다. 그런데 지금 당신은 아랫사람인 염파를 피하니 우리까지 소인배가 된 것 같아 견딜 수가 없습니다."

그 말을 들은 인상여는 웃으면서 이렇게 물었다.

"여러분이 보기엔 진왕과 염장군 중에 누가 더 대단한 것 같습니까?"

"그야 물론 진왕이 더 대단하지요."

"천하 사람들은 모두 진왕이 무섭다고 합니다. 그러나 나는 진왕 앞에서 당사자뿐만 아니라 그의 신하들까지 추궁한 적이 있었소. 그런 내가 어찌 염파 장군을 두려워하겠소. 지금 진나라가 우리나라를 감히 범하지 못하는 것은 조정에 염파 장군과 내가 있기 때문이오. 만일 우리가 불화하게 되면 진나라에게만 좋은 일이 될 것 아니겠소? 내가 염파 장군을 피하는 것은 나라의 이익을 위함이지 결코 두려워해서가 아닙니다."

그 말을 들은 측근들은 크게 깨닫고서 자신들도 염파의 수하와 충돌하지 않도록 조심했다. 그렇지만 영문을 모르는 염파의 콧대는 날로 높아져갔다.

어느 날 세객 우경이 조나라에 왔다. 그는 인상여의 측근들에게 그와 같은 사연을 듣고 조왕을 찾았다. 우경이 말했다.

"조나라에서 가장 중요한 두 대신은 인상여와 염파겠지요?"

"그렇소."

"신하들이 일편단심으로 협력해야만 나라가 번영하는 법입니다. 그런데 조나라의 기둥인 두 대신이 지금 물과 불처럼 대립하고 있습니다. 지금 인상여가 양보하면 할수록 염파는 더욱 의기양양해지고 있습니다. 이렇게 되면 나라에 화급한 일이 생겼을 때 합심할 수 없게 됩니다. 제게 그들을 화해시킬 방법이 있으니 허락해주십시오."

조왕의 동의를 얻은 우경은 먼저 염파를 찾았다. 술자리에서 우경이 그간의 공적을 크게 칭찬하자, 염파는 입이 함박만해졌다. 때가 되었다고 생각한 우경은 이렇게 물었다.

"장군의 공로는 누구와도 비길 바가 못 되는데, 장군의 흉금은 어느 정도입니까?"

이렇게 입을 뗀 우경은 인상여 측근들의 말을 염파에게 그대로 전하면서 말했다.

"장군도 조나라의 대신이니 나라를 위해 인상여와 합심해야 합니다. 그렇지 않으면 장군의 영예나 명성도 오래가지 못할 것입니다."

그 말을 들은 염파는 만면에 부끄러움을 감추지 못했다.

"내가 그동안 사람이 아니었구려. 내 어찌 인상여와 비길 수 있겠소."

염파는 먼저 우경을 통해 인상여에게 사과의 뜻을 전했다. 그리고 회초리를 한아름 짊어지고 인상여의 집을 찾아가 윗도리를 벗은 채 대문 앞에 꿇어앉아 소리쳤다.

"소인배가 속이 좁아 그동안 대인을 괴롭혔습니다. 죽을죄를 졌으니 처분해주십시오."

그 소리에 깜짝 놀라 뛰쳐나온 인상여는 염파를 끌어안고 눈물을 흘리며 말했다.

"우리 모두 나라를 위하는 마음이야 같지 않겠소. 장군이 이렇게 말씀해주시니 정말 고맙구려."

이에 두 사람은 얼싸안고 함께 눈물을 흘렸다. 그후 두 사람은 함께 마음을 모아 조나라를 지켜내기 위해 전력을 기울였다. 인상여의 온유한 수단이 끝내 편벽된 생각을 품었던 염파를 감화시킨 것이었다.

먼지가 쌓여 언덕이 된다

좀도둑의 재주로 살아난 맹상군

제나라이 맹상군은 인재를 좋아하여 수많은 식객들이 그의 집에 유숙했는데, 많을 때는 3천여 명에 달했다.

그는 본래 재상의 소실에게서 태어났는데, 생년월일이 그 당시엔 불길하게 여기던 5월 5일인지라 재상이 아기를 버리려 했지만 소실이 몰래 키웠다. 훗날 그 사실을 알게 된 재상이 노발대발했지만 하는 수 없었다.

10대 때부터 맹상군은 어른처럼 손님을 잘 대접해 칭찬을 받았는데, 그후 소문을 들은 여러 제후들이 찾아와 그와 친구 되기를 청했다. 그러자 재상은 감복하여 맹상군이 자신의 뒤를 잇게 했다.

재상이 죽은 뒤 맹상군은 집을 크게 지어 식객들을 받아들였는데 사람들의 재주나 학식을 가리지 않았고, 매일 그들과 함께 식사하며 공평히 대접했다.

언젠가 한 식객이 저녁 식사 전 맹상군의 식단이 자기들과 다르지 않을까 의심했다. 그렇지만 확인해보니 반찬 하나까지 똑같았다. 이에 그는 '맹상군의 진심을 의심했으니 무슨 면목으로 그를 대하랴' 하면서 자결했다.

이에 맹상군은 눈물을 뿌리며 후하게 장사를 지내주자 그의 집에 더욱 많은 사람들이 찾아들었다. 이와 같은 맹상군의 소문을 들은 주변 나라들은 감히 제나라를 넘보지 못했다. 그런데 강성하던 진나라 왕이 맹상군의 소문을 듣고 탐을 냈다.

"짐이 어떻게 맹상군을 얻을 수 없을까?"

진왕이 묻자 한 신하가 말했다.

"폐하께서 그를 초빙하면 되지 않겠습니까?"

"맹상군은 이미 제나라의 재상과 같은 신분인데, 내가 부른다고 오겠는가?"

"전하께서 왕자 한 분을 인질로 보낸다면, 제나라에서 감히 그를 보내지 않을 수 없을 겁니다. 또 전하께서 맹상군을 중용하면 제나라에서도 왕자를 중용하게 될 것이니, 두 나라가 친분을 쌓게 되면 다른 나라들을 복속시키는 일 또한 수월해질 것입니다."

이에 진왕은 고개를 끄딕이고 제나라로 사신을 보내 의견을 타진했다. 그러자 제나라 측에서도 의견이 분분해졌다. 맹상군은 그만큼 중요한 인물이었다. 제나라 왕이 갈피를 못 잡자 한 신하가 간언했다.

"전하, 진나라에서 왕자를 인질로 보내면서까지 맹상군을 청하는 것은 우리와 친하게 지내자는 뜻입니다. 만일 이를 거절하면 진나라와 다툼이 생길 게 분명하니, 이는 결코 바람직한 일이 아닙니다. 따라서 진나라의 인질을 돌려보내고 맹상군을 사절로 파견한다면 좋은 결과를 볼 것입니다."

이 말에 따라 제나라 왕은 맹상군을 진나라에 사절로 파견했다. 명을 받은 맹상군은 식객 천여 명과 백여 대의 수레를 이끌고 호기롭게 진나라의 수도 함양으로 향했다.

드디어 진왕을 만난 맹상군은 백설 같은 흰여우 갖옷을 진상했다. 천하에 둘도 없는 진품을 얻은 진왕은 애첩 연희에게 이 옷을 자랑하며 맹상군을 칭찬했다. 그런데 얼마 뒤 진나라의 재상은 맹상군에게 자기 자리를 빼앗길까 두려워 측근과 짜고 맹상군을 모함했다.

"맹상군의 식객들이 천여 명이 넘으니 그들이 머문 한 달 동안 이미 우리나라의 모든 기밀을 탐지했을 겁니다. 그들을 고스란히 제나라로 돌려보낸다면 훗날 필시 골칫거리가 되지 않겠습니까?"

그 말을 들은 진왕은 맹상군 일행을 제거하기로 마음먹었다. 이때 제나라에 인질로 갔던 왕자가 그 소식을 듣고 맹상군을 찾아가 삶을 도모하라고 충고했다. 그는 일찍이 제나라에 머물 때 맹상군에게 입은 은혜를 갚으려 한 것이었다. 맹상군은 그의 충고대로 진왕의 애첩 연희를 찾아가 백옥 팔찌 한 쌍을 선물하고 구원을 요청했다. 그런데 연희는 그가 이미 진왕에서 진상한 여우 갖옷을 탐냈다.

천하에 둘도 없는 그 보물은 이미 신상의 금고 깊숙이 보관되어 있었다. 맹상군이 상심에 빠져 있자 식객들 중 한 사람이 나섰다. 그는 한밤중에 개 짖는 소리로 문지기를 속이고 금고에 들어가 쥐도 새도 모르게 여우 갖옷을 훔쳐왔다. 드디어 보물을 건네받은 연희는 크게 기뻐하더니, 기회를 보아 진왕에게 이렇게 말했다.

"소첩은 맹상군이 뛰어난 현자라고 들었습니다. 그런 사람을 초청하신 전하께서 등용할 마음이 없다면 그냥 돌려보내야지, 만약 죽인다면 앞으로 천하의 재능 있는 인사들이 모두 진나라를 외면할 것입니다."

애첩의 설득에 진왕은 맹상군을 살려두기로 했다. 가까스로 목숨을 보전한 맹상군은 지체 없이 진나라를 탈출하기로 마음먹었다. 아직도 재상이 호시탐탐 그를 노리고 있었기 때문이었다.

 맹상군은 식객들 중 한 사람이 위조한 명패를 지니고 밤길을 달려 제나라와의 국경인 함곡관에 다다랐다. 그런데 아직 한밤중이라 성문이 닫혀 있었다. 성문을 열 때까지 기다리자면 재상이 보낸 추격대에게 잡힐 위험성이 다분했다.

이때 식객 한 사람이 또 나섰다. 그가 닭 울음소리를 흉내내자 온 성안의 닭들이 그를 따라 모두 울기 시작했다. 이 소리를 듣고 아침이라 착각한 병사들은 서둘러 관문을 열어주었다. 맹상군 일행은 서둘러 제나라로 돌아갔다. 드디어 집에 돌아온 맹상군은 개 짖는 소리와 닭 울음소리를 잘 냈던 두 식객에게 상을 주며 말했다.

"내가 구사일생으로 살아난 것은 여러분의 좀도둑 솜씨 때문일세!"

후일 이 이야기를 전해들은 한 현자는 이렇게 말했다.

"성현이나 우매한 자나 취할 바가 따로 있으니, 모두 쉽게 얕잡아볼 일이 아니다. 보잘것없는 시냇물이 모여 바다가 되고, 먼지가 쌓여 언덕이 된다는 진리를 잊어서는 안 된다."

겸손함 속에 무게를 담는다

협객 곽해의 아량

작은 키에 단단한 몸집의 곽해는 젊은 날 몹시 잔혹하여 많은 사람을 죽였으며 사적인 복수, 수배자 은닉, 위폐 주조, 도굴 등 나쁜 일을 자행했다. 때문에 관가의 주목을 받았지만 그는 교묘히 법망을 피해갔다.

이런 곽해였건만, 나이가 들자 악행을 삼가고 베푸는 삶을 살기 시작했다. 하지만 잔혹한 성격은 완전히 버리지 못해 가끔 대수롭지 않은 일에 불같이 화를 내곤 했다. 그러므로 그를 아는 사람은 협객이라 칭하며 가까이하면서도 두려워했다.

한번은 누나의 아들이 술자리에서 살해되었다. 곽해의 누나는 그를 찾아와 살인자를 색출해 원수를 갚아달라고 울부짖었다. 이에 따라 곽해가 수하들을 풀어 알아보게 하자, 겁을 먹은 살인자가 제 발로 그를 찾아왔다.

전후사정을 알아보니 술에 잔뜩 취한 곽해의 조카가 술을 못 먹는 살인자에게 술을 지나치게 권하자 살인자가 반항하다가 실수로 죽인 것이었다. 자초지종을 알게 된 곽해는 '이 일은 내 조카의 잘

못이다'라고 하면서 그를 더 이상 추궁하지 않았다. 이 일이 세간에 퍼지자 사람들은 곽해를 존경하게 되었다.

이후 곽해가 길을 나서면 사람들은 길을 비켜주곤 했는데, 어느 날 한 사람이 길 가운데를 가로막으며 그를 노려보았다. 곽해의 수하들이 화가 나서 그 사람을 죽이려 하자 곽해가 제지하며 말했다.

"한 동네에 살면서 다른 사람의 존경을 받지 못하는 것은 내게 잘못이 있기 때문이다."

그러고는 동네를 관할하는 책임자에게 부탁했다.

"저 사람은 내가 돌보는 사람이니 부역을 시키지 말아주시오."

얼마 후 그 사람은 몇 번씩이나 귀찮은 부역에서 자신이 제외되자 영문을 캐물은 뒤 곽해의 배려임을 알고 감읍하여 찾아와 사죄했다. 그러자 사람들은 더욱 곽해를 따르게 되었다.

곽해는 자신의 명성을 이용해 다른 지방의 분쟁을 해결시켜주기도 했다. 당시 낙양에는 원수처럼 사이가 나쁜 두 집안이 있었는데, 어떤 사람의 중재로도 화해시키지 못했다. 그러자 두 집안과 가까운 한 사람이 곽해에게 이 일을 해결해달라고 부탁해왔다.

이에 곽해는 한밤중에 두 집안을 찾아가 화해하도록 종용했다. 이에 두 집안은 내키지 않았지만 곽해의 명성을 익히 들은지라 두려운 마음에 억지로 화해했다. 그러자 곽해는 이렇게 말하고 자리를 떴다.

"낙양의 많은 사람들이 그대들에게 화해를 권했지만 듣지 않았다고 들었소. 오늘 두 분이 내 말을 듣고 화해하고자 하니 고마울 따름이오. 하지만 이런 일에 타지 사람이 참견했다는 소문이 나면 좋을 것이 없소. 그러니 내일 다른 사람이 와서 권할 때 화해하는 것처럼 하시오."

곽해는 또 관아에 들어갈 때는 반드시 수레에서 내린 다음 걸어 들어감으로써 자신의 겸손함을 보여주었고, 이웃나라에 가서 일을 볼 때는 매듭을 잘 지었으며, 문제를 해결하지 못한 경우에도 당사자들을 최대한 만족시킨 후에야 식사를 했다.

젊은 날 악행으로 이름 높았던 그였지만 나이 든 후의 일처리와 인간 됨됨이는 많은 이들에게 감동을 주었다.

그 사람의 진가를 본다

증국번의 아량

근세에는 치열한 생존경쟁으로 인해 아량을 갖춘 인물이 드물었다. 그런 면에서 청나라의 증국번은 진실로 옛 사람의 품격을 지녔으며 아량을 갖춘 사람이라 하겠다. 그와 좌종당의 관계를 살펴보면 그 같은 사실을 확인할 수 있다.

젊은 날 과거에 낙방한 뒤 낙향하여 낮에는 밭을 갈고 밤에는 글을 읽던 좌종당은 함풍 2년(咸豊帝 : 청조 제7대 황제, 재위 1850~1861), 41세 때 비로소 호남 순무의 집에 문객으로 들어갈 수 있었고, 얼마 뒤 교체된 후임 순무의 막료로 6년을 보냈다.

증국번의 성격이 온화하고 언변이 좋지 못한 데 비해 좌종당은 콧대가 높고 말투가 아주 각박했다. 그들은 동료는 아니었지만 같은 호남 출신이라 자주 만났는데, 사이는 그다지 좋지 않았다. 한번은 좌종당이 부인의 발을 씻어주는 증국번을 보고 비웃었지만 증국번은 조금도 화를 내지 않았다.

좌종당은 매우 직선적인 성격이라 가슴속에 말을 담고 있지 못했다. 함풍 4년 4월, 처음으로 출병한 증국번은 정항에서 대패한 후 강에 투신자살하려다가 부하들에 의해 구원되었다. 기가 죽은 증국번이 본영으로 돌아오자, 좌종당은 그의 감정은 아랑곳하지 않고 공무가 끝나지 않았는데 죽어서야 되겠느냐고 증국번에게 따졌다. 이에 증국번은 아무 대꾸도 하지 않았다.

또 증국번이 강서의 전선에 있을 때 부친의 부음을 듣자 모든 일을 팽개치고 고향으로 달려갔다. 이에 좌종당은 공과 사를 구분하지 못하는 증국번을 힐난하여 위신을 깎아냈다.

이처럼 좌종당이 여러 차례에 걸쳐 자신을 공격했지만 증국번은 조금도 원한을 품지 않았다. 그리하여 부친이 사망한 이듬해, 그는 좌종당이 수비하고 있는 지방을 지나다가 그를 찾아가 회포를 풀기도 했다.

둘 사이에 불화가 있었고, 또 그것이 상대의 과실임에도 증국번은 전혀 원한을 품지 않고 몇 차례나 황제에게 좌종당을 추천했다.

한번은 좌종당이 군량 공급을 잘했다고 추천해서 그를 병부낭중의 자리에 올려놓았다. 하지만 좌종당은 그 성격이 까다롭기 때문에 많은 사람들에게 미움을 사게 되었다.

당시 영주진의 총병은 군졸들을 사적인 용도로 부리면서 나라의 군비에도 손을 댔다. 이를 발견한 좌종당은 즉시 순무에게 글월을 올려 총병을 면직시키고 조사할 것을 제의했다. 그런데 그자는 처벌에 불복하고 거꾸로 호광총독에게 좌종당을 밀고했다. 총독은 만주족이었는데, 이 사건을 조정에 보고했다. 그러자 함풍제는 밀사를 파견해 좌종당을 조사하게 하는 한편 '불법적인 사실이 확인되면 즉시 처단하라'는 밀명까지 내렸다.

이 일은 경성뿐 아니라 지방에서도 큰 소동을 일으켰다. 좌종당에게 총병을 처벌해달라는 첫 제의를 받은 순무 등은 좌종당의 결백을 두둔하고 나섰다. 심지어 좌종당과 친분이 없는 다른 관원들도 '천하에 하루도 호남이 없어서는 안 되고, 호남에는 하루라도 좌종당이 없어서는 안 됩니다'라는 서한을 보내 좌종당의 결백을 변호했다. 그 결과 이 사건은 더 이상 추궁하지 않는 것으로 끝나게 되었다.

이 일을 겪은 후 좌종당은 너무 상심한 탓인지 소심해졌다. 그는 순무 등의 만류에도 남은 인생을 강호에서 보내기로 결심했다. 그렇지만 다른 사람들의 뒷공론이 두려워 차일피일 미루다가 마침 안경을 공격하며 가까운 곳에 진을 치고 있던 증국번의 병영을 찾아갔다. 이에 증국번은 반갑게 맞이하고 며칠 동안 그와 함께 지냈다. 이때 조정에서는 호남에 익숙한 좌종당을 다시 등용하라는 서한을 증국번에게 보내왔다.

> 좌종당은 호남 지형에 익숙한 것으로 알고 있다. 지금 도적들이 날뛰고 있고, 호남 또한 중요한 전략 지역이라 더욱 신경을 쓰지 않으면 안 된다. 그러니 좌종당을 등용하여 호남에서 지방 군대를 조직하게 하거나, 다른 군영에 보내 보좌하게 함으로써 그의 장점을 살리는 것이 어떨까 한다. 이 일은 그대가 잘 알아서 조처하기 바란다.

증국번은 즉시 아래와 같은 내용의 답장을 보냈다.

> 좌종당은 난관에 강하고 군사적 재능이 탁월한 사람입니다. 지금 나라에 인재가 필요한 시점이니, 그를 등용하면 시국의 타개에 큰 도움이 되리라 생각됩니다.

이렇게 해서 다시 발탁된 좌종당은 4품 관원으로 증국번과 같이 군무를 보게 되었다. 이때부터 좌종당은 증국번의 막료가 되었다. 재기한 좌종당을 증국번은 더욱 이끌어주었다.

얼마 뒤 좌종당을 강서의 전쟁터로 보내 공을 세우게 한 다음 증국번은 즉시 조정에 다음과 같은 보고서를 올렸다.

좌종당은 군무를 맡자 바로 전선에 나가 10일 내에 3백여 리를 전진하며 연이어 3개 성을 공략했습니다. 그 결과 적군은 지리멸렬한 상태에 빠졌으며, 아군의 사기는 높아졌습니다. 좌종당은 아침 일찍부터 저녁 늦게까지 군사들과 고락을 같이하고 있으므로 군사들은 그의 명령이라면 따르지 않는 자가 없습니다. 좌종당이야말로 나라를 위해 항상 부지런히 애쓰면서 참된 일을 하는 관원입니다.

그리고 얼마 후에는 좌종당을 군무 책임자로 승진시킬 것을 제의해 조정의 허락을 얻어냈다.

그해 11월 16일, 증국번은 다른 두 곳에서 순무를 지원해달라고 하자 좌종당을 파견하기로 했다. 그리하여 좌종당도 이제는 상당한 군사 지휘권을 갖게 되었다. 하지만 좌종당이 지원을 요청받은 항주에 도착하기 전에 그곳은 이미 태평천국군에게 함락되었고, 그곳 관리도 이미 죽었다는 보고가 들어왔다.

이런 상황에서 증국번은 좌종당을 절강의 순무로 추천했는데, 조정에서도 그의 건의를 접수했다. 뒤이어 증국번은 절강 군무를 관할하는 자신의 관직을 좌종당에게 넘기려는 심사에서 절강에 대한 자신의 권한을 사직했다. 결국 그는 좌종당을 절강의 최고 권력자로 부추겨 세웠는데, 이에 대해 증국번은 조정에 보내는 글에서 이렇게 말했다.

신은 절강에서 천 리 밖에 떨어져 있기 때문에 멀리서 그곳의 군무를 보기보다는 좌종당에게 절강성의 모든 공무를 일임하는 것이 더 효과적입니다. 그의 경력으로 보아 절강성의 공무를 충분히 담당할 것이라고 믿습니다.

이처럼 증국번의 사심 없는 후원으로 얼마 지나지 않아 좌종당은 조정의 인정을 받게 되었으며, 조정에서는 다시 그를 민절의 총독에 임명해 증국번과 동급에 이르게 했다.

증국번은 앞뒤로 네 차례나 좌종당을 한 걸음, 한 걸음 고위직에 오르도록 도와주었다. 불과 3년 만에 좌종당은 일개 실의한 자에서 증국번과 같은 지위까지 오르게 되었다. 좌종당도 진심으로 증국번을 존경하는 마음으로 이렇게 말했다.

"한 나라의 대신으로든 일상의 친구로든 나는 그에게 모두 미치지 못한다."

물론 좌종당의 승진은 그의 개인적 능력과 무관치 않다. 그러나 승국번이 그늘 사이의 불화를 무시하고 추천하지 않았다면, 좌종당의 인생 또한 그렇게 순탄치는 않았을 것이다. 말하자면 증국번의 아량이 좌종당을 살렸다고 할 수 있다.

제6편 어려울 때는 몸을 지킨다

사리에 밝고 지혜로우면 자신을 보전할 수 있다.

이 말은 『시경詩經』에 나오는 '명철보신明哲保身'의 일절이다. 이에 대해 『중용』은 다음과 같이 해석하고 있다.

그러므로 높은 자리에 있다고 교만하지 말고, 아랫자리에 있다고 도에 어긋나는 일을 하지 말라. 정치가 청렴할 때는 나라의 흥성을 돕는 말을 하고, 정치가 혼란할 때는 말을 삼가해 화를 입지 않도록 조심하라.

현대인들의 시각으로는 명철보신이 단순히 시비에 말려드는 것을 두려워하고 책임을 회피하는 모양으로 보일 수도 있다. 하지만 『중용』의 해석은 전혀 다르다.
그것은 격렬한 모순의 충돌 속에서 어떻게 하면 자신을 보전하여 재기할 기회를 만드는가를 의미하는 것이다. 따라서 불필요한 희생이나 무모한 소모는 피해야 한다는 뜻이다.
이와 같은 명철보신은 실제로 아주 뛰어난 지혜의 소유자만이 할 수 있는 지적 행위다. 단순히 죽음을 두려워하는 위인들로선 흉내조차 낼 수 없는 일이다. 때문에 역사를 돌이켜보면 바로 이 명철보신을 제대로 이해하지 못해서 비극을 초래한 사례가 적지 않다.

그는 왜 강물에 투신자살해야 했던가?

굴원의 오판

초나라의 명신 굴원의 애국심을 보면 누구도 찬탄을 금치 못한다. 하지만 왜 굴원은 결국 강에 몸을 던져 목숨을 끊어야 했던가? 이 문제에 관해 가장 먼저 이의를 제기한 사람은 사마천이었다. 사마천은 『사기』에서 당시 굴원이 자결하는 것보다는 열국을 순회하는 것이 더 나은 선택이었을 거라고 평했다.

굴원은 초나라 사람으로, 왕족과 동성을 썼는데 식견이 넓고 박식했으며 언변도 뛰어났다. 그는 초 회왕을 모시면서 나라의 안정에 크게 기여했으며, 특히 귀빈을 영접하거나 제후들 사이에서 외교력을 발휘하는 데 탁월한 역량을 보임으로써 왕의 신임을 받았다.

이때 직위가 비슷한 상관대부는 내심 그를 질투했다. 한번은 초나라 회왕이 굴원에게 법령을 제정하게 했다. 굴원이 금방 초고를 완성하자 상관대부는 왕을 찾아가 이렇게 말했다.

"전하께서 늘 굴원에게 법령을 제정케 하는 것은 세상이 다 알고 있습니다. 그래서인지 굴원은 매번 법령을 반포할 때마다 자신의 공이라고 우쭐대곤 합니다."

이 말을 들은 회왕은 점차 굴원을 멀리했다. 얼마 뒤 진나라가 제나라를 공격하려는 마음을 품었지만 제나라의 동맹국인 초나라가 껄끄러웠다. 그래서 진나라 혜왕은 유세객 장의를 초나라로 보내 회왕을 설득케 했다. 회왕을 만난 장의는 유창한 말솜씨로 그를 회유했다.

"진나라는 제나라를 무척이나 미워하고 있습니다. 때문에 초나라가 제나라와 동맹관계를 끊기만 하면, 진나라에서는 상과 어 일대의 6백 리에 달하는 땅을 이양해줄 것입니다."

이에 욕심이 생긴 초나라 회왕은 즉시 제나라와 외교를 끊은 다음 진나라로 사자를 보내 약속한 땅을 달라고 청했다. 그러자 장의는 어처구니없다는 투로 사자에게 말했다.

"내가 회왕과 약속한 땅은 6리였소. 6백 리라니, 금시초문이오."

사자의 보고를 받은 회왕은 분개하며 군사를 일으켜 진나라를 공격했다. 하지만 진나라는 이미 조나라의 노말을 예상하고 있었으므로 회왕은 참패를 당하고 한중 일대를 빼앗기고 말았다.

이와 같은 모멸을 그대로 받아들일 수 없었던 회왕은 남은 군사를 총동원해 진나라와 싸운 끝에 남전에서 대치하게 되었다. 그런데 이때 기회를 엿보던 위나라가 초나라를 습격해 영토 깊숙한 곳에 있는 등읍 지방까지 쳐들어왔다. 다급해진 초나라 회왕은 제나라에 지원을 요청했다. 하지만 제나라는 이전에 의리를 지키지 않은 초나라가 괘씸했으므로 모른 척했다.

상황이 이렇게 전개되자 다른 제후국들도 초나라를 공격하여 이득을 취하고자 했다. 바야흐로 초나라의 운명은 바람 앞의 촛불처럼 위태로웠다. 그런데 갑자기 진나라 왕이 초나라와 사돈을 맺자고 제의해왔다. 그렇게 되면 초나라 회왕은 진나라로 들어가야 하는 형국이었다. 궁지에 몰린 회왕이 무조건 응하려 하자 굴원이 반대했다.

"늑대 같은 진나라를 어찌 믿으려 하십니까. 가지 않는 편이 좋겠습니다."

하지만 회왕은 상관대부와 결탁한 차남의 뜻에 따라 굴원의 의견을 묵살하고 진나라로 떠났다. 회왕이 진나라의 경내로 들어서자 진나라 혜왕은 그의 퇴로를 차단하고 사로잡아 인질로 삼은 뒤 초나라 영토의 일부를 요구했다. 이에 간신히 탈출한 회왕이 조나라에 구원을 요청했지만 받아주지 않았다. 결국 그는 진나라에서 생을 마감하고 말았다. 그리하여 초나라에서는 장남이 왕위를 잇게 되었다.

자국의 왕이 진나라에 감금되자 초나라 백성들은 왕을 부추긴 차남을 미워했다. 하지만 초 회왕의 수모는 자업자득이었다. 군주가 현명하다면 충신을 등용하고 간신을 내쳐야 했다. 하지만 그는 간사한 무리의 감언이설에 현혹되어 스스로를 궁지에 몰아넣었다. 초 회왕의 객사 소식올 들은 굴원은 이렇게 말했다.

"우물을 판 후 사람들이 그 물을 마시지 않으면 괴롭다. 사실 그 우물의 물은 먹을 수 있는 것이다. 군주의 통찰력이 밝으면 그 우물물을 마시듯 상하 모두 복을 누릴 수 있고, 그 반대라면 행복을 말할 수 없게 된다."

이 말을 전해들은 초 회왕의 차남은 상관대부와 모의해 초나라 왕에게 굴원을 벌하라고 주청했다. 그러자 초나라 왕은 선왕을 모욕했다는 죄를 물어 굴원을 장사 땅으로 귀양 보냈다. 이에 굴원이 크게 낙심하자 출가한 여동생이 찾아와 위로했다.

"초나라 왕이 받아들이지는 않았지만 오빠는 책임을 다했으니 상심하지 마세요. 제가 이곳에 얼마간의 전답을 마련했으니 농사를 지으면서 여생을 보내시지요."

그 말에 따라 굴원은 농사를 지었는데, 동네 사람들은 그를 가엾게 여겼는지 앞다투어 도와주었다. 달포 가량 지난 후 오빠가 마음을 정리했다고 생각했는지 여동생은 자기 집으로 돌아갔다. 하지만 그게 아니었다. 그는 다가올 초나라의 운명을 예견하고, 그것을 막을 수 없는 자신을 원망하고 있었다. 어느 날 아침 굴원은 비분에 잠긴 채 탄식했다.

"내 어찌 나라와 종족이 망하는 걸 눈뜨고 보겠는가!"

그러고는 멱라강으로 나가 돌을 품에 안고 몸을 던졌다. 동네 사람들이 달려나와 그를 건지려 했으나 실패했다. 그래서 먹을 것을 강에 던져 용왕이 굴원을 잡아먹지 못하도록 했다.

훗날 이와 같은 굴원의 애국심을 기념하여 마을 사람들은 용주龍舟 경기를 시작했고, 그 땅에서 나는 쌀이 백옥같이 희다고 하여 '옥미전玉米田'이라 불렀으며, 굴원의 여동생을 기념하여 마을 이름을 '자귀향姊歸鄕'이라 불렀다.

훗날 사마천은 굴원에 대해 이렇게 말했다.

"나는 굴원의 「이소離騷」, 「천문天問」, 「초혼招魂」 등을 읽고 그 애절한 마음을 알 수 있었다. 장사에 가서 그가 자결한 곳을 둘러보고 눈물을 금할 수 없었으며, 가생이 그의 제사를 지내던 곳까지 돌아본 나는 애석함을 금할 수 없었다. 당시 탁월한 재주로 제후들을 설득했다면, 그를 받아들이지 않을 사람이 없었을 것이다. 그런데 어찌 자결의 길을 택했단 말인가. 그가 쓴 「복사부腹寫賦」에서 삶과 죽음은 원래 하나이고, 영예와 모욕 또한 중요한 것이 아니라는 글을 보고 나는 아연실색하지 않을 수 없었다."

복수와 명예는 다르다

오자서의 빗나간 선택

오자서는 초나라의 명문가 출신이었다. 그런데 초 평왕이 그의 부진을 숙이자 오나라로 망명해 와신상담 끝에 부친의 원수를 갚기에 이르렀다. 하지만 그의 결말은 비극적이었다. 왜냐하면 복수하는 데 그치지 않고 스스로의 명예를 탐했기 때문이다.

오왕 부차가 노나라와 함께 제나라를 정벌하려 할 때였다. 그는 이미 화려한 궁궐을 짓고 장차 제나라를 격파한 뒤 서시와 함께 즐기려 했다. 드디어 모든 준비를 마치고 10만 대군을 동원해 제나라를 공격하려는데 오자서가 간했다.

"전하, 가까운 월나라는 우리의 속병과도 같은 데 비해 제나라는 부스럼 정도밖에 되지 않습니다. 대군을 일으켜 원정에 나서는 것은 몸의 부스럼을 떼는 것밖에 되지 않지만, 그로 인해 속병이 깊어질까 염려스럽습니다. 부디 공격을 자제해주십시오."

그 말을 들은 부차는 분노하며 말했다.

"이미 거병 날짜를 잡아놓았는데, 그따위 소리를 하다니 괘씸하다. 어찌하여 나라의 큰일을 망치려 하느냐!"

오왕이 그를 죽이려 하자 한 신하가 말렸다.

"오자서는 선왕의 대신이므로 명분 없이는 죽일 수 없습니다. 차라리 제나라에 선전포고의 사자로 보내 그들의 손을 빌려 없애는 것이 상책입니다."

이른바 남의 손을 빌려 목숨을 빼앗는 '차도살인지계借刀殺人之計'였다. 그 말에 따라 부차는 제나라가 분개할 만한 내용의 선전포고문을 작성하여 오자서에게 전하도록 했다.

이미 부차의 행태를 보고 오나라의 미래를 짐작한 오자서는 아들을 데리고 제나라로 갔다. 과연 부차의 편지를 읽은 제왕은 노발대발하며 그를 죽이려 했다. 하지만 한 신하가 오왕의 계략을 일깨워줌으로써 오자서는 죽음을 면할 수 있었다.

감격한 오자서는 그 대신에게 아들을 맡기고 이름을 왕손봉이라 부르게 했다. 그는 아들이 자신의 성을 따르지 않게 함으로써 자신이 죽은 뒤에도 희생되지 않도록 한 것이었다.

그로부터 며칠 뒤 낮잠을 자던 오왕 부차가 이상한 꿈을 꾸었다. 깨어나서도 자꾸 신경이 쓰인 그는 측근에게 물었다.

"내가 꿈을 꾸었는데, 장명궁章明宮에 들어가니 물이 끓지 않는 솥이 두 개 걸려 있고, 두 마리의 검은 개가 하나는 남쪽, 하나는 북쪽을 향해 짖고 있었네. 또 두 개의 삽이 궁궐 벽에 꽂혀 있고, 물이 궁전으로 흘러들었으며, 후원에서는 북소리 같기도 하고 종소리 같기도 한 것이 요란했고, 정원에는 오동나무만 가득했네. 이것이 흉몽인지 길몽인지 한번 풀이해보게."

"좋은 징조입니다. 장명이란 적을 격파한 후 통쾌함을 말하는 것이고, 두 솥이 끓지 않는 것은 폐하의 덕이 넘쳐나기 때문이며, 짖고 있는 두 마리의 개는 사방의 제후들이 항복했음을 말하며, 삽은 백성들이 각자 자기 일에 열중하고 있음을 말하고, 물이 궁전으로 흘러드는 것은 이웃나라에서 보낸 공물로 재화가 넘쳐흐르는 것을 뜻하며, 후궁의 요란한 소리는 궁녀들의 즐거운 환호성이며, 정원의 오동은 오동나무로 만든 궁중 악기의 금슬이 잘 맞는 것을 뜻합니다. 원정에 나서는 전하께서 이런 꿈을 꾸었다는 것은 이번 행차가 커다란 길조임을 말해주는 것입니다."

이 같은 측근의 말에 부차는 흐뭇한 기분을 감출 수 없었다. 하지만 못내 미심쩍은 데가 있었으므로 다른 대신을 불러 다시 물었다. 그러자 그 대신이 말했다.

"저의 짧은 식견으로는 폐하의 꿈을 제대로 해석하지 못하겠습니다. 신이 듣건대, 서쪽 양산에 공손성이라는 현사가 살고 있는데 재주와 식견이 뛰어나다 하니 그의 해몽을 들어보십시오."

그 말을 들은 부차는 즉시 사람을 보내 공손성을 불렀다. 그런데 어명을 받은 공손성이 그 자리에 엎드려 대성통곡했다. 그 모습을 보고 그의 아내가 비웃었다.

"여보, 그동안 왕을 얼마나 보고 싶었으면, 입궐하라는 소식만 듣고도 통곡을 한단 말입니까?"

그러자 공손성이 눈물을 훔치며 말했다.

"모르는 소리 하지 말게. 나의 목숨이 오늘로 끊어질 것 같아서 우는 거라네. 우리 부부는 영영 이별이란 말일세."

그렇게 부차의 앞에 선 공손성은 꿈의 내용을 자세히 들은 다음 정색을 하고 해몽을 해주었다.

"전하, 신은 죽을 각오로 올바른 해몽을 올리겠습니다. 신이 알기로 장명의 장章은 패배를 말하고, 명明은 명冥, 즉 저승을 뜻하니 장차 패배하여 죽음에 이른다는 뜻입니다. 두 솥이 끓지 않는 것은 쫓기다가 익은 음식을 먹지 못함을 뜻하고, 개가 검다는 것은 음陰을 뜻하니 역시 저승을 가리키는 것입니다. 궁궐 벽에 꽂힌 삽은 월나라 군대가 조상의 묘지를 파헤친다는 뜻이고, 물이 궁전으로 흘러드는 것은 홍수에 씻겨 내려가듯 한다는 것이며, 후궁의 요란한 소리는 포로가 된 궁녀들의 아우성입니다. 오동은 명기冥器의 재료이니, 순장할 것이 아니겠습니까? 그러니 정원의 오동나무도 불길한 징조입니다. 폐하께서 이번 원정을 단념하시고 월왕 구천에게 사자와 예물을 보내어 약속을 지키지 못하는 걸 사죄함이 나라를 보호하는 처사라고 생각합니다."

공손성이 이렇게 말하자, 길몽이라 해석했던 대신이 펄쩍 뛰면서 호통을 쳤다.

"어디에서 굴러먹다 온 촌뜨기가 전하의 백년대계를 그르치려 하느냐. 도저히 살려둘 수가 없구나."

그러고는 병사들을 불러들여 공손성을 결박케 했다. 그러자 공손성은 큰 소리로 그를 꾸짖었다.

"너희는 군주를 보필하여 나라를 부강케 하지는 않고 아첨으로 부귀영화만 추구하니 한심하구나. 나라가 망하면 너희는 살아남을 수 있을 것 같으냐. 황천이 나의 무죄를 알아줄 것이다."

이 말에 분개한 대신은 즉시 공손성을 죽인 나음 산 아래로 던져 '승냥이에게 먹히고, 산불에 타고, 바람에 흩날려 혼백까지 사라지도록' 했다. 후세 사람들은 이때의 일을 슬퍼하며 다음과 같은 시를 지어서 공손성의 충성을 칭송했다.

괴이한 꿈, 이미 상서롭지 못함을 보여주었지만
교만한 군주는 공을 이루기에 여념이 없구나.
오나라의 인재가 아무리 많다고 한들
공손성의 충성을 따를 자가 그 누구더냐.

대신은 부차에게 역적을 처단했으니 속히 출전할 것을 권했다. 이렇게 해서 부차는 10만 대군을 거느리고 장도에 올랐는데, 기분이 꺼림칙했던 오자서는 중도에 병을 핑계로 돌아와버렸다.

한편 제나라에서는 오나라와 노나라가 연합하여 쳐들어오고 있다는 급보를 받고 대책을 강구하고 있었다. 이때 진상국이 아들 진역을 제왕에게 보내 참전토록 했다. 어린 진역은 당당하게 자신의 포부를 밝혔다.

"오나라 군대가 침노하여 나라가 위기에 빠져 있는 이때 상국께서는 여러분의 사기를 북돋우기 위해 저를 보낸 것입니다. 그러므로 저는 적과 맞서 진군의 북소리를 울릴지언정 퇴각의 징소리는 울리지 않겠습니다."

그러자 그 자리에 있던 여러 장수들도 일제히 다짐했다.

"적군과 사생결단을 하리라."

제왕과 상국이 자신들을 알아주고 있다는 걸 알게 된 장병들의 사기는 충천했다. 그리하여 첫 번째 싸움에서 제나라 군대는 오나라 군대를 이겼다.

이에 조금 교만해진 제나라 군대는 오나라 군대를 얕잡아보기 시작했다. 하지만 오나라의 군세는 나중에 도착한 노나라 군대와 연합하자 수적으로도 엄청난 우위에 서 있었다.

그들은 1진, 2진, 3진과 예비군까지 준비한 뒤 먼저 제나라 군대를 매복 장소로 끌어들여 일거에 격파한다는 치밀한 작전계획을 세웠다. 이와 같은 계략에 넘어간 제나라 군대는 한순간에 무너졌다. 물샐틈없는 포위망에 갇힌 제나라 장병들은 용감하게 싸웠지만 대패하고 다시는 재기할 수 없는 지경에 이르렀다.

그 결과 어쩔 수 없이 백기를 든 제나라는 오나라의 속국으로 전락하는 가련한 신세가 되고 말았다. 득의작약得意雀躍한 부차는 귀국길에 신하들에게 물었다.

"그대들은 월나라를 어떻게 생각하는가?"

"이미 우리나라가 패권을 휘어잡았는데, 연약한 월나라를 어찌 걱정하십니까."

그 말을 들은 부차는 귀국한 뒤 만사를 잊고 서시와 함께 희희낙
락 즐겼다. 바야흐로 여름이 가고 서늘한 가을이 다가왔다. 어느
날 서시를 품에 끼고 외출한 부차가 술을 마시고 있는데, 바람을
타고 아이들의 노랫소리가 들려왔다.

오동잎이 떨어졌는데 오왕은 아직 못 깨어났나.
가을이 되니 오왕의 걱정이 태산과 같구나.

그 내용에 화들짝 놀란 부차가 즉시 아이들을 잡아들여 누가 가
르쳐주었는지 추궁했다. 아이들은 벌벌 떨며 붉은 옷을 입은 동자
가 가르쳐주었다고 대답했다. 이에 노한 그가 아이들을 모조리 죽
이려 하자 서시가 말렸다.

"전하, 봄이 오면 만물이 소생해서 즐겁고, 가을이 오면 쓸쓸한
기분이 드는 것은 하늘의 이치입니다. 어찌 아이들을 죽여 기분을
더 망치려 하십니까?"

이에 오왕은 아이들을 풀어주었다. 사흘 뒤 궁궐로 돌아온 부차
는 그때까지 침묵하고 있던 오자서에게 물었다.

"그대는 내게 제나라를 공격하지 말라고 간했다. 하지만 내가 승
리를 거두고 돌아왔는데, 유독 그대만이 아무런 공로도 없으니 부
끄럽지 않은가?"

그러자 오자서는 추호의 두려움도 없이 당당하게 대답했다.

"하늘이 하나의 나라를 거두려 할 때는 먼저 작은 성공을 줘 기
쁘게 한 다음 태산 같은 걱정을 뒤따르게 하는 법입니다. 지금 전
하께서 제나라를 굴복시킨 것은 작은 즐거움에 지나지 않습니다.
신은 앞으로 큰 걱정거리가 뒤따를까 걱정입니다."

"그대를 떠나 있을 때는 조용하더니, 다시 내 귀가 시끄럽게 되
었군."

이렇게 말하면서 오왕은 눈을 감고 좌석에 비스듬히 기댔다. 그런데 그는 깜박 조는가 싶더니 벌떡 자리에서 일어나면서 연신 '이상하다'고 중얼거렸다. 도열해 있던 대신들이 깜짝 놀라 영문을 묻자 오왕이 말했다.

"내가 방금 네 사람이 등을 돌리고 앉았다가 각각 네 방향으로 가고, 또 두 사람이 나타났는데 북쪽 사람이 남쪽 사람을 칼로 죽이는 것을 보았다. 너희는 보았는가?"

그러자 대신들은 모두 보지 못했다고 했다. 그때 오자서가 차가운 목소리로 말했다.

"전하, 네 사람이 각각 다른 방향으로 가는 것은 곧 산지사방으로 흩어짐을 말하는 것이고, 북쪽 사람이 남쪽 사람을 죽이는 것은 아랫사람이 윗사람을 죽인다는 뜻이니, 신하가 임금을 살해한다는 뜻으로 풀이됩니다. 전하께서 정신을 차리지 않으면, 전하의 생명은 물론 나라의 운명이 위험에 처하게 됩니다."

그 말을 들은 오왕이 대노하여 오자서를 죽이려 하자 측근 대신이 그를 달랬다.

"그 뜻은 산지사방으로 흩어진 사람들이 오나라에 모일 것이요, 오나라가 패권을 장악하여 주 황실을 대체하니 아래가 위를 범한다는 뜻입니다."

이렇게 해서 오자서는 다시 목숨을 건졌다. 며칠 후 월왕 구천이 신하들을 거느리고 승리를 축하하러 찾아왔다. 오왕은 크게 기뻐하며 연회를 베풀었다.

"일찍이 나는 '임금은 공을 세운 신하를 잊지 않고, 부친은 힘이 센 자식을 잊지 않는다'고 들었소. 이번 승리에 큰 공을 세운 자가 있으니, 나는 그에게 재상의 직위를 수여하고 월왕에게는 제후국을 더 줘서 다스리도록 하겠다. 그대들의 생각은 어떠한가?"

"황공합니다."

신하들은 모두 오왕의 은혜에 감사했다. 그런데 또다시 오자서가 나서면서 큰 소리로 간했다.

"불가합니다, 전하. 지금 충신들은 입을 다물고 간신들이 아첨의 말만 늘어놓으니, 이대로 가면 오나라는 스스로 멸망하여 국토는 폐허가 되고 궁전은 쑥밭이 될 것입니다. 부디 월나라를 경계하십시오."

그러자 오왕은 대노해서 소리쳤다.

"참으로 악한 자로다. 그동안 선왕의 신하라 하여 가만두었더니 안하무인이로구나. 이전의 공로를 감안하여 죽이지는 않을 테니 다시는 내 눈앞에 나타나지 말라."

이에 오자서는 한탄하면서 자리에서 물러났다. 얼마 후 오왕은 측근으로부터 오자서가 제나라에 갔을 때 아들을 맡겨두고 왔다는 고변을 듣게 되었다. 곧 그가 오나라를 배반할 뜻을 품고 있다는 것이었다.

그동안 조정에서 눈엣가시 같은 말만 늘어놓던 오자서의 허점을 발견한 오왕은 기다렸다는 듯이 그에게 검을 보냈다. 자결하라는 뜻이었다. 그러자 예전부터 이미 죽음을 각오하고 있었던 오자서는 다음과 같이 원망에 찬 유언을 남기고 미련 없이 목숨을 끊었다.

"이제 왕이 나에게 죽으라고 하는구나. 가련하다. 선왕이 가련하다. 그를 왕위에 앉히지 말아야 했는데 선왕의 간청을 이기지 못하고 나라를 맡겨놓았더니, 저 꼴이구나. 초나라를 격파하고 월나라를 이기도록 도와 위엄을 세워놓았더니, 오히려 이제는 나에게 죽으라고 하는구나. 두고보아라, 월나라가 반드시 쳐들어와 조상들의 무덤까지 파헤칠 것이다. 내가 죽으면 성문에 매달아다오. 월나라 놈들이 쳐들어오는 것을 지켜볼 수 있도록 말이다."

그 말을 전해 오왕은 더욱 분개하여 오자서의 머리를 베어 성문에 매달아놓고 시신은 강에 던져 고기밥이 되게 했다. 그런데 기이하게도 그때부터 강물이 세찬 파도를 일으켜 기슭을 자꾸 허물었다. 이를 근심한 마을 사람들이 오자서의 시신을 건져 산에다 매장했는데, 그의 이름을 따 그 산을 서산胥山이라고 불렀다.

복수는 극단적이지만 나라의 경영이 극단이어선 안 된다. 오자서는 오왕 부차를 섬김에 있어 자신의 판단을 극단적으로 부르짖기만 했지, 잘 달래어 올바른 길로 나아가게 하지 못했다.

어쩌면 그는 자신의 꼿꼿한 기상만 세상에 남기고 싶었는지도 모른다. 여하튼 그가 혼란기의 명신이기보다는 명석하고 잔인한 복수의 화신으로 더 많이 기억되고 있는 것이 안타깝다.

때를 놓치면 통찰력도 부질없다
뜻을 펴지 못한 한비자

한비자는 법가의 대표적인 사상가로, 인간의 성정에 대해 누구보다 통달한 인물이었다. 하지만 많이 안다고 반드시 행동으로 옮길 수 있는 것은 아니다. 그는 자신을 지키는 명철보신의 진리를 깨우치지 못했기 때문에 비참한 최후를 마쳤다.

한나라의 명문가 출신인 그는 어렸을 때부터 형벌이나 법률 등에 많은 관심을 갖고 있었다. 그는 말을 더듬는 등 언변에 문제가 있었는데, 다행히 문장이 뛰어나 그 허점을 극복할 수 있었다. 때문에 함께 순자를 스승으로 모셨던 이사도 한비자가 자신보다 월등하다고 여겼다.

한비자는 한나라의 국운이 쇠퇴해가자 왕에게 상소를 올려 개혁을 요구했지만 번번이 외면당하고 말았다. 그는 한왕이 나라를 다스리는 데 엄격한 법률을 적용하지 않고 권세로만 통제하며, 간사한 무리의 감언이설에 귀기울이자 실망감을 감추지 못했다.

또한 유생들은 요사한 글로 법령을 문란케 하고, 무사들은 무력을 앞세워 불법을 자행하는 쓸모 없는 무리라고 여겼다. 이에 비분

강개한 그는 역사에 대한 자세한 연구를 바탕으로 『고분孤憤』, 『오두五蠹』, 『내외저內外儲』, 『세림說林』, 『세난說難』 등 10만 자에 달하는 저서를 써냈다. 여기에서는 『세난』에 나온 그의 견해를 잠시 살펴보기로 하자.

유세객 노릇을 하기란 쉬운 일이 아니다. 유세는 자신이 알고 있는 것을 다른 사람에게 알리는 것도 아니며, 자신이 생각하는 내용을 언어로 표현하는 것도 아니고, 대담하게 직언하는 것은 더더욱 아니다. 유세의 성패는 어떻게 상대를 파악하고, 어떻게 상대에 맞게 이야기하고, 그 결과 어떻게 상대를 움직이느냐에 달려 있다.

가령 상대가 명예를 추구하는 자일 때는 그에게 이익을 추구하는 방법만 누누이 늘어놓아선 안 된다. 그렇게 하면 상대에게 지조 없는 비천한 자로 간주되어 버림을 받는다. 반대로 상대가 이익 추구에만 관심을 갖는 자일 때, 그에게 명예에 관한 이야기만 한다면 역시 상대의 마음을 움직일 수 없을 것이다.

또 상대가 겉으로는 명예를 바라는 척하면서 실제로는 이익을 추구하는 표리부동한 자일 때, 그에게 명예에 관한 이야기만 한다면 그는 겉으로는 좋아하는 척하지만 실제로는 그대를 포기할 것이다. 반대로 이익 추구의 비법만 이야기하면 실제로는 채용하면서 겉으로는 그대를 멀리할 것이다. 인생을 살아가면서 이런 점들은 특별히 명심해야 한다.

많은 일들은 비밀을 어떻게 지키는가에 따라 그 성패가 결정된다. 하지만 의도적이기보다는 무의식적으로 비밀을 노출함으로써 실패의 위험에 봉착하는 경우가 더 많다.

비밀에 싸인 권력자의 과오를 발견했는데도 그에게 선행만 이야기하는 것은 우둔한 짓이다. 가령 권력자가 묘한 계책으로 성공의 공로를 자기에게 돌리려고 할 때 그 비밀을 간파한 자는 위험하며,

겉으로는 이러는 척하지만 실제로는 저렇게 하는 비밀을 간파한 자 역시 위험하며, 싫어하는 일을 억지로 시키는 것과 하고 싶어하는 일을 억지로 못하게 만드는 것도 위험하다.

상대와 중요한 인물을 논하면 이간을 붙이는 것으로, 그 반대인 인물을 논하면 장난하는 것으로, 상대가 좋아하는 것을 이야기하면 아첨하여 무엇을 얻어내려는 것으로, 상대가 싫어하는 것을 이야기하면 그를 탐색하는 것으로 치부될 수 있다.

간단히 이야기하면 상대의 이해를 얻을 수 없게 되고, 증거를 들어가면서 자세히 설명하면 큰소리를 친다거나 지루하게 여길 것이며, 실상 그대로 진술하면 주관이 없는 무능력자로 취급될 수 있다.

이처럼 유세객의 어려운 점들은 이루 다 말할 수 없을 정도이니, 이것들을 잘 알아두어야 한다. 유세객의 성공 여부는 상대가 중시하는 것은 받들어주고, 싫어하는 것은 비하할 줄 아는 데 달려 있다.

상대가 나름대로 정확하다고 여기는 계책에 대해서는 그 미심을 굳이 캐지 말아야 하며, 현명한 결정이라고 여기는 것에 대해서는 호응해줘야 하며, 세력이 강하다고 여길 때는 그의 어려운 점을 이야기하지 말아야 한다. 상대와 같은 계략을 획책하는 적수가 있거나 상대와 같은 과오를 범한 경우를 말할 때는 완곡하게 표현해야지 직접 자극을 주는 일은 피해야 한다.

상대가 아무런 거부감 없이 자신의 성의를 받아들일 때, 또 상대가 모든 건의에 귀를 기울일 때만 유세객은 자신의 논리를 펼 기회가 주어진다는 점을 잊지 말아야 한다.

오직 이러한 경지에 이르러야만 아무리 격렬한 논쟁을 하더라도 상대는 의심을 하지 않는다. 따라서 유세객은 이해관계를 충분히 피력하면서 소기의 목적에 도달할 수 있다. 오직 이러한 경지에 도달해야만 유세객은 비로소 성공을 이루었다고 할 수 있다.

송나라에 한 부자가 있었는데, 어느 날 큰비가 내리자 저택의 담이 무너졌다. 이때 그의 아들과 이웃은 모두 이렇게 말했다.

"담을 수리하지 않으면 도둑이 들 겁니다."

공교롭게도 그날 밤 그 부잣집은 정말 도둑을 맞았다. 하지만 그 부자는 집에 도둑이 들 수 있다고 말한 아들과 이웃 중에서 이웃만 의심했다. 아들은 믿을 수 있지만 이웃은 아들보다 신뢰감이 떨어지기 때문이다.

옛날 정나라 왕이 호나라를 토벌하려고 마음먹었다. 정나라는 상대의 경계심을 흩뜨리기 위해 먼저 공주를 호나라 왕에게 출가시켰다. 그런 다음 왕은 신하들에게 물었다.

"내가 군사를 일으킨다면 어느 나라를 쳤으면 좋겠느냐?"

한 대신이 대답했다.

"호나라를 쳐야 합니다."

이에 왕은 '친척인 호나라를 어떻게 칠 수 있단 말이냐?'라고 말하면서 짐짓 그를 죽이려 했다. 하지만 대신은 조금도 두려워하지 않고 침착하게 말을 이었다.

"지금 호나라는 우리를 믿고 있어서 아무런 대비가 없습니다. 이때 공격한다면 실수 없이 성공할 수 있습니다."

이에 정나라 왕이 고개를 끄덕였다.

그로부터 얼마 뒤 일거에 호나라를 격파한 왕은 그 대신에게 후한 상을 내렸다.

똑같은 말이라도 상대에게 신임을 얻느냐, 얻지 못하느냐에 따라 상반된 결과를 낳을 수 있다.

위나라의 국법에 따르면, 왕의 수레를 타는 자는 수족을 자르게 되어 있다. 그러나 한 대신이 한밤중에 모친의 병환이 위급해지자 왕의 수레에 어머니를 태우고 의원을 찾아갔다. 그 소식을 전해들은 왕은 그의 효심을 칭찬하며 처벌하지 않았다.

얼마 후 그 대신은 자신이 한 입 떼어먹은 복숭아를 왕에게 권했다. 이전에 그의 효성에 감동했던 왕은 그 복숭아를 맛있게 먹으며 칭찬했다.

"그대는 정말로 충신이로다. 자신이 먹어보고는 맛있다고 생각해서 짐에게도 권하는구나."

세월이 지나자 왕은 그 대신이 싫어졌다. 그래서 대신이 예전에 자신의 수레를 사사로이 사용한 일과 먹던 복숭아를 바친 일을 빌미 삼아 사형에 처해버렸다.

용이란 동물은 사람들과 같이 놀 수도 있고 사람을 태우기도 한다. 하지만 어떤 경우에도 용의 후두 아래에 있는 한 치 정도의 역린(逆麟, 거꾸로 돋아난 비늘)을 건드리지 말아야 한다. 그것을 건드리면 용은 화가 나서 사람을 해신다.

왕에게도 용처럼 역린이 있다. 따라서 유세객은 왕을 상대할 때 역린을 건드리지 않도록 조심해야 한다. 그래야만 유명한 유세객이 될 수 있다. 앞서 예로 든 이야기들은 유세객이 자신의 논리를 펴기 전에 먼저 상대의 환심을 사야 한다는 걸 말해주고 있다. 즉 먼저 상대와 친근한 사이가 되는 것이 상대에게 자신의 논리를 주입시키는 전제조건인 것이다.

이와 같은 한비자의 책이 진나라에 전해지자 진왕은 감탄을 금치 못했다.

"이러한 인물과 함께 일을 도모한다면 죽어도 여한이 없겠다."

얼마 뒤 진왕이 한나라를 공격하려 하자 다급해진 한왕은 한비자를 진나라에 사신으로 파견해 화친을 도모하려 했다.

그렇게 해서 말로만 듣던 한비자를 만나게 된 진왕은 몹시 기뻐했다. 하지만 적국의 사신으로 온 자를 등용할 수는 없는 일이라 입맛을 다시고 있었다. 그런데 이사를 비롯한 여러 대신들이 나서서 한비자를 죽이라고 권했다.

"한비자는 한나라 귀족의 후예로, 애국심이 남다른 자입니다. 지금 전하께서 한나라를 얻으려 하므로 결국 그는 우리를 원망하게 될 것입니다. 지금 그를 살려준다면 두고두고 진나라의 후환거리가 될 터이니 죽이심이 상책입니다."

그 말을 들은 진왕은 어쩔 수 없이 한비자에게 사형을 명했다. 궁지에 몰린 한비자는 진왕을 만나 삶을 도모하려 했지만 이사 등의 방해로 실패했다. 결국 그는 독주를 마시고 숨을 거두었다.

영명했던 한비자는 이렇듯 세상에 자신의 뜻을 한 번도 제대로 펼쳐보지 못한 채 생을 마감했다. 그가 만일 다른 기회에 진왕을 만났더라면 상황이 전혀 달랐을 것이다. 수많은 저술을 통해 많은 사람들에게 처세술을 가르친 그였지만, 그 처세술로 자신을 지켜내지는 못했다.

제7편 중용의 처세술

옛 성인들이 가장 중시한 것은 남을 선량한 마음으로 대하는 것이니, 말과 품행으로 모든 사람을 선량하게 교화시킨다는 것이다. 자신의 덕행으로 사람을 감화시키는 것, 그 자체가 바로 선으로 사람을 대하는 것이다.

그러나 자신의 선을 베푸는 데 그쳐서는 안 된다. 한 사람의 선은 한도가 있는 것이므로 그것을 풍부하게 하려면 다른 사람에게 끊임없이 배워야 한다. 베풂과 배움, 이 양자가 부단히 순환하면서 선행이 계속 이어지니, 이 또한 서로 보완할 수 있는 것이라 그 원천은 무궁무진하다.

중용을 가르치는 책

『채근담』

『채근담茶根譚』은 여러 고전에서 뽑아낸 주옥같은 글을 담고 있다. 그 안에 담겨 있는 중용의 처세술은 수많은 사람들에게 삶의 좌우명을 선사했고, 오늘날까지 그 광휘光輝를 잃지 않고 있다.

대체 그 내용이 무엇이기에 사람들은 『채근담』에서 눈을 떼지 못할까? 그것은 다음과 같은 몇 구절만 살펴봐도 쉽게 알 수 있다.

+ 돛을 반만 올려도 배는 안정되며, 물을 반만 채워도 그릇은 안정된다.
+ 세상일에서 편한 것만 찾으면 하늘의 벌을 받고, 세상일의 달콤함만 탐내면 성품과 몸에 해가 간다.
+ 세상일에서 너무 공을 구하지 말 것이니 과오가 없는 것도 공이며, 베풀 때는 보답을 바라지 말 것이니 원망이 없는 것도 덕을 쌓는 것이다.

이와 같은 내용들은 변증법적 철리를 간직한 것으로, 중용의 특

징을 그대로 보여준다. 여기서는 『채근담』의 내용 중에서 중용과 일치하는 구절을 소개하여 그 증거로 삼고자 한다.

+ 황금처럼 귀하고 아름다운 인품은 열렬한 불길의 단련을 거쳐야 이루어지고, 천하를 놀라게 하는 공명은 살얼음을 걷는 조심성이 있어야 이루어신나.

+ 한가할 때 준비를 갖출 수 있어야 바쁠 때 과오를 적게 범하며, 조용할 때 준비를 갖출 수 있어야 활동할 때 시비에 말려들 우려가 없다.

+ 귀에 거슬리는 말을 듣고 마음에 거슬리는 일이 있으면, 이런 것은 덕행을 닦는 숫돌과 같다. 들리는 것이 모두 즐겁고 하는 일마다 모두 순조로우면, 이는 자기 생명을 독 속에 던져넣는 것과 같다.

+ 선비는 세상을 살아가면서 쉽게 기쁨과 분노를 보이지 말아야 하니, 기쁨과 분노는 속마음을 드러내기 때문이다. 일을 대할 때는 애증에 움직이지 말아야 하니, 애증을 중시하면 자신의 마음이 물욕의 지배를 받기 쉽기 때문이다.

+ 자기의 욕심에 대하여 방종하지 말고 억제해야 하는데 그 방법은 오로지 참는(忍) 데 있고, 타인의 욕심을 거스르지 말아야 하는데 그 방법은 오로지 관용(恕)을 베푸는 것이다. 그러나 요즘 사람들은 오히려 자신에게는 관용을 베풀어도 남에 대해서는 참으라고 요구하니, 무엇이 제대로 되겠는가.

+ 높은 관직에 있더라도 늘 보통사람들의 생활을 생각하면 권세에 대한 집념이 담백해지고, 관직생활이 호화롭다 해도 평상시의 풍경을 잊지 않으면 욕심도 자연히 자제할 수 있다.

+ 일이 없을 때도 늘 일이 있는 것처럼 경계해야 의외의 일을 겪지 않고, 일이 있을 때 일이 없는 것처럼 진정해야 위기를 모면

할 수 있다.

◆ 아주 지혜로운 사람은 작은 일에 흐리멍덩하며, 아주 우둔한 자는 작은 일을 꼭 밝힌다. 그러므로 작은 일만 밝히는 것은 우둔한 짓을 하는 자의 뿌리이고, 흐리멍덩한 것은 지혜의 탄생지다.

◆ 사람들은 모두 순경을 즐거워하지만, 군자는 역경 속에서 지내기를 즐긴다. 사람들은 남의 의사를 거스르는 것을 싫어하지만, 군자는 우물쭈물하는 것을 싫어한다. 이 때문에 사람들은 정 때문에 걱정이 생기고 군자는 도리에 맞지 않음을 걱정한다.

◆ 완벽함을 위하여 꾸중을 할지언정 사사로운 정으로 치하하지는 말아야 하고, 불의의 재난을 당할지언정 분에 넘치는 복을 바라지 말아야 한다.

◆ 하늘이 사람에게 화를 내리기 전에는 반드시 약간의 복으로 그를 즐겁게 한다. 따라서 복이 왔다고 좋아하지만 말고 어떻게 받아야 할지를 생각해야 한다. 하늘이 사람에게 복을 내리기 전에는 반드시 약간의 화를 입게 한다. 따라서 화가 왔다고 걱정만 하지 말고 어떻게 피할 것인지 생각해야 한다.

◆ 좁은 길에서는 다른 사람에게 양보하고 맛있는 음식은 남에게 먼저 맛보게 하니, 이는 처세의 가장 좋은 방법 중 하나다.

◆ 처세에서 한 걸음 양보하는 것은 고명한 것이고, 한 걸음 물러서는 것은 바로 한 걸음 나아가는 근거이며, 타인에게 조금이나마 관대한 것은 복이고, 타인에게 이익을 주는 것은 자신을 이롭게 하는 뿌리다.

◆ 매사에 여유를 둔다면 조물주도, 귀신도 어쩔 수 없을 것이다. 하는 일마다 완벽함을 구하고 공을 세움에 전부 이루려는 자는 내부의 우환이나 외부의 변란에 휩싸이기 쉽다.

◆ 영광과 치욕은 본래 한 줄기에 피는 열매이니, 치욕을 싫어하고서 어찌 영광이 있을 수 있겠는가. 삶과 죽음은 본래 한 뿌리

이니, 삶을 탐하는 자는 죽음을 두려워하지 말아야 한다.

＋ 자신을 세울 때 남보다 한 걸음 높이 서지 않으면, 마치 먼지 속에서 옷을 터는 것 같고 흙탕물에 발을 씻는 것과 같으니 어찌 초탈할 수 있겠는가. 처세를 할 때 남보다 한 걸음 물러서지 않으면, 마치 부나비가 촛불에 덤비는 것과 같고 양이 울타리에 뿔이 걸린 것과 같으니 어찌 편안할 수 있겠는가.

＋ 신경 쓰는 일이 적은 것보다 복된 것이 없고, 속썩을 일이 많은 것보다 화가 되는 것이 없다. 일 때문에 고생한 자는 신경 쓸 일이 적은 것이 복이란 걸 알고, 마음이 편했던 자는 속썩는 일이 화라는 걸 안다.

＋ 사치를 부리는 자는 부유하면서도 늘 모자라니, 어찌 검소한 자의 가난하면서도 여유 있는 것에 비기겠는가. 유능한 자는 힘들게 일하면서도 남의 원망을 사니, 어찌 수박한 자의 한가하면서도 온전한 것에 비기겠는가.

＋ 심신이 빛나면 어두운 방에서도 푸른 하늘이 보이고, 속이 어두우면 밝은 대낮에도 무서운 귀신을 만나게 된다.

＋ 한가한 시간을 헛되이 보내지 않으면 바쁠 때 반드시 도움이 될 것이고, 조용할 때 헛된 시간을 보내지 않으면 활동할 때 반드시 쓸모가 있을 것이며, 어둠 속에서도 거짓이 없으면 밝은 곳에 있을 때 그 덕을 입는다.

＋ 부귀공명을 도덕으로 얻은 자는 산에 피는 꽃처럼 자연스럽게 잎이 피고 뿌리가 퍼질 것이고, 업적으로 이룬 자는 분재한 꽃처럼 장소의 이동에 따라 흥망이 있을 것이며, 권력으로 얻은 자는 병에 꽂힌 꽃처럼 얼마 가지 않아 시들어버릴 것이다.

＋ 진정한 청렴함은 청렴하다는 명성이 없나니, 그 명성을 세우는 것이 바로 탐욕이다. 진정한 솜씨에는 교묘한 기교가 없나니, 기교를 부리는 것이 바로 서툴게 되는 것이다.

✛늙어서 오는 병은 모두 젊었을 때 하기 나름이고, 쇠약할 때 오는 설움은 모두 성할 때 한 짓의 대가다. 그러므로 뜻을 얻어 모든 것이 넘칠 때도 군자는 언제나 조심스럽게 처세한다.

✛많이 소유한 자는 그 때문에 망하게 되니 부유하기보다는 빈자로서 걱정하는 편이 낫고, 높은 자리에 있는 자는 편안하게 지낼 수 없으니 존귀한 자리에 있기보다는 비천하게 지내는 것이 더 안전하다.

✛사람들은 명예와 지위를 얻는 기쁨만 알 뿐, 그것이 없는 즐거움이 진짜 즐거움인 줄은 모른다. 굶주림과 추위의 근심만 알 뿐, 굶주림과 추위가 없는 자도 근심이 많다는 걸 모른다.

✛악행을 하고 나서 알려질까 두려워하는 것은 그나마 선으로 나아갈 희망이 보임이요, 선행을 하고 나서 알려지지 않을까 조급해하는 것은 악의 근원이다.

✛고생과 낙을 거듭 겪는 가운데 이루어진 복은 오래갈 것이며, 의심과 믿음이 엇갈리는 가운데 터득한 앎이 진정으로 아는 것이다.

✛어지러운 땅에 생물이 많고 맑은 물에는 고기가 없다. 그러므로 군자는 어지러움을 용납할 만한 아량을 가져야지 자신의 결백을 지키겠다고 독단적으로 행동해서는 안 된다.

✛기상은 높아야겠지만 엉성해서는 안 되고, 심사는 자세해야 하지만 너무 자잘해서는 안 되며, 취미는 담담해야 하시만 너무 편협해서는 안 되며, 지조는 엄정히 지켜야 하지만 너무 격렬해서는 안 된다.

✛담백한 선비는 간사한 자의 의심을 사게 마련이고, 엄격한 사람은 방종한 자의 꺼림을 받게 마련이다. 그러므로 군자는 자신의 지조를 바꾸지 말아야 하지만, 또한 너무 자신을 드러내는 것도 삼가야 한다.

+ 역경에 처하게 되면 주위의 모든 어려움이 약이 되어 부지불식간에 지조와 행실이 바르게 되며, 순경에 처하게 되면 주위에 창과 칼을 세워놓았다 해도 부지불식간에 타락에 빠질 수 있다.

+ 몸가짐은 지나치게 깨끗해서는 안 되니 아무리 더러운 것이라도 수용할 수 있어야 하며, 대인관계에서도 너무 분명하게 하지 말고 선악과 현우 賢愚 를 다함께 용납할 수 있어야 한다.

+ 일을 처리하는 자가 그 일에 말려들지 않으면 이해관계를 밝혀내는 데 유리하고, 일을 처리하는 자가 그 일에 말려들면 이해관계를 정확히 밝혀내지 못할 우려가 있다.

+ 산림의 즐거움을 이야기하는 자가 반드시 산림의 재미를 알고 있다고 보기는 어려우며, 명리를 싫어한다고 말하는 사람이 반드시 명리에 대한 욕심을 버렸다고 보기는 어렵다.

+ 간악한 자의 미움을 살지언정 그의 마음을 사지는 말 것이며, 군자의 질책을 받을지언정 그의 용서는 받지 않아야 한다.

+ 부귀한 환경에서 자라난 자는 욕심과 권세에 대한 집착이 타는 불과 같다. 따라서 맑고 서늘한 기운을 불어넣지 않으면, 그 화염이 다른 사람을 태우지 않으면 자신을 태우게 된다.

+ 매는 앉아서 조는 것 같고 호랑이는 병든 것처럼 보이지만, 그것이 바로 사람을 잡아먹기 위한 수단이다. 군자도 총명을 자랑하지 않고 재간을 뽐내지 않아야만 큰일을 이룰 힘을 기를 수 있다.

+ 복사꽃과 오얏꽃이 예쁘다 한들 어찌 푸른 소나무와 잣나무의 꿋꿋함에 비기겠는가. 배와 살구가 달다고 한들 어찌 유자와 귤의 향기를 따르겠는가. 잠깐 동안 요염을 자랑하기보다는 담백하게 오래 있는 것이 좋고, 때 이른 아름다움을 뽐내기보다는 늦게 성숙함이 더 바람직하다.

중용 격언집

『증광현문』

『증광현문增廣賢文』은 민간에 커다란 영향을 끼치고 있는 계몽서로, 3천여 자에 달하는 구절마다 사람의 마음에 감동을 주는 격언으로 이루어져 있다. 그 격언들은 극단에 치우치지 않고 중용의 지혜를 바탕으로 금전이나 인간관계 등 여러 면에서 현명하고 명확한 처리 방법을 제시한다.

『증광현문』에 따르면, 사람에게는 누구나 '허위'가 있다고 한다. 그들은 각자 자신의 이익을 위하여 살고, 부를 추구하며, 가난을 싫어하며, 권세에 아부하려는 잠재의식을 지니고 있다. 잠깐 이에 대한 격언을 살펴보자.

- 계곡의 물은 쉽게 불거나 줄고, 소인의 마음은 반복이 심하다.
- 산에는 곧은 나무가 많으나, 세상에는 바른 사람이 적다.
- 등뒤에서 말을 듣지 않는 사람이 없고, 남의 등뒤에서 말을 하지 않는 사람이 없다.
- 사람이 선하면 피해를 당하기 쉽고, 말이 순하면 누구나 부리

려고 한다.

+ 인정은 종잇장처럼 얇다.
+ 인생은 새가 삼림에 깃들이듯 재난이 오면 각자 살길을 찾는다.

그리하여 인간관계 속에서 진정한 감정이 오고가지 않을 때 사람들은 다른 무엇을 추구하게 되는데, 그것이 바로 '돈'이다. 그것은 다음과 같은 행위로 나타난다.

+ 가난한 자는 번화한 장터에 살아도 알아주는 사람이 없는데, 부자는 심산深山 속에 살아도 친척들이 찾아든다.
+ 돈 있는 자의 말은 모두 진짜이고, 돈 없는 자의 말은 믿어주는 이가 없다.

이런 본능은 열악한 세속 환경에 대한 인간의 반응이라고 할 수 있다. 그래서 옛 사람들은 '호랑이 가죽은 그릴 수 있어도 뼈는 그리기 어려우며, 또 사람의 얼굴은 그릴 수 있어도 그 속마음은 알 길이 없다', '천하 사람을 모두 안다고 할지라도 진정 마음을 나눌 수 있는 자가 몇이나 되겠는가'라고 한탄했던 것이다. 그러나 이 책에서 재물의 중요성을 무시하고 반대만 한 것은 아니다. 다음과 같은 격언을 보자.

+ 말이 달리지 못함은 힘이 없기 때문이요, 사람에게 기개가 없음은 돈이 없기 때문이다.
+ 사람에게 돈이 없으면 소견이 짧아지고, 말이 여위면 털이 길어 보인다.
+ 돈이 있으면 사람들 앞에 나설 수 있으나, 입을 옷이 변변치 않으면 집을 나서기가 싫어진다.

『증광현문』은 부유해지는 방법도 알려주고 있다.

+ 사람은 횡재의 기회가 없으면 부자가 될 수 없고, 말은 야식을
  먹지 못하면 살찌지 못한다.
+ 부는 모으는 데서 오고, 빈곤은 계산을 하지 않는 데 원인이 있다.

그런데 인간 세상에는 돈보다 더 중요한 것이 있다. 대체 무엇이
중요한가?

+ 돈과 재물은 분토糞土요, 인의仁義가 천금이다.
+ 황금 천 냥을 축적하기보다 경서를 통달하는 것이 더 낫다.
+ 한 번의 양보가 천금보다 낫다.
+ 황금이 귀하다고 하지 말라, 편안함을 어찌 돈으로 계산하랴.

한편 삶은 운명에 의해 지배된다. 그러므로 선량한 마음으로 많
이 베풀어야 좋은 결과가 온다는 격언도 적지 않다. 즉 운명론과
인과응보에 관한 내용들이다.

+ 생사는 운명에 달렸고, 부귀는 하늘에 달렸다.
+ 만사萬事는 사람의 힘으로 움직이지 않으니 운명에 달린 것이다.
+ 베풀기만 하고 앞의 일은 묻지 말라.
+ 선한 마음으로 빌면 하늘이 소원을 이루어줄 것이다.
+ 사람은 악인을 두려워하지만 하늘은 그를 두려워하지 않으며,
  사람이 선한 이를 업신여기더라도 하늘은 누구에게나 공정하
  다. 따라서 선악은 그 보응이 따를 것이니, 때가 되면 그 결과
  가 나타나리라.
+ 삼베를 심으면 삼베를 수확하게 되고, 콩을 심으면 콩을 수확

하게 된다. 천망(天網, 하늘의 그물)은 넓고 넓어서 성글게 보이지만 아무것도 빠져나가지 못한다.

하지만 이 책의 핵심은 역시 대인관계에 관한 내용이다. 자기보호를 위한 다음과 같은 격언이 있다.

+ 다른 사람과 이야기할 때는 3분 1 가량만 드러내야지, 온 마음을 다 줘서는 안 된다.
+ 누설하지 말아야 할 때는 입을 다물고 성문을 지키듯 하라.
+ 쓸데없는 말은 하지 말고, 쓸데없는 일은 묻지 말며, 무관한 일은 참견하지 말며, 일을 끝내면 즉시 귀가하라.
+ 시비는 모두 수다를 떠는 데서 시작되고, 번뇌는 모두 강함 때문에 나온다.

친구를 사귈 때 조심해야 될 점도 있다.

+ 술은 자기를 알아주는 사람과 마시고, 시는 시를 아는 사람 앞에서 읊는다.
+ 친구는 자신보다 나아야지 자신과 같으면 없는 것만 못하다.
+ 길이 멀면 말의 능력을 알고, 시간이 오래면 사람의 마음을 알게 된다.
+ 좋은 말만 하는 자는 적이고, 귀에 거슬리는 말을 하는 자가 친구다.
+ 좋은 약은 쓰고, 충언은 귀에 거슬린다.

양보에 관한 격언도 있다. 양보는 곧 자신의 번뇌와 화근을 없애는 방법이라는 것이다.

✚ 용서하는 자는 바보가 아니고, 바보는 용서할 줄 모른다.

✚ 일시의 양보로 백 일간의 걱정거리를 면한다.

✚ 참을 수 있으면 참고, 견딜 수 있으면 견뎌야 한다. 그렇지 않
   으면 작은 일도 큰 화근이 된다.

✚ 언제나 적을 염두에 두고서 항상 돌다리를 건너는 것처럼 조심
   해야 한다.

✚ 세 번은 생각하고 행동에 옮기되 더 생각할수록 좋다.

또 주체적으로 살면서 능동적으로 행동하는 것이 처세의 바른
길이라는 원칙을 강조한 것도 있다.

✚ 부귀를 이루기 위해서는 죽을힘을 다해야 한다.

✚ 말만 하기보다는 실제로 행동에 옮기는 것이 낫고, 다른 사람
   에게 무탁하기보다는 자신이 하는 것이 낫다.

✚ 직접 취하는 것이 완곡하게 얻는 것보다 낫다.

✚ 일은 하지 않으면 이루어지지 않고, 사람은 충고를 듣지 않으
   면 잘못될 수 있다.

✚ 젊은 시절 노력하지 않으면 늙어서 후회한다.

행락行樂에 관한 내용도 있다.

✚ 친구와 만나서 한잔 나누지 않으면 동굴 앞의 복사꽃도 비웃는다.

✚ 오늘의 술에 오늘을 취하고, 내일의 걱정은 내일로 미룬다.

✚ 마실 수 있을 때 한껏 마시고, 노래할 수 있을 때 한껏 노래한다.

전반적으로 『증광현문』은 도가 사상을 위주로 한 것이지만, 유
가의 설교도 배척하지는 않는다. 때문에 독서와 효의 중요성을 외

면하지 않는다.

+ 책을 읽을 때 한 글자가 천금에 해당된다는 걸 염두에 두어야 한다.
+ 십 년 공부할 때는 아무도 알아주지 않으나, 일거에 성공하면 천하에 알려진다.
+ 현명한 아내를 만나면 남편의 화가 없고, 아들이 효자면 부친의 마음이 편하다.
+ 천만 권의 경서에서 효에 관한 것을 먼저 꼽아야 한다.

이와 같은 유교 정신은 일반적인 도교의 성격과 맞지 않는 점이 있지만, 이렇듯 대립되는 사상을 수용했기 때문에 취향이 다른 여러 부류의 사람들이 자신에게 필요한 적당한 자양분을 섭취할 수 있으므로 이 책의 보편적 의의를 더해주고 있다.

지나친 집착은 몸을 상하게 한다

굴원의 고집

역사를 살펴보면 총명한 재능을 가진 사람이 빛을 보지 못하거나, 심지어 참혹한 종말을 맞는 경우가 비일비재했다. 그런 경우 많은 지사들이 비분강개하면서 최후를 마치기도 했다.

하지만 다시 생각해보면, 강경하게 자신의 뜻만 주장하다가 장렬한 죽음을 맞는다는 것이 그들의 유일한 길이었는가 하는 의문이 남는다. 초나라의 명신이었던 굴원과 어부의 이야기에서 그 해답을 찾아보자.

굴원이 귀양길에 올라 머리를 풀어헤친 초췌한 모습으로 강변을 거닐고 있었다.

"무거운 이 마음에 우수가 가득하구나."

그가 이렇게 넋두리를 하고 있는데, 문득 강 위의 갈대를 가르면서 나룻배 한 척이 미끄러져 왔다. 노를 젓는 어부는 불그스레한 안색에 긴 은색 수염의 노인이었다. 그는 굴원을 눈여겨보더니 깜짝 놀라며 물었다.

"이거 대부님이 아니시오? 왜 이런 모습이오? 어떻게 여기 계십니까?"

하지만 굴원은 그를 힐끗 쳐다보았을 뿐 아무 대꾸도 하지 않았다. 그는 지금 만사가 귀찮았기 때문에 누구에게도 관심을 줄 수 없었다. 가슴속은 분노로 이글거리고 있었다. 하지만 어부가 계속 자신을 바라보고 있었으므로 마지못해 한마디를 내뱉었다.

"모든 사람이 취했는데 나 혼자 깨어 있는 것이 죄가 되어서 이렇게 왔소."

그러자 어부가 말했다.

"성인은 그 무엇에도 얽매이지 않고 세상에 발을 맞추는 법이오. 세상 사람들이 모두 취해 있는데, 그대는 어찌하여 함께 취해서 어울리지 않는 것이오? 모두 술을 먹는 판이니, 술만이 아니라 술지게미까지도 먹어야 하지 않겠소. 홀로 고고한 척하니 이렇게 혼자가 될 수밖에 없잖소."

그 말을 들은 굴원은 얼굴을 붉히며 말했다.

"나는 금방 목욕을 한 사람은 새 옷을 갈아입어야지, 그렇지 않으면 더러운 옷 때문에 금방 씻은 몸이 더럽혀진다고 생각하오. 상강의 맑은 물에 뛰어들어 고기밥이 될지언정 세속의 더러움에 나의 청백함을 더럽히고 싶지 않소."

그 말을 들은 어부는 굴원의 마음을 꿰뚫어보기라도 하는 듯한 미소를 짓더니, 뱃머리를 돌려 강을 지쳐가기 시작했다. 그러면서 삿대로 뱃전을 두드리며 노래를 불렀다.

흐르는 강물이 맑으면 나의 갓끈을 씻을 수 있고,
흐르는 강물이 탁하면 나의 발을 씻을 수 있네.

 배와 함께 노랫소리도 점점 멀어져갔다. 『사기』「굴원가생열전屈

原賈生列傳」에 의하면, 굴원은 어부와 대화를 마친 뒤 얼마 되지 않아 돌을 안고 멱라강에 뛰어들어 자결했다고 한다.

이 일화는 군주에 대한 지나친 집착으로 '중용'의 길을 걷지 않고 죽음을 택한 그의 편협한 고집을 지적하고 있다.

중용은 이렇게 행하라
증국번의 처세술

증국번은 청나라 때 병부상서, 양강총독, 태자태보, 대학사 등 여러 관직을 지냈다. 공직에서 이렇듯 크게 성공한 증국번은 매끄러운 대인관계로 이름난 사람이었다. 다음은 증국번 자신의 처세술에 대한 논의다.

길吉·흉凶·회悔·인吝은 상호 순환한다.

길하다고 반드시 상서로움을 뜻하는 것은 아니다. 일을 아주 합리적으로 처리해서 사람과 귀신이 모두 비난할 여지가 없다면, 그것 역시 길한 것이다. 그러므로 매사를 적절히 처리해서 원망을 받지 말아야 하니, 이 정도를 넘기면 인(吝, 인색함)으로 취급된다. 하늘의 도는 가득 차는 걸 거부하고, 신은 넘치는 것을 싫어한다. 태양도 정오를 지나면 기울어지고, 달도 만월이 되면 다시 이지러진다.

『역易』은 시기에 따라 변화하면서 중도를 유지한 채 기회를 기다리라고 주장한다. 그렇지 않고 너무 한쪽에 치우쳐서 집착하면 인吝으로 바뀐다.

내가 북경에서 관리로 있을 때 살던 집의 방을 '구궐재求闕齋'라
고 이름지은 것도 바로 너무 가득 찼다는 인상을 주지 않기 위해서
였다. 사람은 총명하든 어리석든 재난을 당하면 누구나 자신의 처
사를 후회한다. 하지만 그는 이런 시련을 통해 배움으로써 다른 재
난을 피할 수 있게 된다.

예로부터 큰일을 이룬 사람들 중에는 후회하는 일을 겪은 뒤에
그로부터 새로운 도리를 깨우쳐 성공에 이른 사례가 많다. 이 때문
에 『역』에서도 회(悔, 참회)를 최선의 것으로, 인吝을 가장 좋지 않
은 것으로 취급한다. 우리 가문의 자제들이 자기 수련을 통해 재난
을 피하기 위해서는 이 말을 명심하도록 하라.

쾌락을 추구하지 말고, 항상 뉘우치는 마음을 가져라.

모름지기 역대 충신들과 같은 지조를 지니고, 다시 역대 명신들
과 같은 아량을 겸비해야 한다. 아량이란 선천적인 것이지만 후천
적인 노력으로 갖출 수 있다. 성현의 말대로 자기를 엄격히 다스리
고 남에게 너그럽게 대하면, 실제로 깊은 수양을 이루었다고 할 수
있다.

소옹이 말하는 '사물의 관찰', 장자가 말하는 '조화를 관찰', 정
자가 말하는 '하늘·땅·생물·기상의 관찰'이란 그 핵심이 모두
마음을 넓히는 것인데, 세상만물을 초월함으로써 모든 번뇌를 잊
을 수 있다는 것이다.

이러한 경지에 이르려면 평담(平淡, 평정과 담백)이란 두 글자를 명
심해야 한다. 다시 말해 자신과 타인의 차이를 올바로 보고 공명에
대해서는 담담해야 한다.

명예를 너무 성급히 추구하고 집착할수록 학문의 성취와 덕행을
쌓는 데는 지장이 된다. 그렇게 되면 세속의 영향에 좌지우지되어

질병, 자손, 형제관계 등 모든 문제에 지나친 관심을 보이면서 마음이 편치 않게 된다. 자신을 바라보면 한심하고 부끄럽기 때문이다. 이를 극복하기 위해서는 담담(淡)하려고 노력해야 한다. 즉 부귀공명, 역경과 순경, 자손의 흥망 등을 하늘의 뜻에 맡기고 결과에 대해 담담해야 한다.

천하의 모든 일에 보답을 바라면 반드시 크게 실망할 때가 있게 된다. 그러니 불교의 인과응보도 곧이곧대로 믿어서는 안 된다. 많은 경우에는, 인因은 있어도 과果가 없을 수 있기 때문이다. 이에 대하여 나는 소자첨의 시구에 몇 마디를 더 보태고 싶다.

살면서 부를 바라지 않고, 공부하면서 관직을 바라지 않으며, 덕을 쌓으면서 보답을 바라지 않고, 글을 지으며 전해지기를 바라지 않는다. 마치 술을 마셔두 취하지 않고 두둑히 여흥이 있는 것과 같다.

옛 성인들이 가장 중시한 것은 남을 선량한 마음으로 대하는 것이니, 말과 품행으로 모든 사람을 선량하게 교화시킨다는 것이다. 자신의 덕행으로 사람을 감화시키는 것, 그 자체가 바로 선으로 사람을 대하는 것이다.

그러나 자신의 선을 베푸는 데 그쳐서는 안 된다. 한 사람의 선은 한도가 있는 것이므로 그것을 풍부하게 하려면 다른 사람에게 끊임없이 배워야 한다. 베품과 배움, 이 양자가 부단히 순환하면서 선행이 계속 이어지니, 이 또한 서로 보완할 수 있는 것이라 그 원천은 무궁무진하다.

이와 같은 증국번의 처세술은 많은 점에서 중용의 원칙에 부합된다. 고위직에 있을 때나 평민이 된 후에나 증국번이 후세 사람들

의 칭송을 받았던 것은 그의 처세술이 성공적이었음을 증명해주고
있다.

중용으로 집안 다스리기

『원씨세범』 외

중국에는 가문을 다스리는 내용의 책이 매우 많은데, 그 가운데 『안씨가훈顏氏家訓』, 『원씨세범袁氏世範』, 『치가격언治家格言』, 『가범家範』, 『증국번기서曾國藩宗書』, 『계자서誠子書』 등이 유명하다.

이러한 책에는 집터를 잡는 법, 재산을 관리하는 법, 손님을 대접하는 법 등을 자세히 설명하고 있는데, 가정사를 논의한 책이라 그 내용은 잡다하지만, 그 핵심은 중용에 있음을 알 수 있다. 그 가운데 원채가 지은 『원씨세범』을 중심으로 집안 다스리는 법을 알아보자.

첫째, 각자의 성격을 존중해야 한다.

세상에서 가장 친근한 관계는 부자나 형제일 것이다. 그러나 부자나 형제가 화목하게 지내지 못하는 경우가 허다한데, 그 원인은 다양하겠지만 대부분 각자의 성격이나 성품의 차이에서 기인한다. 부친은 자식이 자기를 따르길 강권했을 것이고, 형은 동생이 자기를 따르길 강권했을 것이다.

사람의 취향이 다른데도 일방적으로 따르길 강권하면 필경 언쟁에 이를 것이고, 언쟁이 반복되면 불화가 생기고, 불화가 반복되면 평생 가정의 불행이 된다. 그렇다면 해답은 간단하다. 부친은 자식에게 강요하지 않고, 자식은 부친의 의사를 존중해서 매사에 서로 협의하면 된다.

둘째, 부자나 형제간에 시비는 피해야 한다.

부친과 자식 사이, 형과 아우 사이, 장수와 병졸 사이, 주인과 노비 사이는 친근하더라도 친구가 되어서는 안 된다. 그렇게 되면 모든 일에서 시비를 캐느라 언쟁을 벌일 수 있다.

부친의 과오가 있을 때 자식은 약간 간하는 것으로 그쳐야지 시비를 끝까지 캐지는 말아야 한다. 만일 언쟁이 있더라도 자식으로서는 뒤로 물러서야 한다. 또한 부친은 스스로 그 과오를 뉘우쳐야 한다.

셋째, 인내의 귀중함을 알아야 한다.

가정의 화목은 서로 참는 데서 이루어진다고 한다. 하지만 많은 경우, 이 인내의 도리를 몰라 실수를 범한다. 인내란 외부의 충격이 있을 때 참고서 발작하지 않는 것이지만, 여러 번 충격을 받아 누적이 되면 홍수에 댐이 터지듯이 더 이상 막을 수 없게 된다. 이러한 경우에도 갖가지 이유를 대어 너그러운 마음으로 자신을 위로하며 참을 수 있다면, 그 공덕이 쌓일 것이다.

넷째, 부모는 애증을 나타낼 때 이유가 있어야 한다.

자식이 어릴 때 부모는 지나친 사랑으로 모든 것을 너그럽게 받아주다가 자식을 지나친 응석받이로 자라게 할 수 있다. 심지어 자식을 나쁜 아이로 만드는 경우도 없지 않다. 그러나 자식이 성장할 수록 사랑하는 마음도 담백해져 사소한 잘못에도 노여움을 감추지 않으며, 별것 아닌 일에도 이런저런 원인을 들어 심하게 꾸짖는다.

이렇게 지나친 애증은 모친에게서 쉽게 비롯되는 것이므로 부친은 경우를 살펴 잘 처리해야 한다. 자식이 어리다고 사랑만 해선 안 되며, 다 자라난 뒤라 해서 사랑을 늦추어선 안 된다.

다섯째, 같이 살면서 재물을 감추지 말라.

한 가정에 살면서 자신의 재물을 감추는 경우가 없지 않다. 이러한 행위는 우둔한 짓이다. 그 재물을 이용해 이자를 놓으면, 많은 이익을 볼 수 있을 뿐만 아니라 많은 사람들에게 도움이 되기 때문이다. 재산을 운영해 이익을 챙긴 자들이 세상에는 많은데 그 덕택에 전 가족이 부유해지고 자손까지 혜택을 받으니, 이 아니 좋은 일인가.

그러나 도둑질로 재산을 모으는 자도 있으며, 혹은 처가나 친척 집에다 감추어두고 감히 공개적으로 쓰지 못하는 자도 있으며, 다른 사람의 명의로 쓰다가 명분 없이 죽음을 당하는 자도 없지 않다. 따라서 이와 같은 일들을 잘 감별해 마음에 새겨두어야 하겠다.

여섯째, 부귀를 누릴 때 교만하지 말아야 한다.

부귀공명은 우연한 일이니, 그 때문에 교만해서는 안 된다. 가난한 사람이 부유해지고 천한 사람이 귀하게 되면 현명하다고 할 수 있으나, 그 때문에 교만하지는 말아야 한다. 가령 조상의 유산을 이어받아 부유해진 것이라면, 다른 사람과 별로 특이한 점이 없는 것이다. 만약 그 때문에 뽐내는 자가 있다면, 그보다 부끄럽고 가련한 일이 어디 있으랴!

일곱째, 덕행을 닦는 데 게을리 해서는 안 된다.

 사람의 덕행과 부귀는 별개의 것이다. 덕행이 바르다고 반드시

부귀를 누리는 것도 아니고, 덕행이 그르다고 액운이 기다린다고
는 할 수 없다. 만일 덕행과 부귀가 함께 하는 것이라면, 공자 등은
모두 재상이 되어야 하고 현재의 재상 중에는 나쁜 자가 하나도 없
어야 할 것이다. 그러므로 덕행은 반드시 닦아야 하는 것이지만,
그것을 이유로 무엇을 바라지는 말아야 한다.

사람은 대개 바라던 것이 이루어지지 않으면 덕행 닦기를 게을
리 하게 되어 처음의 뜻과 반대로 나가게 된다. 세상에 우둔한 자
가 부유한 생활을 하고, 지혜로운 자가 가난한 날을 보내고 있는
것은 모두 각자에 따르는 운명이니 굳이 따질 바가 아니다.

여덟째, 노력한 만큼 누린다.

늙어서 편안하려면 젊을 때 열심히 일해야 한다. 젊은 시절 유흥
에 빠졌던 사람이 늙어서 편안한 만년을 보내는 경우는 드물다. 젊
은 시절 과서에 급제해 관직을 향유한 자는 중년에 반드시 어려운
고비를 겪다가 만년에 가서야 편안함을 누릴 수 있다.

관직생활이 순조로운 자는 반드시 혼사 등의 다른 일에서 어려
움을 겪거나 오래 살지 못한다. 간혹 커다란 복이 있는 자는 평생
을 편안히 지내기는 하지만, 이런 경우는 극히 드물다. 조물주가
이렇듯 공평하게 하니, 인력으로는 결국 하늘의 뜻을 이기지 못하
는 법이다.

아홉째, 성품은 후천적인 노력으로 보완할 수 있다.

인간의 성품은 선천적으로 부족함이 있더라도 수양을 쌓아 보완
할 수 있다. 자기의 부족함을 잘 보완하는 자가 완벽한 성품을 갖
춘 군자가 되며, 반대로 실수를 자주 범하는 자는 일반인의 행렬에
들 수밖에 없다.

책에서 말하는 아홉 가지 덕(九德), 즉 너그러움, 부드러움, 소망,

어지러움, 요동침, 솔직함, 대범함, 강직함, 굳건함(寬柔願亂撓直簡剛
强)은 선천적인 것이지만 삼가고 자립하며, 공손하고 공경하며, 의
연하고 온유함, 청렴함, 방비함, 의로움(栗立恭敬毅溫廉塞義)은 후천
적으로 노력하여 얻을 수 있는 것이다. 이 양자를 모두 구비하면
곧 성현이라 할 것이다.

제8편 중용의 외교술

사람은 내면에 자극을 받으면 어떤 형태로든 외부로 표출되게 마련이니, 이처럼 무의식적인 표출로부터 그의 내면을 헤아릴 수 있다고 한다. 그러니 나라를 다스리기 위해서는 권력의 판도를 잘 판단해야 하고, 다른 사람을 설득시키기 위해서는 상대의 심정을 잘 파악해야 한다. 귀천, 경중, 이해, 성패는 모두 여기에 달려 있다고 해도 과언이 아니다. 따라서 선왕先王의 도와 성인의 책략을 갖추었다 할지라도 상대가 은폐하고 있는 내심을 헤아리지 못한다면 아무것도 이룰 수 없다. 헤아림은 계책의 근본이고 유세객의 기본적인 술법이다.

중용 외교술의 성경
『귀곡자』

『귀곡자鬼谷子』는 유세 방법을 전문적으로 기술했다는 점에서 기서 중 하나로 손꼽힌다. 이 책은 고대 중국에서 처음으로 외교술을 기록하고 있다. 그리하여 귀곡자에게 배운 소진, 장의, 이사 등이 모두 세상을 놀라게 할 만한 성취를 이루어냈다. 이 『귀곡자』의 비결은 바로 중용이다. 그 안에는 다음과 같은 말이 나온다.

+ 사람이 말하는 것은 움직임이요, 침묵하는 것은 고요함이니, 그 말을 통해 그 언사의 속내를 들어야 한다. 말이 맞지 않을 때는 상대로 하여금 다시 한 번 돌이켜보게 한다면, 이치에 맞는 응답이 반드시 나올 것이다.

  이는 무형으로 성취하는 것으로서 마치 미끼를 던져 남의 속내를 알아내고 그물로 짐승을 잡는 것과 흡사하다. 이 그물을 항상 지니고 있으면, 상대의 마음을 살피고 그 실정을 볼 수 있다. 이렇게 하면 언제나 자신의 형태를 나타내지 않고도 외부로부터 내부를 판단할 수 있으니, 이 방법을 쓰면 단 하나의 실

수도 하지 않을 수 있다.

이처럼 역逆의 방법에 능통한 자는 예로부터 귀신이 놀랄 정도로 상황을 잘 판단했다. 그들은 상황을 접한 뒤에 분석을 했는데, 정확한 분석 없이는 대책을 마련하지 않았다.

그들은 소리를 듣기 위하여 침묵을 지키고, 포부를 펴기 위해 마음을 다잡았으며, 높은 직위를 도모하기 위해서는 오히려 아래로 접근했고, 얻기 위해서는 베풀었다. 이러는 가운데 상대의 반응을 감지하여 자신의 대책을 마련했던 것이다.

스스로의 안정을 위해서는 상대의 말을 듣고 충분히 관찰해야한다. 비록 동일한 일이 아닐지라도 미세한 것에서부터 민감한 반응을 보이면서 정확한 판단을 해야 하는데, 이때 중요한 것은 반응이 민첩해야 한다는 것이다. 미세한 것에서부터 민첩한 반응을 보이고, 다시 상세한 분석을 거침으로써 정확한 판단과 대책을 마련해야 하는 것이다.

✛ 간언할 때는 심사숙고한 다음 적절한 기회를 노려야 하며, 윗사람을 피할 때도 그 적절한 시기를 맞추어야 한다. 다시 말해 모든 처신에는 시기를 맞추어야 한다는 뜻이다. 상대가 일을 도모하는 것을 보고 자신의 뜻과 맞는가를 판단해야 하니, 뜻이 맞지 않으면 함께 일을 하지 않는 것이 성인의 처세다.

멀리 있어도 그리워하는 것은 서로 뜻이 있는 것이요, 가까이 있어도 친하게 지내지 못하는 것은 그 뜻이 맞지 않는 것이다. 그러므로 매일 서로 상대하여도 등용되지 못하는 것은 뜻을 함께 하지 못하는 걸 말하고, 멀리 떨어져 있어도 전해오는 소식에 감회를 갖는 것은 서로 뜻이 맞기 때문이다.

따라서 같은 부류가 아닌 자에게 간언하는 것은 일을 그르치는 것이고, 뜻이 맞지 않는 자와 일을 도모하는 것은 똑똑한 처세가 아니다. 성인은 이러한 처세술로 만사를 미리 알고 그에 맞추어서 적절한 책임을 진다.

➕ 천하를 다스리는 데 쓰기 위해서는 반드시 천시, 지리, 백성들의 정서, 주변 제후국들과의 관계 등을 종합적으로 고찰해야 하며, 필요할 때는 대화 속에 미끼를 던져 상대의 속내를 간파해야 한다.

➕ 세상에는 영원히 귀한 것이 없고, 일에는 영원한 스승이 있을 수 없다. 그러나 성인들은 항상 모든 일에 통달해서 사람들을 이끌 수 있었는데, 이러한 성공은 많은 사람들의 뜻에 맞추었다는 것과 밀접한 관련이 있다.

한 편의 뜻에만 맞추면 다른 편의 뜻에는 어긋나게 마련이라서 모든 사람들의 뜻을 다 맞추기란 거의 불가능하다고 보아야 할 것이다. 천하를 다스리거나 나라 사이의 관계를 처리할 때도 마찬가지다. 따라서 어떻게 취사선택을 잘해서 대책을 세우느냐가 아주 중요하다.

여상은 세 번 문왕을 따랐으나, 문왕이 은나라로 갈 때는 따라가지 않았다. 그러다 나중에 문왕이 여상을 받아준 것은 이미 쉰 살이 된 그를 의심치 않았기 때문이다.

➕ 사람은 내면에 자극을 받으면 어떤 형태로든 외부로 표출되게 마련이니, 이처럼 무의식적인 표출로부터 그의 내면을 헤아릴 수 있다고 한다. 그러니 나라를 다스리기 위해서는 권력의 판도를 잘 판단해야 하고, 다른 사람을 설득시키기 위해서는 상대의 심정을 잘 파악해야 한다. 귀천, 경중, 이해, 성패는 모두 여기에 달려 있다고 해도 과언이 아니다. 따라서 선왕先王의

도와 성인의 책략을 갖추었다 할지라도 상대가 은폐하고 있는 내심을 헤아리지 못한다면 아무것도 이룰 수 없다. 헤아림은 계책의 근본이고 유세객의 기본적인 술법이다.

✛ 계책을 세울 때는 엄밀해야 하니, 반드시 뜻이 통하는 자들을 선택하여 설명해야 한다. 그럼으로써 서로 결합되어 틈이 없다고 말하는 것이다. 부부가 결합하는 것도 반드시 운수와 시기가 서로 맞아떨어져야 한다. 마찬가지로 유세하는 자는 반드시 상대의 실정에 맞춰 들어야 한다.

바싹 마른 나무에 불이 쉽게 붙고 마른 땅이 물에 쉽게 젖는 법이니, 세상의 모든 일도 이렇듯 상대의 뜻에 맞게 행한다면 쉽게 그 내면의 참모습을 드러내게 할 수 있다.

상대의 뜻에 맞추어 말하고 상대의 뜻에 맞추어 행하는데, 어찌 마음을 드러내지 않을 수 있겠는가? 아직 그러한 징조를 보지 못했더라도 늦지 않았다. 일정한 틀에 매이지 말고 노력하면 그 경지에 이를 수 있다.

✛ 말을 하면 상대가 듣도록 하고 싶고, 일을 하면 성공시키고 싶은 것은 인지상정이다. 그러므로 지혜로운 자는 자신의 단점은 쓰지 않고 어리석은 자의 장점을 취해서 쓰며, 자신의 졸렬한 면은 쓰지 않고 어리석은 자의 정교한 면을 취해서 쓰기 때문에 곤경에 빠지지 않는다. 유리하다고 말하는 것은 그 장점을 따르는 것이고, 해롭다고 말하는 것은 그 단점을 회피하는 것이다.

갑충甲蟲의 미물이 사나운 것도 그 견고하고 두터운 껍질 때문이며, 송충이나 쐐기 같은 벌레가 활동할 수 있는 것도 그 쏘는 독 때문이니, 이처럼 금수도 자신의 장점을 이용하고 있다. 그러므로 말을 하는 자도 그 쓰임새를 쓸 줄 알아야 하는 것이다.

언사言辭에는 다섯 가지가 있으니 병자의 말, 원망하는 말, 근심하는 말, 분노하는 말, 기뻐하는 말이다.

병든 말은 쇠약한 기운에 감응되어 말하는 정신이 맑지 못한 것이며, 원망하는 말은 애가 끊어질 듯해 말을 주체하지 못하는 것이며, 근심하는 말은 꽉 막혀서 말을 배출하지 못하는 것이며, 분노하는 말은 멋대로 나와서 말을 다스리지 못하는 것이며, 기뻐하는 말은 호탕하게 퍼져서 말을 정리하지 못하는 것이다.

지혜로운 자와 말할 때는 박식함에 의거하고, 우둔한 자와 말할 때는 변별력에 의거하고, 변별력이 있는 자와 말할 때는 요점을 파악하는 데 의거하고, 귀한 자와 말할 때는 세력에 의거하고, 부자와 말할 때는 고상한 것에 의거하고, 가난한 자와 말할 때는 이익에 의거하고, 비천한 자와 말할 때는 겸허함에 의기하고, 용기 있는 자와 말할 때는 과감함에 의거하고, 허물이 있는 자와 말할 때는 예리함에 의거해야 한다.

하지만 대체로 사람들은 항상 이와 반대의 태도를 취한다. 그러므로 지혜로운 자와 말할 때는 앞의 내용으로 명백히 하고, 지혜롭지 못한 자와 말할 때는 앞의 내용으로 가르쳐줘야 하는데, 이는 매우 실천하기 어려운 것이다.

이처럼 말은 그 종류가 많고 일은 그 변화가 많지만, 종일토록 말해도 그 종류를 잃지 않기 때문에 그 일이 혼란에 빠지지 않는 것이며, 종일토록 변하지 않으면서 그 주체성을 잃지 않기 때문에 지혜를 소중히 여기면서 멋대로 하지 않는 것이다.

겉으로는 친한 것 같으나 내적으로 먼 사이일 경우엔 내적으로도 친해지도록 설득해야 하고, 겉으로는 먼 것 같으나 내적으로 친한 사이일 경우엔 외적으로도 친해지도록 설득해야 한다.

그러나 겉으로든 속으로든 친함이 없어서 의심하는 자가 있다면 그 의심 때문에 변화하는 것이니, 그가 혹시 보기 때문에 보는 바가 있다면 이는 그 보는 바로 인해 그러한 것이다.

보는 바가 있는데도 그에게 옳고 그름의 견해가 있다면 그 요점을 설함으로써 옳고 그름을 매듭짓게 하고, 거취에 관한 형세가 있다면 그 형세로 인해 성취시키도록 해야 한다.

거취가 결정되었는데도 악이나 근심이 있다면, 그 악으로 인해 그를 저울질해야 하고, 그 근심으로 인해 그를 배척해서 제거해야 한다.

악과 근심이 없어졌는데도 승리를 믿고서 교만한 자가 있다면, 갈고 쪼는 것으로 그를 두려워하게 만들고, 위기를 높여서 그를 움직여야 한다.

비록 두려워해서 움직이는 자라도 변화를 알지 못하면, 조금이나마 이끌어서 증거를 밝게 하고 효과를 미련에서 빈8히도록 해야 한다.

비록 증거가 있고 효과를 보더라도 여전히 변화를 모르는 자가 있다면, 이런 자는 도저히 구할 수 없으니 그를 가로막아서 봉쇄해야 하며, 혼란에 빠뜨려서 미혹되게 해야 한다.

✛ 자신은 안에 있으면서 밖으로 말을 누설하는 자는 반드시 배척을 당하고, 자신이 밖에 있으면서 말이 깊고 절실한 자는 반드시 위험을 겪는다.

일의 이치가 뻔한데도 상대가 바라고 있지 않다면 억지로 강요하지 말아야 하며, 당연히 아는 것으로 가르쳐야지 상대가 알지 못하는 것으로 가르치지 말아야 한다. 상대의 장점은 배워서 따라야 하고 상대의 나쁜 점은 꺼려서 피해야 하니, 이 때문에 음으로 이끌고 양으로 취하는 것이다.

제거하고 싶은 자는 방종하게 하고, 방종한 자는 법으로 다스린다. 또 겉모습이 좋다고 찬미하지 말고 나쁘다고 비난하지 말 것이니, 이렇게 하면 지극한 정을 맡길 수 있다. 그리하여 상대와의 정이 친밀해서 알게 할 수 있다면 계모計謀를 쓸 수 있는 것이고, 상대와 친밀하지 못해서 알게 할 수 없다면 계모를 쓰지 말아야 한다.

그래서 일을 할 때는 상대를 통제하는 것을 소중히 여기지, 상대에게 통제 받는 것을 소중히 여기지는 않는다. 상대를 통제하는 자는 권도를 장악한 것이고, 상대에게 통제를 받는 자는 명命을 제압당한 것이다.

전문가를 기워 번다
소진과 장의

전국시대 때 외교관을 양성하는 전문학교가 있었다. 역사의 기록에 의하면, 주나라 양성에 귀곡이란 곳이 있었는데, 깊은 산중에 있어 일반인은 갈 수 없는 신비한 지역이었으므로 '귀곡鬼谷'이란 이름을 갖게 되었다고 한다.

바로 그곳에 귀곡자鬼谷子라 불리는 은자가 살고 있었다. 그의 이름은 왕허로, 진평공 때 사람인데 운몽산에 머물던 송나라 사람 묵적과 약초를 채집하고 도를 닦으면서 친하게 지냈다.

훗날 묵적은 평생 홀로 지내리라 결심하고 천하를 넘나들며 어려운 사람을 구하고 난관에 봉착한 사람들을 도와주었다. 그러나 왕허는 귀곡에서 떠나지 않았으므로 세상 사람들은 그를 일컬어 '귀곡 선생'이라고 불렀다. 귀곡 선생은 천문과 지리는 물론 여러 각문에 능통했다.

그 첫째는 수학數學이다. 그는 해와 별 등의 운행에 근거하여 인간의 운명을 예측했는데, 맞히지 못하는 일이 없었다.

둘째는 병학兵學이다. 그는 육도삼략의 무궁한 변화에 깊은 조예를 갖고 있어서 병사를 지휘하여 진을 치는데, 귀신도 그 변화를 추측할 수 없을 정도였다.

셋째는 유학遊學이다. 그는 견문이 넓고 도리에 밝아 세상의 흐름을 잘 파악했으며, 언변만으로 천군만마를 물리칠 수 있었다.

넷째는 출세학出世學이다. 그는 심신을 정갈하게 닦아 잡병을 물리치고 장수의 비결을 터득했다.

이처럼 뛰어난 재능을 갖고 있는 왕허가 어찌하여 평범한 생활을 하고 있었을까? 그는 세사에 초연했으며 단지 총명한 제자를 만나 그 재능을 키우는 것을 기쁨으로 아는 인물이었다.

이와 같은 그의 명성이 알려지자 찾아오는 제자도 점점 많아졌다. 그러자 선생은 각자의 자질에 따라 배우기 쉬운 학문을 가르쳤는데, 그 목적이라면 자신이 키운 인재들이 일곱 제후국에서 유용하게 쓰이는 것이었고, 뛰어난 제자를 가려 출세간의 일을 도모하기 위함이었다.

귀곡 선생이 귀곡에 얼마나 머물렀는지는 알 수 없지만, 배우러 온 자는 하나도 거절하지 않았고 떠나가는 자는 말리지 않았다고 한다.

그의 수많은 제자들 중에 소진이라는 자가 있었다. 그는 동기생인 장의와 함께 하산했는데 장의는 위나라로 갔고, 소진은 낙양의 집으로 돌아갔다.

그의 집에는 원래 노모, 형, 두 명의 동생이 있었는데 그가 돌아갔을 때 형은 이미 세상을 떠나고 노모와 형수, 동생 소대와 소력만 남아 있었다. 가족들과의 재회도 잠깐, 드디어 소진이 재산을 털어 천하를 주유하고자 하니 모두가 반대했다.

"농사를 짓거나 장사를 해서 돈을 벌 생각을 해야지, 세치 혓바닥으로 밥벌이가 되겠어요? 앞으로 후회할 일 하지 말고 원래의 가산이나 잘 지키세요."

"형님이 그처럼 유세에 자신이 있다면, 여기 주나라에서도 공명을 이룰 수 있지 않겠습니까?"

온 가족이 이렇게 권하자 소진은 어쩔 수 없이 주 현왕에게 나라의 번영에 관한 건의서를 제출한 뒤 관사에 머물렀다. 하지만 왕의 측근들은 소진이 범부凡夫인 줄 알고 왕에게 추천하지 않았다.

그렇게 몇 년 동안 허송세월을 보낸 소진은 화가 나서 집으로 돌아온 뒤 가산을 전부 팔아 여비와 수레 등을 마련한 뒤 천하를 떠돌기 시작했다. 그는 열국을 돌아다니며 산천의 지형이나 민간의 풍토 등을 고찰하면서 천하를 다스릴 계획을 세웠으나 자신을 알아주는 이를 만나지 못했다.

그러던 차에 진 효공이 인재를 등용한다는 소문을 듣고 함양으로 달려갔다. 하지만 함양에 다다랐을 때 효공은 이미 죽은 뒤였다. 하는 수 없이 그는 혜문왕에게 배알을 청했다. 왕이 그를 불러 물었다.

"그대가 멀리서 이곳 벽지까지 찾아왔는데, 내게 무슨 가르침을 주려는 것이오?"

소진이 대답했다.

"저는 전하께서 다른 제후들에게 영토 할양을 요구했다고 들었습니다. 그것이 정말입니까? 그렇다면 편안히 앉아 천하를 차지하려는 것이 아닙니까?"

"그렇소."

"전하께서는 동쪽으로 관하, 서쪽으로 한중, 남쪽으로 파촉, 북쪽으로 호맥을 지배하고 있습니다. 하지만 전하의 지혜와 인품으로 보아 기름진 전답 천 리와 백만의 인구를 지배해야 마땅합니다. 지금 제게 여러 제후와 주나라를 일거에 항복시켜 천하의 패권을 단숨에 장악할 계책이 있습니다. 하지만 이와 같은 큰일이 어찌 앉아서 이루어지겠습니까?"

이렇듯 소진은 대담하게 자신의 생각을 털어놓았다. 하지만 혜문왕은 당시 상앙을 처형한 지 얼마 되지 않아 유세객을 경계하고 있었으므로 이렇게 대답했다.

"짐은 날개가 튼튼하지 못하면 높이 날지 못한다고 들었소. 선생의 말씀이 지당하지만 아직 짐에게는 부담스런 일이니, 몇 년간 힘을 더 키운 다음에나 보도록 합시다."

이렇게 해서 아무런 소득 없이 궁을 나온 소진은 옛날 삼왕오패가 천하를 싸워서 얻은 사례들을 약 10만 자로 정리해 혜문왕에게 전달했다. 그런데도 혜문왕은 그를 등용하려 하지 않았다. 소진은 다시 재상에게 자신의 의사를 전했으나, 그를 질투하던 재상이 추천해줄 리 만무했다.

진나라에서 약 1년을 보낸 소진은 가산을 팔아 마련한 노자를 모두 탕진해버리고 말았다. 때문에 그는 입고 있던 가죽옷과 수레 등을 모두 처분하고서야 집으로 돌아갈 노자를 마련할 수 있었다.

빈털터리로 돌아온 소진을 보자 어머니는 그를 심하게 꾸짖었고, 아내는 베틀에서 내려오지도 않았으며, 형수는 땔나무가 없다는 핑계로 방에 불을 때주지도 않았다. 이에 소진은 눈물을 흘리면서 말했다.

"내 한 몸이 빈천하게 되니 아내는 남편 대우를 해주지 않고, 형수는 시동생으로 보지 않으며, 어머니는 아들로 맞아주지 않는구나! 이 모두 내 일신의 죄로다."

그러던 중 소진은 짐 꾸러미에서 태공의 『음부陰符』 한 편을 발견했다. 문득 귀곡 선생의 말이 떠올랐다.

'유세에서 뜻을 이루지 못하면 이 책을 자세히 읽어라. 그러면 자연히 길이 열릴 것이다.'

그날부터 소진은 그 책을 읽는 데 몰두했다. 졸릴 때는 송곳으로

허벅지를 찔러가면서 읽었는데, 아침이면 그 자리가 핏자국으로 얼룩졌다. 그럼으로써 많은 것을 깨달은 소진은 드디어 열국의 형세를 손금 보듯 하게 되었다. 1년 뒤 천하대세의 흐름을 완전히 꿰뚫어보게 된 소진은 이렇게 생각했다.

'나는 정말로 깊은 학문을 깨우쳤다. 이제 어느 누구를 돕는다면 적어도 재상 자리까지는 올라갈 수 있으니, 금의환향하는 것은 문제가 없을 것이다.'

그는 두 동생을 불러 말했다.

"이제 내가 학문을 펼치면 금전 취하기를 주머니에서 물건 꺼내듯 할 터이니, 노자를 좀 마련해다오. 내가 출세할 때 너희도 데려가마."

그러고는 자기가 보던 책의 내용을 동생들에게 조금 가르쳐주었다. 두 동생은 형의 설득에 마음이 움직여 각자 얼마간의 금을 내어 형에게 주었다. 또다시 진나라로 향하던 소진은 지난날 혜문왕에게 서설낭한 기억이 되살아났다.

"지금 제후국 중에 진나라가 가장 강하다. 내가 조금만 도와주면 제업을 이룰 듯한데, 진왕이 나를 받아주지 않으니 문제다. 이번에 다시 거절당한다면, 무슨 면목으로 고향에 돌아가겠는가!"

여기까지 생각이 미친 소진은 여러 제후국들로 하여금 진나라를 고립시키는 전략을 취하겠다고 작정한 뒤 조나라로 향했다.

소진은 먼저 조숙후의 동생 봉양군을 찾아가 자신의 의사를 밝혔지만 별다른 호응을 얻지 못했다. 그래서 다시 북쪽 연나라로 가서 연 문공을 만나기를 청했으나 대신들이 통보해주지 않아 좌절했다. 그 사이 세밑이 다 되었고, 소진의 노자도 동나버렸다.

그는 한 곳에 이르러 겨우 마음씨 좋은 사람에게 돈 백 닢을 얻어 잠시나마 입에 풀칠을 했다. 때마침 그곳으로 연 문공이 지나간다는 소문을 들은 소진은 지나는 길옆에 엎드려 뵙기를 간청했다.

연 문공은 그가 바로 소진임을 알고 기뻐하며 말했다.

"선생이 10만 자의 글을 진왕에게 보냈다는 소문을 듣고 마음속으로 무척 그리워했소. 오늘 이렇게 당사자를 만나 가르침을 받을 수 있게 되었으니 연나라의 행운이오."

연왕은 궁으로 돌아오자마자 소진을 청했다. 소진이 말했다.

"전하께서는 지금 땅 2천 리, 갑옷 입은 병사 수십만, 전차 6백 대, 말 6천 필을 보유하고 있지만 중원의 절반에도 미치지 못하고 있습니다. 게다가 평화로운 분위기 속에서 안정된 형세라 적이 누구인지도 모를 것입니다."

"과연 그렇소."

"연나라가 아직 외적의 침입을 받지 않은 것은 조나라가 막고 있기 때문입니다. 그런데 대왕께서는 조나라와 결의를 맺을 생각은 하지 않고 오히려 땅을 떼어 진나라에 바치려 하니, 어찌 안타까운 일이 아니겠습니까."

"그렇다면 어찌해야 한단 말이오?"

"저의 소견으로는 먼저 조나라를 가까이한 뒤 다음 여러 제후국들과 연맹을 굳게 맺어 진나라에 대항하는 것이 상책이라고 생각합니다."

"선생의 말씀이 지당하다고 생각되지만, 다른 제후들이 따르지 않는다면 어찌하겠소?"

연왕이 걱정스러운 투로 이야기하자 소진이 말했다.

"제가 별 재주는 없습니다만, 조왕을 설득해보겠습니다."

이에 연왕은 크게 기뻐하며 금은과 비단 등 뇌물과 노자를 마련하고 좋은 말과 수레를 장만해 소진을 조나라로 보냈다.

지난번에 소진을 거절했던 조나라의 봉양군은 이미 죽었다. 그 뒤를 이은 조숙후는 연나라에서 손님이 왔다는 말을 듣고 친히 계단을 내려서며 말했다.

"먼길에 노고가 많으십니다. 무슨 가르침이 있는지요?"

이렇게 공손히 응대하자 소진은 자신의 생각을 편안히 말할 수 있었다.

"대저 나라를 지키는 데는 백성을 안정시키는 것보다 중요한 것이 없고, 백성을 안정시키는 데는 좋은 국교를 맺는 것보다 중요한 것이 없다고 합니다. 지금 신동 지역에서는 조나라가 가장 강대합니다. 2천여 리에 달하는 국토가 있으며 철갑군이 수십만, 수천 대의 전차와 좋은 말 만여 필, 그리고 충분한 양식이 저장되어 있습니다. 이 때문에 진나라는 조나라를 눈엣가시처럼 여기고 있지만, 감히 어쩌지 못하고 있습니다. 조나라를 건드렸다간 배후에 있는 한나라와 위나라가 공격해올까 두렵기 때문입니다. 현재 한나라와 위나라는 지리적으로 취약하여 일단 진나라가 쳐들어오면 막기 어렵습니다. 만약 두 나라가 멸망한다면 조나라도 더불어 위태로워집니다. 하지만 여러 제후국들이 힘을 합치면 그 강토가 진나라보다 만 리나 더 넓고, 군대는 열 배나 됩니다. 지금 진나라는 여러 제후국을 우습게 보고 영토 할양을 조건으로 화해를 구걸하도록 위협하고 있습니다. 그렇지만 이유 없이 남에게 땅을 떼어주는 것은 스스로 멸망을 재촉하는 길입니다. 그러므로 여러 제후국들이 연맹을 맺고 단합하여 진나라에 대처하는 것이 최선이라 생각됩니다. 가령 진나라가 어느 한 나라를 공격하면 일제히 그 나라를 원조해 진나라를 공격하고, 만일 어느 나라가 배반한다면 합세해서 토벌해버리는 겁니다. 진나라가 아무리 강대하다고 할지라도 여섯 나라가 단합하면, 감히 함부로 하지 못할 것입니다."

이와 같은 소진의 열변에 감동한 조숙후는 소진을 재상에 임명하고 수레 백 대, 황금 2천 냥, 주옥 백 쌍과 비단 천 필을 하사했다.

드디어 재상에 오른 소진은 연나라로 사람을 보내 과거 자신에게 돈 백 닢을 꾸어주었던 사람에게 금 백 냥을 갚은 뒤 길일을 택해 다른 제후국을 설득하러 갈 준비를 했다. 그러던 어느 날 조숙후가 급히 그를 불렀다.

"지금 진나라의 재상 공손연이 위나라를 공격해 장군을 사로잡고 군사 4만5천여 명을 죽였다고 합니다. 그래서 위왕은 하북 10개 성을 할양하는 조건으로 화해를 청하고 있다고 하오. 진나라의 다음 목표는 분명 우리 조나라일 거요."

이 말을 들은 소진은 깜짝 놀랐다. 진나라 군이 쳐들어오면 조숙후도 위나라처럼 화해를 구할 것이고, 그의 계책은 물거품이 되고 말 것이었다. 급한 김에 그는 꾀를 내어 말했다.

"신의 짐작으로는, 진나라 군사가 지쳐 당장은 쳐들어오지 못할 것입니다. 설사 쳐들어오더라도 신에게는 물리칠 계책이 마련되어 있으니 염려하지 마십시오."

"그렇다면 그대는 진나라에서 쳐들어오지 않는다는 확신이 선 연후에 떠나도록 하시오."

이와 같은 조숙후의 간청을 응낙한 소진은 집에 돌아오자마자 심복인 필성을 불러 명했다.

"위나라에 장의라고 하는 나의 친구가 있네. 자네는 지금 곧 장사꾼으로 위장한 뒤 천금을 가지고 위나라로 가서 그를 만나도록 하게."

한편 장의는 귀곡을 떠난 후 가계를 유지하기 위하여 위 혜왕을 찾아갔으나 등용되지 못했다. 그리하여 그는 아내를 데리고 초나라로 가서 재상 소양의 문객으로 머물렀다. 당시 소양이 군사를 일으켜 위나라를 대패시키고 양릉 등 일곱 성을 얻자, 초 위왕이 그에게 '화씨지벽和氏之璧'을 하사했다.

화씨지벽이란 어떤 물건인가?

초 역왕 말년에 변화라는 사람이 형산에서 옥돌을 캐어 왕에게 바쳤다. 그런데 한 장인이 그것은 옥돌이 아니고 일반 돌이라고 판정하자, 대노한 역왕은 변화의 왼쪽 다리를 잘랐다.

그후 초 무왕이 즉위하자 변화는 다시 그 옥돌을 바쳤다. 궁중 장인이 또 그것을 돌이라고 하자, 무왕은 변화의 오른쪽 다리를 잘랐다. 훗날 초 문왕이 즉위했다는 소식을 들은 변화는 그 옥돌을 안고 형산 아래서 사흘 밤낮을 통곡했다. 마지막에는 눈물이 말라 눈에서 피가 솟았다. 그를 알아본 사람이 물었다.

"당신은 옥돌을 바칠 때마다 다리를 잘렸는데, 그만두면 되지 않소? 또 당하고 싶어서 우는 거요?"

그러자 변화가 대답했다.

"나는 애초부터 상을 받자는 마음이 아니었소. 그러나 이렇게 좋은 옥이 돌로 취급되니, 옳고 그름이 바뀐 이 세상을 한탄하는 것뿐이오."

이 소문을 들은 문왕은 그 옥돌을 가져오게 해 장인에게 쪼개보도록 했다. 과연 그 안에는 티 하나 없는 미옥美玉이 들어 있었다. 문왕은 그 옥을 아름답게 다듬게 했는데, 그것이 바로 화씨지벽이었다. 이에 문왕은 변화에게 평생 대부의 녹을 받게 했다.

이처럼 화씨지벽은 세상에 둘도 없는 보배이지만, 재상 소양이 나라를 위해 큰 공을 세웠기 때문에 상으로 준 것이었다. 화씨지벽을 받은 소양은 언제나 그것을 몸에 지니고 다녔다.

어느 날 소양은 문객 백여 명을 거느리고 적산 유람에 나섰다. 적산에는 깊은 못이 있는데, 전하는 바에 의하면 강태공이 고기를 낚던 곳이라고 했다.

그 못 옆의 높은 누각에 자리를 잡은 소양 일행은 술을 마시며 즐기고 있었다. 술이 몇 순배 돌자 문객들은 화씨지벽을 보여달라고 청했다. 소양은 부하에게 옥을 담은 나무함을 갖고 오게 한 뒤 직접 자물쇠를 열었다. 순간 화씨지벽의 환한 빛이 뭇 사람들의 눈을 부시게 했다. 사람들이 다투어 구슬을 구경하고 있는데, 갑자기 누군가 소리쳤다.

"못의 고기가 뛰어오르고 있습니다."

이에 소양이 사람들과 함께 일어나 못을 내려다보니, 과연 고기 떼가 높이 뛰어오르고 있었다. 한참이 지나 그 자리를 뜨려 하는데 비로소 화씨지벽이 사라진 것을 알게 되었다. 한참 동안 야단법석을 떨면서 찾았지만 구슬은 그 어디에도 없었다. 하는 수 없이 집으로 돌아온 소양은 부하들을 다그치자 한 문객이 말했다.

"화씨지벽을 훔칠 가능성이 가장 큰 자는 장의입니다."

이에 소양이 장의를 의심하여 곤장을 쳤다. 하지만 장의가 인사불성이 될 때까지 맞으면서도 자신의 죄를 인정하지 않자 그를 풀어줄 수밖에 없었다. 사람들의 부축을 받으며 겨우 집으로 돌아온 장의를 보고 아내가 눈물을 흘리면서 말했다.

"당신이 이렇게 모함을 당한 것은 유세객이 됐기 때문입니다. 집이나 지키면서 농사를 지었더라면 이린 봉변을 당하시는 않았을 걸요."

그러나 장의는 입을 벌리면서 아내에게 말했다.

"내 혀가 아직 남아 있는가 살펴보구려."

그 말에 아내가 웃음을 터뜨리며 대꾸했다.

"남아 있어요."

"혀는 내 밑천이나 다름없으니 다행이구려. 혀만 있다면 우리가 평생 이렇게 지내지 않을 테니 걱정하지 마시오."

얼마 뒤 상처가 회복되자 장의는 아내와 함께 위나라로 되돌아갔다.

소진의 심복 필성이 가사인이란 이름으로 변장하고 위나라에 갔을 때는 장의가 돌아온 지 반년이 넘었을 때였다. 소진이 조나라에 중용되었다는 소문을 들은 장의도 언젠가 한번 찾아가겠다고 벼르고 있었다. 그러던 어느 날 그를 찾아온 가사인이 조나라 사람임을 알고 물었다.

"소진이 조나라의 재상이 되었다던데 사실이오?"

그러자 가사인이 짐짓 말했다.

"선생은 누군데 우리나라의 재상을 들먹이는 것이오? 혹시 그와 옛정이라도 있는 거요?"

가사인이 시치미를 떼자 장의는 자신이 소진과 같이 귀곡 선생에게 배웠다고 고백했다. 그러자 가사인이 말했다.

"그렇다면 왜 그를 찾아가지 않았소? 재상께서 필히 중용하실 텐데 말이오. 마침 나도 이곳 일을 다 보았으니 괜찮다면 함께 조나라에 가십시다."

장의는 쾌히 응낙하고 그와 함께 조나라로 떠났다. 조나라에 다다르자 가사인이 말했다.

"제 집은 교외에 있습니다. 집에 들를 일이 있어서 잠시 작별하겠습니다. 네 성문 안에 모두 여관이 있으니, 그곳에 묵으시면 제가 며칠 뒤 다시 찾아뵙겠습니다."

가사인과 작별한 장의는 성안의 여관에 들었다. 이튿날 그는 명함을 넣어 재상 소진과의 만남을 청했다. 그러나 소진이 문객들에게 들여보내지 말라고 당부했기 때문에 장의는 허탕을 쳤다. 그리하여 닷새 만에 겨우 명함을 들여보냈으나, 소진은 바쁘다는 핑계로 이튿날로 미루었다. 이렇듯 소진이 차일피일 미루자 화가 머리 끝까지 치민 장의는 조나라를 떠나려고 했다. 그러자 여관 주인이 그를 막았다.

"선생이 재상에게 명함을 보낸 이상 언제 찾을지 모르는데, 떠나면 저로선 감당할 수가 없습니다."

 장의는 어쩔 수 없이 가사인을 찾기로 했다. 그런데 그를 알고 있는 사람이 하나도 없었다. 막막해진 장의는 다시 편지를 써서 재상부에 보내니 소진에게서 이튿날 만나자는 회답이 왔다.

이른 새벽 장의는 여관 주인에게 좋은 옷 한 벌을 빌려 입고 재상부로 갔다. 소진의 지시에 따라 문지기들은 정문을 굳게 닫고 옆문으로 장의를 안내했다. 장의가 곧장 들어가려 하자, 다시 그를 막으면서 재상이 공무를 처리하는 중이니 잠깐 기다리라고 했다. 장의는 그곳에 멍하니 서서 드나드는 사람들을 구경만 하고 있었다. 드디어 정오가 다 될 무렵 안에서 소리가 들렸다.

"손님이 어디에 있냐?"

장의가 옷매무새를 단정히 하고 들어갔다. 장의는 소진이 적어도 자리에서 일어나 맞아줄 줄 알았다. 그런데 소진은 거만하게도 상좌에 앉은 채 장의를 대했다. 장의는 꾹 참고 읍까지 했지만, 소진은 그저 손을 약간 들면서 잘 지냈느냐고 할 뿐이었다. 장의는 분개하여 말도 나오지 않았다. 마침 점심때였으므로 소진이 말했다.

"처리할 공무가 많아서 그대를 한참 기다리게 했소. 시장할 테니 식사 후 다시 이야기합시다."

곧 밥상이 들어왔다. 그런데 소진의 밥상은 진수성찬으로 가득했지만, 당하에 차려진 장의의 밥상에는 고기와 야채 한 접시뿐이었다. 장의는 기가 막혀 먹지 않으려 했으나, 워낙 배가 고팠기 때문에 가까스로 수저를 들었다.

그는 여관의 숙박비가 많이 밀려 있던 터라 소진을 만나 등용되지 않더라도 돈이나 몇 푼 얻을까 하는 생각에 노기를 눌렀다. 그러나 소진이 시종들을 불러 남은 음식을 먹이는데 그 음식이 자기 것보다 좋은 것을 보자 부끄럽고 화가 났다. 식사가 끝나자 소진의 말소리가 들려왔다.

"손님을 돌려보내도록 하라."

그 말에 드디어 장의가 폭발했다.

"이놈아, 나는 그래도 너와의 옛정을 생각해 멀리서 찾아왔는데, 어찌하여 이렇게 구박을 하느냐? 너는 동문의 정도 없단 말이냐?"

그러자 소진이 조용히 말했다.

"그대의 재능으로 보아 나보다 먼저 큰일을 할 줄 알았는데, 이렇게 가난뱅이가 될 줄은 상상도 못했소. 조숙후에게 추천하려 해도 이게 그대의 재능이 믿기지 않으니, 오히려 나의 명성에 먹칠을 할까 두렵소."

이에 장의가 큰 소리를 질렀다.

"대장부가 스스로 부귀공명을 이룩해야지 어찌 남의 추천에 기대하겠는가?"

그러자 소진은 황금 한 덩이를 내주며 말했다.

"그렇다면 그대는 왜 나를 만나러 왔소? 그래도 내게 동문의 정이 남아 있으니 이거나 가져가시오."

하지만 장의는 흥분한 나머지 소진이 내준 금덩이를 바닥에 팽개치고 밖으로 뛰쳐나갔다. 소진도 굳이 말리지 않았다. 그가 내관으로 돌아와보니, 주인은 장의의 행장을 모두 밖으로 내놓았다. 장의가 까닭을 묻자 여관 주인이 말했다.

"선생께서 재상을 만났으니 집이나 음식 걱정이 없을 것 같아서 이렇게 내놓았습니다."

장의는 한숨을 길게 내쉬면서 빌린 옷을 벗어 돌려주었다. 주인은 의아해하며 물었다.

"혹시 재상을 동문으로 착각한 게 아니오?"

이에 장의는 여관 주인을 붙들고 소진과의 인연을 처음부터 끝까지 들려주었다. 그러자 여관 주인이 그를 힐난했다.

"재상이 아무리 오만할지라도 높은 지위에다 커다란 권세를 가진 사람이니 그럴 수도 있지요. 금덩이를 선사한 것도 옛정이 있기 때문인데 왜 마다한 거요? 그거면 여관비를 내고 노자까지 충분할 텐데 말이오."

여관 주인의 말에 장의는 풀이 죽어 대꾸했다.

"내가 일시적으로 흥분해서 그랬소. 아무튼 지금 수중에 한 푼도 없으니 어찌해야 될지 모르겠소."

이때 가사인이 여관으로 들어섰다. 장의를 보자 그는 다짜고짜 물었다.

"그간 너무 바빠서 오지 못했소. 죄송합니다. 그런데 재상을 만나보았습니까?"

그 말을 들은 장의는 다시 화가 불끈 치밀어 소진에게 욕설을 퍼부었다.

"의리도 없는 도적놈 같으니라고. 내 앞에서 그자의 이름을 다시는 입에 올리지 마시오."

"아니, 왜 그렇게 재상에게 악담을 퍼붓는 거요?"

가사인이 의아해하자 곁에 있던 여관 주인이 자초지종을 말해주었다. 그러자 가사인이 말했다.

"처음부터 제가 부추겨서 선생을 이 꼴로 만든 것이니, 여관의 모든 비용은 제가 대신 물겠소. 그리고 선생을 위나라까지 모셔다 드리지요."

"나는 이제 위나라로 돌아갈 면목조차 없소. 진나라로 갈까 하는데 노자가 없어서 걱정이오."

"그렇다면 진나라에 아는 사람이라도 있습니까?"

"그게 아니오. 지금 일곱 제후국 중에서 진나라가 제일 강하지 않소? 그곳에서 내가 등용된다면 조나라를 격파해 소진에게 보복하려고 그러오."

그러자 가사인이 대뜸 말했다.

"다른 나라도 아니고 진나라로 간다면 저와 방향이 같습니다. 나도 마침 진나라에 있는 친척을 보러 갈 참이었습니다."

장의가 크게 기뻐하며 말했다.

"세상에 당신 같은 사람도 만나기 힘들 거요. 소진은 죽어도 당신처럼 못할 겁니다."

이렇게 말하면서 장의는 즉석에서 가사인과 의형제를 맺었다. 드디어 두 사람은 한 수레에 앉아 진나라로 떠났다. 가사인은 장의를 위해 옷도 사주고, 시종도 붙여주는 등 그를 위해 재물을 아끼지 않았다. 진나라에 도착한 뒤 가사인은 다시 거금으로 혜문왕의 측근을 매수하여 장의의 이름을 진왕에게 알렸다.

소진을 얻지 못해 후회하던 혜문왕은 측근들이 장의를 추천하자 즉시 불러들여 객경으로 삼은 뒤 제후국 사이의 일을 논의했다. 이윽고 가사인이 돌아가려 하자 장의는 눈물을 흘리며 말했다.

"내가 가장 어려울 때 그대가 나를 여기까지 이끌어주었소. 이제 내가 그 은혜를 갚을 때가 되었는데, 떠난다니 웬 말이오?"

가사인이 웃으며 말했다

"당신이 고마워해야 할 사람은 내가 아니라 재상이오."

그 말을 들은 장의는 경악한 나머지 한동안 말을 못했다.

"그대가 나를 도와주었는데, 왜 갑자기 소진을 들먹이는 것이오?"

한참 만에야 이렇게 말문을 뗀 장의에게 가사인이 그간의 상황을 자세히 설명해주었다.

"재상은 제후국들을 연합할 계책을 수립했지만, 진나라가 조나라를 범해 그 계책이 이루어지지 못할까 걱정하고 있었습니다. 그는 진나라의 권력을 움직일 수 있는 사람이 장의 선생 한 사람뿐임을 알고 저를 상인으로 가장시켜 선생이 진나라에서 등용될 때까지 도와드리라고 했던 것입니다. 하지만 재상은 선생이 너무 사소한 일에 얽매여 뜻을 잃을까 걱정한 나머지 먼저 조나라로 데려와 푸대접을 함으로써 그대의 마음을 분발시킨 것입니다. 이제 그 목표에 이르렀으니, 저는 돌아가려는 것입니다."

그 말을 들은 장의가 말했다.

"내가 소진의 술책에 빠져 있으면서도 전혀 알아채지 못했으니, 그가 나보다 한 수 위임에 분명하오. 아무튼 소진이 있는 이상 진나라가 조나라를 넘보는 일은 없을 것이오. 이것으로 내가 진 빚을 갚겠소."

가사인의 보고를 들은 소진은 이제 진나라가 확실히 군대를 일으키지 않을 것이라고 조숙후에게 알린 뒤 한나라로 갔다. 한나라의 선혜공을 만난 소진은 이렇게 말했다.

"한나라는 땅이 9백 리이고, 병사가 수십만이며, 천하의 좋은 활은 모두 이 나라의 제품입니다. 그런데도 전하께서는 지금 진나라에 고개를 숙이니, 결국 한나라는 진나라에 복속되고 말 것입니다."

그의 말뜻을 알아들은 선혜공은 즉각 사태의 엄중함을 깨닫고 소진의 계책에 찬동했다. 다시 소진은 위나라로 가서 혜왕을 설득했다.

"지금 진나라의 탐욕은 끝이 없으니, 전하께서 온 국토를 다 내줘도 단념하지 않을 것입니다. 때문에 저는 조나라 왕의 명에 따라 여러 제후국간의 연합을 맺기 위해서 찾아왔습니다."

이와 같은 방법으로 소진은 제나라의 선왕, 초나라의 위왕 등을 설복시켰다. 그리하여 그가 조나라로 되돌아가기 위해 낙양을 지날 때는 여러 제후들이 파견한 사신들이 도열하여 그를 전송했다. 또 수레와 의장대의 행렬이 20리를 넘어섰고, 대신들도 모두 연도로 나와 참배할 정도였다.

그가 주나라를 지날 때 주나라의 현왕은 소진이 지나는 길을 깨끗이 청소하게 한 뒤 직접 교외에 나가 맞이했는데, 마치 어느 대왕을 대하는 듯했다. 이때 소진의 노모와 두 동생, 그리고 형수와 제수들도 나왔다. 두 동생 내외는 길에 엎드려 소진을 감히 바로 쳐다보지도 못했다. 소진이 형수에게 물었다.

"형수께서는 내게 끼니조차 끓여주길 싫어했는데, 지금 이렇게 공경하다니 웬일이오?"

형수가 대답했다.

"지금 그대는 높은 관직에다 재물도 많으니, 내가 이렇게 하지 않을 수 없어요."

그 말에 소진은 깊이 깨우친 바가 있어 탄식했다.

"세태가 이러하니 내 비로소 부귀의 귀중함을 알겠노라."

소진은 가족과 친척들을 모두 수레에 태운 뒤 고향으로 돌아가 큰 저택을 짓고 각자에게 얼마간 금품도 나누어주었다.

소진은 주나라에서 한동안 가족들과 지낸 뒤 조나라로 돌아갔다. 조왕은 그를 무안군에 봉하고 제·초·위·한·연나라로 사절을 보내어 다섯 나라의 왕들과 원수洹水에서 만나기로 약속했다. 소진은 조왕을 모시고 미리 그곳에 가서 제단을 쌓고 회맹 준비를 했다. 곧 다른 제후들이 모두 그곳에 도착했다.

제후국들의 서열 문제를 두고 소진은 다른 나라의 재상들과 상의에 들어갔다. 원래대로 하면 초나라와 연나라가 제일 오래된 나라이고 다른 나라들은 나중에 개국했지만, 지금은 비상시국이었으므로 나라의 크기에 따라 서열을 정하기로 했다. 그 다음은 칭호에 대한 문제였는데, 소진의 건의에 따라 모두 왕으로 칭한 뒤 조왕이 맹주가 되고 서열대로 앉기로 했다.

회맹을 개최하는 날, 소진이 먼저 등단해 말문을 열었다.

"여러 왕들께서는 모두 산동 지역에서 대국을 다스리고 계십니다. 넓은 국토에다 많은 군사를 보유하고 있지요. 그러나 진나라 왕은 비천한 목동 출신으로, 그저 함양의 험악한 지형을 등에 업고 열국을 잠식하려 합니다. 여러분은 진나라에 굴복해서 그들을 받들겠습니까?"

"진나라를 따르지 않고 선생의 바른 가르침을 따르겠습니다."

제후들의 말에 소진이 대답했다.

"연맹을 맺어 진나라를 막는 일에 관해서는 이미 말씀드린 적이 있습니다. 오늘 이곳은 신령 앞에서 혈주血酒를 마시고 맹세를 다시 한 번 확인하는 자리입니다. 부디 이날을 기억하시고 환난을 함께 하기를 부탁드립니다."

그 자리에 모였던 제후들은 각각 봉인된 서약서를 한 통씩 간직했다. 그리고 조왕의 제의에 따라 다함께 소진을 '종약장縱約長'으로 봉하는 데 합의했다. 그리하여 소진은 6개국에서 위임한 금패와 재상의 인印을 지니고 6개국의 백성들을 관할하게 되었다. 소진은 또 각 나라로부터 황금 2백 냥과 좋은 말 10필씩을 선물로 받았다.

회의가 원만히 끝나자 제후들은 각자 자기 나라로 돌아갔다. 때는 주 신왕 36년이었는데, 그해에 위나라와 연나라의 왕이 죽고 새롭게 위 양왕과 연 역왕이 즉위했다.

마침내 6국의 연횡을 이끌어낸 소진은 서약서 한 통을 진나라로 보냈다. 그 서약서를 받아본 진 혜왕은 깜짝 놀라 재상 공손연을 불렀다.

"6개국이 손을 잡았으니, 과인이 기대하던 것은 물거품이 되지 않겠소? 반드시 저들의 연맹을 해체시킬 계책을 강구하시오."

"저들을 선동한 것은 조나라이니 먼저 조나라를 치고, 다른 나라가 도우러 나서면 다시 그 나라를 멸망시키십시오. 그렇게 하면 다른 제후국들도 두려워할 터이니, 자연히 그들의 연맹도 해체될 것입니다."

그러자 일찍이 소진의 덕을 입었던 장의가 다른 의견을 내놓았다.

"저들의 연맹이 맺어진 지 얼마 되지 않아 그 기세가 한창이니, 쉽게 분열되지는 않을 겁니다. 우리가 조나라를 공격하면 여섯 나라가 합세하여 사방에서 우리나라를 공격할 터이고, 그렇게 되면 거꾸로 우리가 곤경에 빠지게 될 것입니다. 제 생각에는 지금까지 우리와 가장 가깝던 위나라를 뇌물로 매수하고, 가장 멀었던 연나라와 혼사를 맺어 화친을 한다면 연맹도 자연스럽게 해체가 되지 않겠습니까?"

진왕은 장의의 말을 옳게 여겨 위나라에게 양릉 등 7개의 성읍을 돌려주겠다고 제의하는 한편, 공주를 연나라의 태자에게 시집을 보내는 등 유화책을 썼다. 이 소식을 듣고 조왕이 소진을 불러 연맹의 부실함을 헤아리지 못한 불찰을 꾸짖었다.

당황한 소진은 연나라로 가서 연왕을 설득하려 했다. 그런데 마침 제나라가 국상 중인 연나라를 침범해 10개의 성읍을 빼앗았으므로 갓 즉위한 연 역왕이 소진에게 불만을 터뜨렸다. 이에 소진은 다시 제나라로 달려가 제왕을 설득하여 빼앗은 땅을 돌려주도록 했다.

이때 연 역왕의 모친인 문 부인이 소진의 재능을 사모했고, 마침내 두 사람이 통정을 하기에 이르렀다. 역왕이 이를 알았지만 짐짓 모른 척했다. 그런데 소진은 문 부인이 자신을 너무 자주 찾자 사람들의 이목이 두려워졌다. 그래서 소진은 보신책으로 딸을 제나라 재상의 아들과 결혼시키고, 두 동생은 재상과 결의형제를 맺도록 주선했다. 그럼에도 불안을 느낀 소진은 어느 날 연 역왕에게 제안했다.

"지금의 추세로 보아 연나라와 제나라는 결국 하나밖에 남지 않을 것 같습니다. 그러니 제가 먼저 계책을 써서 제나라를 망하게 하겠습니다."

연왕은 소진의 뜻에 따라 그에게 내린 재상의 인을 압수했다. 그러자 소진은 제나라로 도망가는 척하면서 제왕을 찾았다. 이에 제왕이 그를 반겨 객경으로 삼았는데, 이때부터 소진은 제왕을 꼬드겨 주색에 빠지게 함으로써 국운을 내리막길로 들어서게 만들었다. 얼마 뒤 제왕이 죽고 태자가 즉위한 후에도 소진은 여전히 제나라의 객경으로 머물렀다.

한편 장의는 소진이 조나라를 떠났다는 소식을 듣자 6개국 연맹이 깨어진 줄 알고 위나라의 7개 성읍을 돌려준다는 언약을 거절했다. 이에 위나라가 항의하자, 진나라는 군사를 일으켜 위나라의 포양 땅을 빼앗았다.

그런 다음 장의는 진왕의 허락을 받아 포양 땅을 돌려주고, 진나라의 태자 요를 위나라에 인질로 보내면서 수호를 청했다. 이에 위왕이 감읍하자 장의는 위나라가 다시는 진나라에 해가 되는 일을 하지 말라고 요구했다.

"진나라는 땅 외에 바라는 것이 하나도 없습니다. 위나라가 진나라와 협력하면 전하께서 떼어준 땅보다 더 많은 땅이 주어질 것입니다."

그러자 위왕은 스스로 국토를 할양했을 뿐만 아니라 인질로 잡고 있던 진나라의 태자까지 돌려보냈다. 이와 같은 장의의 활약에 감동한 진왕은 그를 재상에 임명했다.

장의는 또 초나라에 편지를 보내 아내를 보내달라고 요청하면서 옛날 화씨지벽 때문에 자신이 억울한 누명을 썼노라고 토로했다. 이에 초왕이 소양을 불러 엄히 꾸짖었다. 이에 상심한 소양은 얼마 후 병으로 죽고 말았다. 초왕은 장의가 군사를 일으켜 쳐들어올까 두려운 나머지 급히 소진을 찾았다. 그러나 소진은 연나라를 떠나 제나라에 머물고 있었으므로 아무런 도움도 받을 수가 없었다.

이때 장의는 재상의 인을 진왕에게 돌려주면서 위나라로 가기를 청했다. 진왕이 의아해하자 장의는 자신의 생각을 밝혔다.

"소진 때문에 제후국들의 연맹이 쉽게 해체되지 않고 있습니다. 제가 위나라로 가서 대권을 잡으면, 그들로 하여금 진나라를 공경하게 함으로써 다른 나라에 모범을 보이도록 하겠습니다."

과연 장의가 위나라로 가자 위왕이 그를 재상으로 중용했다. 하지만 위왕은 쉽게 진나라를 공경하려 들지 않았다. 이에 장의가 은밀히 진나라의 군사를 일으켜 위나라를 범하게 하자 위왕은 더욱 소진의 연맹에 의탁했다.

이때 제나라에 있던 소진은 지나친 제왕의 총애 때문에 많은 정적들이 생겼다. 그러다 제 혼왕이 즉위한 후 맹상군을 중용하자, 측근들은 소진의 시대가 지나간 줄 착각하고 자객을 시켜 소진을 암살하도록 했다. 그리하여 칼에 찔린 소진은 겨우 혼왕이 있는 곳까지 도망친 뒤 다음과 같은 말을 남기고 죽었다.

"신이 죽으면 저의 머리를 잘라 내건 뒤에 '소진은 연나라의 첩자 노릇을 했기 때문에 죽어 마땅하다. 소진을 죽인 자는 상으로 천금을 주겠다'고 하십시오. 그렇게 하면 자객을 잡을 수 있습니다."

혼왕은 그의 계책에 따라 자객은 물론 암살을 사주한 자들을 모두 붙잡은 뒤 구족까지 몰살시켜버렸다. 그런데 얼마 후 항간에 소진이 연나라를 위해 제나라에 와 있었다는 소문이 나돌았다. 그 말을 들은 혼왕은 소진에게 사기를 당한 것 같아 심히 불쾌했다.

화가 난 그는 연나라에 트집을 잡고 군사를 일으켰다. 이때 소진의 동생 소력이 연왕을 설득해 태자를 인질로 삼아 제 혼왕에게 화해를 구하러 왔다. 소진의 동생을 본 혼왕은 화가 치밀어 소력까지 죽이려 했다. 그러자 소력이 말했다.

"진나라를 받들려고 한 연왕을 저의 형님이 겨우 설득시켜 제나라에 귀순토록 했습니다. 저도 형님의 의사에 따라 이렇게 화해를 청하러 왔는데, 전하께서는 아직도 죽은 충신을 의심하여 생사람까지 잡으려 하십니까?"

그 말을 들은 혼왕은 크게 반성하고 소력을 후대하여 재상에 임명했다. 이때 소진의 또 다른 동생은 여전히 연나라의 대신으로 있었다.

후세 사람들은 죽음에 임박해서도 계책을 써서 살인자와 사주자까지 처단한 소진의 지혜와 함께, 형의 뜻을 이어받아 연합을 유지시키려 했던 그의 동생들에 대해 칭찬을 아끼지 않았다.

유익한 것을 찾아준다
민간 외교가 노중련의 직언

전국시대 말기 진나라는 강대한 국력으로 제후국들을 복종시키고 있었다. 또 많은 유세객들을 파견해 제업을 위한 여론을 조성했는데, 많은 사람들이 혼란에 빠져 도대체 누구의 말을 들어야 할지 몰랐다. 이때 한 민간 외교가가 나타났는데, 조나라 사람들은 그의 말에 정신이 번쩍 들었다고 한다.

사료에 의하면, 진나라가 조나라를 공격하자 초조해진 조왕은 위나라에 구원병을 청했다고 한다. 그때 객경으로 있던 신원연이 말했다.

"진나라가 조나라를 공격하는 데는 그 원인이 있습니다. 원래 진나라와 맞서던 제나라가 쇠잔해지자 조나라가 진나라 패업의 걸림돌로 등장하게 된 것입니다. 따라서 조나라로 하여금 진나라를 받들게 하면 당연히 진나라는 공격을 멈추게 될 것입니다."

위왕도 진나라를 두려워했기 때문에 신원연을 조나라로 보내어 그렇게 전하도록 했다. 조왕은 신하들과 상의했는데, 뭇 신하들의 의견이 분분한지라 도저히 결단을 내릴 수 없었다.

당시 조나라에는 열두 살 때 유명한 변사를 이긴 노중련이란 인물이 있었다. 그는 제나라 사람인데, 나이가 들면서 점차 관직생활에 혐오감을 느꼈다. 그래서 천하를 돌면서 전문적으로 다른 사람의 어려움을 해결해주는 것으로 낙을 삼았다. 마침 조나라에 있던 노중련은 그 소식을 듣고 발끈 화가 나서 조왕을 찾아왔다.

"천하의 어진 군자이신 전하께서 어찌 진나라의 노비가 될 수 있습니까? 그 위나라의 사신이 어디 있습니까? 제가 만나서 스스로 돌아가도록 하겠습니다."

이 말을 전해들은 신원연은 노중련의 세치 혀를 두려워한 나머지 의도적으로 그를 피해 다녔다. 그러나 조왕의 주선 하에 이 두 사람은 마침내 왕궁에서 서로 대면하게 되었다. 노중련의 도도한 기세와 선풍도골을 목도한 신원연은 일단 존경심부터 일었다.

"선생께서는 조왕에게 무엇을 바라는 것도 아닐 텐데, 어찌하여 이렇게 위험에 처해 있는 성을 아직 떠나지 않습니까?"

신원연의 물음에 노중련은 이렇게 대답했다.

"내가 조왕에게 바라는 것은 없지만, 그대에게는 부탁이 하나 있습니다. 제발 조나라를 진나라의 속국으로 만들지 마십시오. 진나라가 패업을 이루게 되면, 제후국들에게 여러 모로 해가 될 것입니다. 우선 그들은 예의를 모르기 때문에 언제나 약한 자를 업신여기면서 임의로 살생하고 있습니다. 지금 제후국들이 독립한 상태에서도 이러할진대, 만일 패업을 이루어 다른 제후국들을 지배히게 되면 더욱 심해질 것은 자명한 일입니다. 그렇게 되면 백성은 도탄에 빠지고 마는데, 그런데도 진나라를 모셔야 한단 말입니까?"

신원연이 말했다.

"위나라는 진나라의 밑이 되지는 않을 겁니다. 소위 모시는 자는 열 명에 한 사람을 택할 것인데, 그 모시는 자의 재주가 반드시 주인보다 못하지는 않을 것입니다. 따라서 진나라가 위나라를 얕잡아보지는 못할 겁니다."

"위나라가 반드시 진나라에 유익하다고만 할 수 있겠소? 나는
진왕이 위나라 왕을 극형에 처할 수도 있다고 생각합니다. 옛날 구
후·악후·문왕은 주왕의 삼공으로 불렸소. 구후가 자신의 예쁜
딸을 주왕에게 바쳤지만, 그 딸이 남자를 섬길 줄 모르므로 분노한
주왕이 구후까지 죽이려 했으며, 이를 간하다가 악후도 극형을 당
하게 되었지요. 문왕은 한숨을 쉬다가 들켰지만 겨우 죽음을 모면
했습니다. 그대는 이 삼공들의 지혜가 주왕보다 못하다고 보시오?
천자는 제후들에게 이렇게 대하게 마련입니다. 진나라가 제왕이
되면, 언젠가는 위왕도 결국 삼공과 같은 운명을 벗지 못할 것이
니, 그렇게 되면 도대체 그 누가 구해줄 수 있겠소?"

신원연이 아무 말도 없이 생각에 잠긴 것을 보자, 노중련은 말을
이었다.

"그뿐만이 아니오. 진나라가 패권을 차지하면, 반드시 그들이 미
워하는 자를 제거하고 마음에 드는 자만 남길 것이오. 뿐만 아니라
자녀들을 여러 요직에 임명하겠죠. 그때 위왕이든 당신이든 현재
의 직위와 봉록이 지켜지리라는 보장이 있소?"

그러자 신원연이 벌떡 일어나 급히 나가면서 말했다.

"선생은 진정 천하를 움직이는 사람이오. 저는 바로 돌아가 위왕
에게 다시는 진나라의 패업을 돕지 않도록 권고하겠소."

이때 진왕은 위나라가 조나라에 사신을 파견해 자신을 섬기게
하겠다는 소문을 들었으므로 잠깐 조나라에 대한 공격을 멈추고서
기다렸다. 그러나 위나라 사신이 자신의 사명을 포기하고 돌아갔
다는 말을 듣고는 깊은 한숨을 내쉬며 말했다.

"이 성안에 기인이 있으니, 절대로 소홀히 대해서는 안 된다."

그러고는 군사를 뒤로 물렸다고 한다.

해결되지 않는 문제란 없다
신비한 꼬마 외교가 감라

전국시대에는 많은 인재들이 속출했는데, 그 중에 감라는 어린아이임에도 뛰어난 외교술로 커다란 공을 세움으로써 세상에 이름을 날렸다.

진시황 정은 키가 8척 반이 넘고 너무나 총명해 태후나 여불위도 감히 어쩌지 못했다. 언젠가 그가 군신들을 모아놓고 조나라에 대한 공격을 의논할 때의 일이었다. 강성군 채택이 나서서 말했다.

"일찍이 조나라는 연나라와 원수진 일이 있습니다. 그러므로 지금 연나라가 조나라에 의지하는 것 같지만 본뜻이 아닐 것입니다. 저를 연나라에 보내주시면 그들을 설득하여 조나라를 고립시키도록 하겠습니다."

진왕의 허락을 얻어 연나라로 간 채택은 연왕에게 이렇게 말했다.

"연나라와 조나라는 두 번이나 원수진 일이 있는데, 전하께서는 그 일을 잊고 계십니다. 이제 연나라가 조나라와 힘을 합쳐 강한 진나라와 맞서고 있는데, 이 싸움에서 승리하더라도 그 이익은 모두 조나라에게 돌아갈 것이고 패한다면 연나라에 화가 미칠 것이 뻔합니다."

"그렇지만 우리가 국력이 약하니 어쩔 수 없지요."

"지금 진왕께서는 제후국들이 연맹한 죄를 묻고 있습니다. 전하께서는 조나라에 끌려 간 것이나 다름없으니 억울하지 않습니까? 따라서 연의 태자 단을 진나라에 인질로 보내고, 진나라의 대신 한 사람을 연나라의 재상으로 보내날라고 요청하면 진왕의 화도 풀어질 겁니다. 그렇게 되면 진나라와 우호를 맺게 되므로 앞으로 조나라에게 원수를 갚을 날도 머지 않을 겁니다."

채택의 그럴듯한 말에 연왕은 마침내 설복되었다. 그리하여 진나라에서는 대신을 연나라의 재상으로 파견하게 되었는데, 누구를 보낼지가 문제였다. 여불위는 장당을 보내려 했지만 당사자가 한사코 사양했으므로 기분이 좋지 않았다.

이때 여불위의 집에 있는 문객 중에 열두 살밖에 되지 않은 감무의 손자 감라가 있었다. 하루는 여불위의 우울한 기색을 보고 있던 감라가 그 이유를 묻자 여불위는 짜증을 냈다. 그러자 감라가 냉정한 목소리로 말했다.

"문객이라 함은 주인의 근심을 덜어주는 것이 주업입니다. 그런데 주인께서 자신의 고민을 말하지 않으면, 설사 그런 마음이 있더라도 어떻게 덜어드릴 수 있겠습니까?"

그 말에 여불위는 어쩔 수 없이 고민을 토로했다. 사연을 들은 감라는 아주 당당하게 자기가 해결해드리겠다고 했다. 여불위는 그의 말을 악동의 장난으로 여기고 화를 냈다. 그러자 감라는 이렇게 따졌다.

"옛날에 탁은 일곱 살의 나이로 공자를 가르친 바 있습니다. 그런데 지금의 저는 당시의 탁보다 다섯 살이나 더 먹었습니다. 제가 이 일을 해결할 수 있는지 없는지를 보고 꾸짖어도 늦지 않을 텐데, 어째서 이렇게 다짜고짜 화를 내십니까?"

그의 말이 이치에 맞았으므로 여불위는 그 일을 해결하면 벼슬을 주겠노라고 부드럽게 응낙했다. 그 길로 장당을 찾아간 감라는 당돌하게 말했다.

"당신을 조문하러 왔습니다."

장당이 의아한 표정을 짓자 감라가 말을 이었다.

"당신의 공로를 무안군과 견주면 누가 더 큽니까?"

"그야 당연히 무안군이지. 나의 공은 그의 10분의 1도 되지 않아."

"그렇다면 응후와 문신후(文信侯, 여불위) 중에 누가 진나라에 대해 더 잘 알고 있다고 생각합니까?"

"그야 당연히 문신후겠지."

"그러면 문신후의 권력이 응후보다 컸다는 것도 알겠군요. 옛날 응후가 무안군에게 조나라를 공격하라고 했으나 그는 듣지 않았습니다. 무안군은 노여워하는 응후를 피해 함양을 떠났다가 두우에서 죽었지요. 지금 문신후가 당신을 연나라의 재상으로 보내려 하는데도 선생은 거절하고 있습니다. 이렇게 되면 응후가 무안군을 용납 못했듯이 문신후도 당신을 용서하기 어려울 겁니다. 결국 당신의 인생이 이대로 끝날 것 같아 미리 조문하러 온 것이지요."

그 말을 듣자 장당은 두려움을 느꼈다. 그는 감라의 주선 하에 여불위에게 잘못을 사과한 뒤 즉시 행장을 준비했다. 감라가 여불위에게 말했다.

"제가 장당을 설득하기는 했지만, 그 자신은 내키지 않을 것이 뻔합니다. 게다가 조나라에서 이 소식을 들으면 반드시 두려워할 테니, 제가 조나라에 가서 소식을 전할까 합니다."

여불위는 이미 그의 재주를 보았기 때문에 진왕에게 감라의 말을 전했다. 진왕도 감라를 보고는 아주 마음에 들어하면서 수레 열 대에다 수행인 백여 명을 딸려 조나라로 보냈다.

한편 조왕은 연나라가 진나라와 수교했다는 소문을 듣고는 두

나라가 연합해서 공격해올까 근심하고 있었다. 이때 진나라의 사절이 왔다는 전갈을 들은 그는 황급히 20여 리 밖까지 마중을 나갔다. 나이 어린 감라를 본 조왕이 의아한 듯이 물었다.

"진나라에 명신 감씨가 있다고 들었는데, 그대와 어떤 관계인가?"

"저의 선조입니다."

"그대는 지금 나이가 어떻게 되오?"

"열두 살입니다."

조왕은 여기까지 듣고는 연장자가 있을 텐데 어찌하여 연소자를 보냈는지 물었다. 감라가 대답했다.

"진왕께서는 큰일에는 큰 사람을 쓰고 작은 일에는 작은 사람을 쓰는 것이 습관이 되어 있습니다. 제가 가장 어리니까 이렇게 조나라로 보낸 것이지요."

조왕은 그의 대범한 말에 내심 감탄하면서 이곳에 오게 된 연유를 물었다.

"전하께서도 연나라의 태자가 진나라에 인질로 온 사실을 알고 계시겠지요? 그리고 장당이 연나라의 재상으로 간 소문도 들었을 것입니다. 연나라가 태자를 진나라로 보낸 것은 진나라를 믿기 때문이요, 장당을 연나라의 재상으로 보낸 것은 진나라도 연나라를 믿기 때문입니다. 그렇다면 이제 위태로워진 것은 조나라입니다."

조왕이 초조한 모습을 보이자 감라가 말을 이었다.

"진나라가 연나라와 친하게 지내는 것은 조나라를 노리고 있기 때문입니다. 그러므로 지금 상황에서 전하께서 5개 성읍을 할양하는 조건을 내건다면, 제가 진왕께 여쭈어 연나라로 재상을 보내는 일을 그만두게 하겠습니다. 그리고 조나라와 수호해 조나라가 연나라를 건드려도 진나라가 수수방관하도록 하겠습니다. 그렇게 되면 조나라는 저희에게 할양한 땅보다 더 큰 이익을 얻을 겁니다."

236 이에 조왕은 크게 기뻐하면서 감라에게 황금 백 냥과 백옥 두 쌍

을 주었으며, 아울러 진왕에게 헌납할 5개 성읍의 지도도 함께 보냈다. 감라의 보고를 들은 진왕은 크게 기뻐하면서 연나라로 재상을 보내는 일을 중지시켰다. 이렇게 되자 장당은 감격해 마지않았다.

그로부터 얼마 뒤 조나라는 연나라를 공격해 30개의 성읍을 빼앗은 뒤 19개만 소유하고 11개는 진나라에 헌납했다. 이 공으로 감라는 상경에 임명되었고, 저택과 재산을 상으로 받았다.

연나라의 태자 단은 진나라가 연나라와 절교한 소문을 듣고서 다급한 나머지 감라와 친분을 맺어 탈출을 시도하려 했다. 하지만 어느 날 저녁 감라는 꿈에서 자색 옷을 입은 천사를 보았다. 그 천사는 감라에게 '하늘의 명을 받아 그대를 천상으로 데려간다'고 말했다고 한다.

그날로 감라는 세상을 떴으니, 천재는 명이 짧다는 말이 그대로 들어맞았다. 이 때문에 연나라의 태자는 진나라에서 평생을 보내야 했다.

이익과 손해를 명확히 한다

유세의 고수 우경

전국시대의 걸출한 외교가로 역사에 그 이름을 남기고 있는 우경의 외교술은 '중용'이 핵심이다.

우경이 짚신을 신고 삿갓을 쓴 채 조나라의 효성왕을 찾아갔는데, 처음에는 그에게 황금 백 냥과 백옥 한 쌍을 주었고, 두 번째는 그를 상경에 임명했다고 한다. 그의 이름 '우경'이 여기서 유래되었다는 설도 있다.

진나라와 조나라의 장평 접전에서 조나라가 패하고 도위 한 사람까지 잃었다. 이에 조왕은 누창과 우경을 불러 대책을 물었다. 그러자 누창이 말했다.

"전하의 말대로 계속 싸운다면 별로 승산이 없을 것 같습니다. 소인의 생각으로는 지위가 높은 자를 사절로 보내어 화해하는 것이 바람직하지 않을까 합니다."

이에 우경이 입을 열었다.

"누창이 화해하자고 주장하는 것은 다시 싸우면 우리가 반드시 패한다고 생각하기 때문입니다. 그러니 화해의 주도권 역시 진나라에 있습니다. 그리고 진나라의 목적은 반드시 조나라 군대를 격파하는 것입니다. 그렇지 않습니까?"

조왕이 머리를 끄덕이자 우경이 말을 이었다.

"제 생각으로는 사절과 귀한 선물을 초나라와 위나라에 각각 보내는 것이 좋다고 생각합니다. 두 나라 왕이 우리의 선물에 혹하면 사절을 만날 것이고, 그렇게 되면 진나라는 제후국들이 연맹을 맺어 대항할지 모른다는 근심을 할 것입니다. 그런 다음 우리가 진나라에 사절을 보내 화해를 청하면 쉽사리 해결될 것 같습니다."

하지만 조왕은 우경의 말을 듣지 않고, 평양군과 의논해 정주를 진나라의 사절로 파견해 화해를 청했다. 진나라가 사절을 맞아들였다는 소식을 들은 조왕은 우경을 불러 그 결과를 점치게 했다. 그러자 우경은 이렇게 대답했다.

"화해는 이루어지지 못할 것이고, 전하의 군대는 필경 격파되어 진나라의 뜻대로 될 것입니다. 진나라는 정주의 지위가 숭요하다는 걸 알기 때문에 그를 예우했지만, 진짜 이유는 진나라기 유능한 자를 중시한다는 것을 천하에 알리기 위한 것입니다. 초나라와 위나라는 우리가 진나라와 동맹을 맺었다고 생각해 우리가 위기에 처하더라도 구원의 손길을 뻗치지 않을 겁니다. 결국 진왕은 천하의 제후들이 다시 조나라를 도와주지 않을 거라고 판단할 것이며, 따라서 화해는 이루어지지 못할 것이 뻔합니다."

과연 우경의 예측대로 진나라는 두 나라가 동맹을 맺은 것처럼 떠들면서도 화해는 하지 않았다. 그 결과 장평 전투에서 대패한 조나라는 한단에서 포위를 당해 엄청난 손실을 입었으며, 천하 사람들의 웃음거리가 되고 말았다.

진나라는 조왕이 직접 와서 신하로 칭하고, 아울러 6개 현을 할양하는 조건으로 한단의 포위를 풀었다. 이때 우경이 조왕에게 물었다.

"전하께서는 진나라의 힘이 다해서 철수한다고 생각하십니까? 아니면 그들이 아직 여력이 있지만 전하를 가엾게 여겨서 철수한다고 생각하십니까?"

조왕이 말했다.

"진나라는 우리를 공격하느라고 모든 힘을 쏟아부었소. 따라서 여력이 없으므로 돌아가는 것이오."

"그렇습니다. 진나라는 자신의 힘으로 얻을 수 없는 지역을 공격하다가 지친 것입니다. 지금 전하께서는 그들 자신의 힘으로는 도저히 취득할 수 없는 땅을 넘겨주려 하는데, 이는 그들을 거꾸로 도와주는 격입니다. 내년에 진나라가 또다시 공격해올 텐데, 그때가 되면 조나라는 속수무책에 빠질 것입니다."

조왕에게서 우경의 말을 전해들은 조학이 말했다.

"우경 따위가 어찌 진나라의 병력을 파악할 수 있겠습니까? 가령 진나라가 기진맥진했다 할지라도 지금 이 조그마한 땅을 떼어주시 않는다면, 내년에 그들이 다시 공격을 할 것입니다. 그렇다면 어차피 이렇게 해야 하지 않겠습니까?"

조왕은 고개를 끄덕이며 조학에게 땅을 떼어주는 조건으로 내년에 진나라가 쳐들어오지 않겠다는 보장을 받아올 수 있겠느냐고 물었다. 그러자 조학은 대답했다.

"그것은 저로서도 보장하기 어렵습니다. 예전에 한·위·조 세 나라 모두 진나라와 친선관계를 맺고 있을 때 얼마나 화목하게 지냈습니까? 그런데 지금 진나라가 한·위나라와는 가깝게 지내면서 유독 조나라를 공격하는 것은 전하께서 그 두 나라보다 진나라를 잘 섬기지 못했기 때문입니다. 그러니 이와 같은 상황이 바뀌지 않는다면 내년에 진나라가 다시 조나라를 공격하지 않는다는 보장을 받아올 수 없습니다."

  이와 같은 조학의 궤변으로 오리무중에 빠진 조왕은 다시 우경을 불러 의논했다. 우경이 말했다.

"조학은 진나라와 화해하지 않으면 내년에 진나라의 공격을 피할 수 없다고 하는 동시에 땅을 떼어주고 화해를 해도 내년에 진나라가 다시 공격하지 않는다는 보장이 없다고 하는데, 그렇다면 지금 땅을 떼어준들 무슨 소용이 있습니까? 내년에 진나라가 공격해서 또 땅을 떼어준다면, 이는 자살 행위와 다름없습니다. 진나라가 아무리 싸움에 능하다 해도 6개 현을 취득할 수는 없고, 조나라가 아무리 방어에 취약하다 해도 6개 현까지 빼앗기지는 않습니다. 진나라가 군대를 일으켜 쳐들어왔다가 지칠 때가 반드시 있을 겁니다. 그러므로 그들이 철수하는 기회를 틈타 6개 현을 제후국들에게 나누어주는 것을 조건으로 그들과 합세하여 진나라를 몰아친다면 성공할 수 있을 겁니다. 이렇게 되면 제후국들에게 진으로 인해 당한 피해를 우리의 손실로 보상해줄 수 있으니, 진나라에게 공짜로 6개 현을 고스란히 바치는 것보다 훨씬 낫습니다. 조학은 전하께서 한·위나라보다 진나라를 잘 섬기지 못했기 때문에 진나라가 우리를 공격한다고 하는데, 그렇다면 전하께서는 해마다 6개 현을 바쳐야 된다는 뜻이지요. 조나라가 해마다 진나라에게 6개 현씩 바친다면, 얼마 지나지 않아 조나라는 없어지고 말 겁니다. 진나라는 아무런 힘도 들이지 않고 조나라의 땅을 얻어 점차 강대해지고, 조나라는 점점 약해지게 될 뿐입니다. 조나라의 한정된 땅으로 진나라의 탐욕을 계속 채워주게 되면, 결국 조나라가 망하는 것으로 귀결되고 맙니다."

이와 같은 우경의 설득에도 불구하고 우유부단한 조왕은 쉽게 결정을 내리지 못했다. 그때 진나라에 사절로 갔던 누완이 돌아오자, 조왕은 또 그에게 물었다. 누완은 진나라에게 땅을 할양하는 문제를 묻는 조왕의 질문에 직접적인 답을 회피했다. 하지만 조왕이 재차 촉구하자 이렇게 말했다.

"전하께서는 공보문백의 어머니에 관한 이야기를 들어보셨습니까? 공보가 노나라의 관직에 있다가 죽게 되자 두 여자가 따라서 자살했습니다. 이 소문을 들은 그의 어머니는 눈물을 보이지 않았습니다. 이때 그 집의 보모가 물었습니다. '자기 아들이 죽었는데 울지 않는 어머니가 어디 있습니까?' 그의 어머니는 이렇게 대답했습니다. '공자는 현명한 사람이다. 그러나 그가 노나라에서 추방당할 때, 아들은 따라가지 않았다. 그런데도 지금 아들이 죽으니 두 여자가 따라서 자살했다. 따라서 그놈은 어른에게 소홀히 대하고 여자만 챙기는 사람이 분명하다.' 이 말을 잘 살펴보면 그녀가 매우 어질다는 걸 알 수 있습니다. 하지만 이것이 그의 아내의 말이었다면 질투하기 좋아하는 여인으로 취급받았을 겁니다. 이처럼 같은 말이라도 그 주체에 따라 사람들에게 판이한 평판을 받는 법이죠. 지금 진나라에서 막 돌아온 제가 조나라의 땅을 진나라에 떼어줄 것이냐, 말 것이냐에 대해 왈가왈부할 수 없는 것도 바로 이 때문입니다. 그러나 전하께서 굳이 저의 의견을 듣고 싶다면 이실직고하겠습니다. 전하를 생각하는 차원에서 저는 진나라에 땅을 떼어주는 것이 좋다고 생각합니다."

결국 조왕은 그의 말을 따르기로 했다. 그러나 이 소식을 들은 우경이 말리자 누완이 다시 조왕에게 말했다.

"우경은 하나만 알고 둘은 모릅니다. 진나라가 조나라와 원수지간이 되면 천하 사람들이 다 좋아할 겁니다. 왜냐하면 그들도 진나라에 기대어 얼마간의 이익을 챙길 수 있기 때문이죠. 그러니 조나라가 진나라에게 포위되었다는 소식을 들으면, 그들은 모두 진나라에 축하하러 갈 겁니다. 하지만 그 이전에 우리가 땅을 떼어주고 진나라와 화해를 하면, 그들의 야심도 자연히 무산되고 말겠죠. 만일 그렇지 않으면 진나라가 조나라를 공격할 때 그들도 조나라의 다른 지역을 점령할 것이니, 조나라는 더욱 빨리 멸망하게 됩니다.

이 때문에 우경이 하나만 알고 둘은 모른다고 말한 것입니다. 지금은 전하의 결단이 필요할 때입니다."　　　　．

이와 같은 말을 전해들은 우경이 다시 조왕을 찾았다.

"누완의 말은 모두 진나라를 위한 것이라 그대로 따르면 위험합니다. 그렇게 되면 천하 사람들의 의혹을 사게 되고, 진나라의 야심만 자극할 뿐 아무런 소용이 없습니다. 그의 말이 천하 사람들에게 조나라의 나약함을 보여주는 것이라 생각지 않습니까? 진나라에 할양하는 6개 현을 조건으로 제나라와 연합할 수도 있습니다. 제나라는 진나라에겐 눈엣가시 같은 존재입니다. 따라서 6개 현을 얻으면 제나라는 우리와 합심해 진나라에 대처할 것입니다. 또 절대적으로 전하께 복종할 것은 두말할 나위도 없습니다. 이렇게 되면 전하께서는 제나라에 할양한 땅의 손실을 진나라에게 보상받을 수 있게 되고, 두 나라 모두 진나라에 대한 원한을 갖게 되어 천하에 그 힘을 과시하게 됩니다. 전하께서 제 말을 따른다면, 조나라 군대가 진나라의 변경에 이르기도 전에 진나라에서 사절을 보내어 화해를 청할 겁니다. 진나라의 화해를 받아들이면 한나라와 위나라도 전하를 존경하게 되고, 마찬가지로 예물을 들고 찾아올 것입니다. 그러면 전하께서는 세 나라와 수교하게 되고, 그 중에서도 맹주의 지위에 오르게 되어 지금과 상반되는 입장에 설 겁니다."

다시금 우경의 말에 귀가 솔깃해진 조왕은 그를 제나라에 사절로 보내어 연맹에 관해 의논하게 했다. 과연 제나라로 간 우경이 돌아오기도 전에 진나라에서는 사절을 보내왔고, 이 소식을 들은 누완은 급기야 줄행랑을 놓았다. 조왕은 우경의 공로를 기특히 여겨 그에게 성읍 하나를 상으로 주었다.

얼마 지나지 않아 위나라도 연맹을 청해왔다. 조왕은 우경을 불러 자세한 논의를 했다. 조왕이 위나라가 연맹을 맺으려는 의도가 있다고 말하자 우경은 그것은 잘못이라고 말하다가, 조왕이 위나

라의 제안에 응답하지 않았다고 하자 그것도 틀렸다고 말했다. 그
러자 조왕은 의아한 표정으로 물었다.

"위나라가 연맹을 맺자고 한 것도 틀린 것이고, 내가 그들에게
대답하지 않은 것도 틀렸다니 그게 무슨 뜻이오?"

"큰 나라와 작은 나라가 함께 일을 도모할 때, 이익이 생기면 큰
나라가 향유하게 되고, 실패하게 되면 작은 나라가 그 재앙을 짊어
집니다. 따라서 작은 나라인 위나라가 대국인 우리와 연맹을 맺자
고 제의한 것은 위나라의 오산이니 틀린 것이고, 장차 이익을 보게
될 전하께서 그것을 거절했으니 역시 틀린 조치입니다. 제가 다시
이 일을 성사시켜보겠습니다."

우경의 노력으로 두 나라는 얼마 지나지 않아 연맹을 맺었다. 그
후 그는 조나라를 떠나 위나라로 가서 여생을 보냈다.

이와 같이 유세로 천하를 좌지우지했던 우경은 말년에 저술에도
열의를 보여 당시의 세상사에 대한 관찰을 근거로 『절의節義』, 『칭
호稱號』, 『췌마揣摩』 등 여덟 편의 책을 썼다. 후세 사람들은 그의
저술을 일컬어 『우씨춘추虞氏春秋』라 했다.

다른 사람의 눈까지 밝혀준다

남월왕을 각성시킨 육가

한나라 때 사람 육가는 사리에 밝기로 유명했다. 그런데 특이한 것은 그 스스로 사리에 밝았을 뿐만 아니라 늘 다른 사람도 사리를 밝힐 수 있도록 도와주었다는 점이다. 그는 한 고조 유방의 문객으로 있는 동안 그를 도와 천하를 평정했기 때문에 늘 황제의 측근에 있었다.

이때 위타는 남월 지역을 평정하고 그곳의 왕이라 자칭하고 있었다. 그러자 고조는 육가를 사신으로 파견해 남월왕의 인장을 위타에게 주고 한나라를 상국의 예로 받들게 하라고 명했다.

그리하여 남월에 도착한 육가가 드디어 남월왕 위타를 만났는데, 그는 송곳 모양으로 머리를 틀어 올리고 두 다리를 벌린 채 거만한 자세로 앉아 자신을 내려다보고 있었다. 이에 육가가 안색을 붉히며 소리쳤다.

"그대는 중원 사람으로, 부모형제의 묘소도 모두 중원에 있지 않소? 그런데 이렇듯 천성을 버리고 모자와 허리띠도 없이 작은 월 지역을 차지한 채 천자와 맞서려 하다니 무슨 짓이오? 과거 진나라의 정치가 혼란한 틈에 제후들이 거사해 난립하고 있을 때, 당금 황제만이 먼저 관중에 들어가 함양을 차지하였소. 항우가 서초패왕이라 자칭하면서 제후들을 규합하여 강대한 힘을 자랑했지만 결국 멸망하고 말았지요. 그후 5년 만에 천하를 안정시킨 일은 하늘의 도움 없이 사람의 힘으로는 결코 이룰 수 없는 일이오. 그대가 남쪽에서 왕이라 자칭하면서 백성들을 수탈한다는 말을 듣고 장수들이 다투어 토벌에 나섰지만 천자께서 제지했소. 그분께서는 백성들을 생각해 다시 전쟁을 일으킬 생각이 없기 때문이오. 그래서 오늘 내가 이렇게 천자께서 하사하는 인장을 갖고 찾아왔소. 그렇다면 교외까지 마중 나와 천자의 은혜에 감사해야 할 대왕께서 이렇게 무례하다니 정말 기가 막힐 지경이오. 이 소문이 북쪽에 전해지면, 그대 조상의 묘가 파헤쳐짐은 물론이고 적어도 10만의 토벌군이 들이닥칠 것이오. 남월의 힘으로 어찌 그 곤경을 감당하려 하시오."

그 말을 들은 남월왕 위타는 깜짝 놀라며 옷깃을 바로잡고 육가에게 자신의 무례함을 사과했다. 그러더니 자신과 소하, 조삼, 한신 중에서 누가 가장 뛰어난 자인지 물어왔다. 육가가 그를 지목하자, 위타는 또 황제와 자신 중에서 누가 더 현명한지를 물었다. 육가가 말했다.

"황제께서는 풍패에서 군사를 일으켜 진나라를 토벌했으며, 강대한 초나라를 멸망시켜 천하를 위해 해를 없앴고, 삼황오제의 사업을 계승하여 중원을 통일했소. 인구가 수억에 달하고, 영토가 10만 리나 되고, 물산이 풍부한 대륙을 일통한 일은 개벽 이래 처음이오. 이에 비하면 당신은 수십만에 지나지 않는 야만인을 거느린 채 험한 산악지대에 웅크리고 있을 뿐이오. 땅 크기만 해도 한나라의 한 군현 정도밖에 되지 않는데, 어찌 황제에 비길 수 있겠소."

그러자 위타가 크게 웃으며 말했다.

"나도 중원에서 성공했다면 황제처럼 되었을 거요."

그러고는 떠나려는 육가를 만류하며 몇 개월 동안 함께 있기를 권했다. 그는 또 육가에게 천금과 예물을 주며 말했다.

"이곳에는 이야기 상대가 없소. 선생께서 내게 새로운 것을 많이 가르쳐주었으니 정말 고맙소."

이렇듯 육가가 위타를 남월왕으로 봉하고 아무런 희생 없이 한 나라를 상국으로 모시게 하자, 한 고조는 크게 기뻐하며 그를 태중대부에 임명했다.

제9편 관직 생활의 중용술

예나 지금이나 중국에는 관료를 중시하는 경향이 살아 있다. 그러므로 사람들은 어떻게 하면 관직을 얻고, 좋은 자리를 차지하며, 평생 그 자리를 지킬 수 있는가가 주요 관심사였다. 그리하여 『관잠官箴』, 『삼사충고三事忠告』, 『목감牧鑒』 등 관직생활의 지침서들이 많이 등장하게 되었다.

이와 같은 책에는 청렴과 탐욕의 관계, 상급자와 하급자의 관계, 분발과 겸손의 관계, 아첨과 강직함의 관계, 백성을 위할 것인가 아니면 상급자의 비위를 맞출 것인가 등 다양한 처세 방법이 담겨 있다. 하지만 그 중심 내용은 결국 '중용'의 테두리에서 벗어나지 못한다.

정직하면 화가 없다

『관잠』의 경고

『관잠』의 저자는 여본중으로, 일명 '동래 선생'이라고도 한다. 그의 증조부 여공조는 재상을 지냈고, 부친 여호문은 남송 때 상서우승과 자정전학사라는 높은 관직에 있었다.

여본중 본인도 중서사인과 학사원을 관할하는 고위직을 거친 경력이 있다. 이러한 배경을 갖고 있는 그가 종합한 경험이 대체 무엇인지 일별해보기로 하자.

관직에 있는 자에게 가장 중요한 것은 청렴함과 신중함, 그리고 부지런함(淸愼勤)이다. 이 세 가지를 잘 아는 자만이 관직을 지키고, 치욕을 멀리할 수 있으며 위로는 상급자의 이해를, 아래로는 백성들의 호감을 얻을 수 있다.

관직에 있는 자는 종종 재물에 대한 탐욕을 감추지 못하는데, 이러한 마음을 갖게 되면 결국 아무런 절제도 할 수 없다. 사고는 언제나 절제하지 못하기 때문에 일어나니, 무슨 일이든 항상 초기부터 경계심을 갖추어야 한다. 모든 일에서 백방으로 경계를 늦추지 말아야 하며, 늦추어질 무렵에는 반드시 재확인을 해야 한다.

사마자는 『좌망론坐忘論』에서 '다 끝난 다음에 덤비기보다는 처음부터 경계하는 것이 더 바람직하다'고 했다. 이는 당연한 교훈이다. 관직에 있는 자가 큰 힘을 들이지 않고 공을 이루려면 경계라는 요소가 중요한 것이다.

군자는 부친처럼 모시고, 관장은 형님처럼 모시며, 동료는 식구처럼 모신다. 뭇 아전들을 노복처럼 대하고, 백성들을 처자처럼 대하며, 공무를 집안 일처럼 책임 있게 처리하면서 성심껏 봉사한다. 만일 조금이라도 마음을 다하지 못했다면 모두 본인의 성의 탓이다.

이러한 마음을 가지면 부모를 섬기는 마음으로 임금을 섬길 수 있고, 형제를 대하는 정으로 여러 동료를 대할 수 있으며, 가정의 일을 처리하는 태도로 공무를 처리할 수 있으니, 이는 모두 한 가지 도리다.

관직에 있는 자는 매사에 시김을 고려해야 한다. 예컨대 세금 문제는 중용을 취해 백성에게 부담을 주지 않는 것이 기준이 된다. 백성에게 해가 되지 않는 일처리는 자신에게도 도움이 된다.

다른 사람과 다투지 않는 자에게는 언제나 더 큰 이익이 돌아오는데, 한 걸음 물러서는 자가 백 보 더 나아가는 것과 마찬가지의 도리다. 욕심을 적게 내는 자에게는 결국 처음보다 더 많은 것이 돌아오는데, 오늘의 약속이 내일의 보답이라는 점을 항상 염두에 두어야 한다.

초기에 인내할 수 없는 자는 마지막에 가서 패배하게 되는데 이는 이해관계를 파악하지 못하는 것으로, 현명함과 어리석음이 바로 여기서부터 판가름난다.

관직에 있는 자는 바른 덕행을 갖추어야 한다. 이는 관직의 대소를 막론하고 나라와 천하를 위하는 자에게 모두 적용된다.

관직에 있는 자는 자신이 청렴해야 할 뿐 아니라 소인배들의 해코지도 예방해야 한다. 예컨대 옛말의 뜻을 자세히 터득해 중상이나 모함을 피해야 하니, 신중해야 할 뿐 아니라 세상 물정에도 밝아야 한다.

관직에 있는 자는 어려운 일을 거절하지 말아야 하고, 물의를 일으킬 수 있는 일은 가급적 피해야 한다. 또 대인 교제에서는 언제나 성의를 보여야 하고, 다른 사람에게 나쁜 본보기가 되는 일은 피해야 한다.

선인들은 소인이야말로 늘 구차하게 산다고 한다. 내일을 위해 오늘 쉬어야 할 때는 쉬어야 한다. 관직에 있는 자가 개인의 정에 따라 움직이면 남을 다스리지 못하니, '마음보다 힘이 낫다'는 속담은 이를 일컫는 말이다.

관직에 있는 자는 사나운 성격을 금해야 하니, 매사에 세심하면 낭패가 없다. 사나운 성격은 다른 사람을 해치기보다 먼저 자신을 해치게 된다.

선인들이 '매사에 세심하라'는 것도 급하고 거친 성격을 자제하라는 말인데, 급하고 거친 성격을 가라앉히면 생각이 깊어지면서 남에게 중상모략의 빌미를 제공하지 않을 수 있다.

매사에 자신의 총명을 믿기보다는 진심을 다했는가를 앞세우고, 일을 많이 하기보다는 편의를 돌보는 것을 위주로 한다.

손사막은 '자신에게 관심을 기울이는 자는 남에게 구애받지 않고, 자신을 두려워할 줄 아는 자는 남에게 제압되지 않으며, 작은 일에 신중한 자는 큰 일을 두려워하지 않으며, 가까운 데서부터 주의하는 자는 멀리 있는 것을 꺼려하지 않는다'라고 했다. 이 말에 따르면 사람의 힘으로 할 일은 다한 것이니, 관직에 있는 자가 반드시 실천해야 하는 것이다.

동료와의 인연은 형제와 같아 자손까지 이어질 수 있다. 선인들은 이를 자못 중시했는데, 요즘은 모든 사람이 알고 있다. 그러나 자신의 관직이 옛날의 상관보다 높으면 선배들이 모두 아랫자리에 앉는데, 이는 풍속이니 별로 신경 쓸 일이 아니다.

관직에 있는 자는 매사를 인정에 맞게 처리해야 한다. 자신을 바라보고 온 자에게는 너그럽게 대하면서 저버리지 말아야 한다.

어떤 군수가 한 술사와 서재까지 함께 쓰면서 아주 가깝게 지냈다. 그런데 그가 공적인 일에 대해 간하자, 군수는 크게 화를 내면서 매를 쳐서 내쫓았다. 하지만 그 술사를 끌어들인 것부터가 바르지 못한 일이니, 그렇듯 친숙해진 상태에서 그가 간섭하게 되는 것은 당연하기 때문이다. 그의 의견을 따르지 않으면 되는데도 그렇게 혹독하게 처리한다면 곧 사람의 도리에 맞지 않는 것이다.

인자한 사람은 호랑이도 사람으로 만든다고 한다. 그러나 사람이 호랑이나 승냥이로 변할 수도 있다. 타인을 모욕 중상하거나 죽음의 경지로 밀어넣는 자를 말하는 것이다.

관직에 있는 자가 가장 주의해야 할 점은 남이 직언을 해도 화를 내지 않고, 상대와 친숙하다고 해서 대의를 어기지 않으며, 인정에 맞게 처리하면서도 도리에 맞게 하는 것인데, 근본적으로는 사심에 얽매이지 말아야 하는 것이다.

관직에 있는 자는 거짓을 조작하지 말아야 한다. 문서의 내용을 고치거나 날짜를 변경하는 짓은 일단 탄로가 나면 그 자체보다 더 큰 죄가 되므로 충직하게 일하는 자가 취할 바가 아니다. 거짓과 간악함이 백 가지라도 성실 하나만 못하다.

자주 생각을 바꾸기보다는 처음부터 신중하게 시작하는 것이 바람직하고, 남을 방해하여 사람들의 의심을 사기보다는 스스로 신중한 것이 더 바람직하며, 지모가 주도면밀하기보다는 일을 세밀히 살피는 것이 낫다.

죽어야 할 때 죽지 않으면 죽음보다 더한 치욕을 겪게 되고, 떠나야 할 때 떠나지 않으면 떠나는 것보다 더한 화가 미쳐 편안함을 얻을 수 없다.

세상 사람들이 이런 처지를 당하면 당황해서 예상외의 행동을 하게 되니, 이는 경중을 구별할 줄 모르기 때문이다. 이 이치는 평소에 익숙하게 닦아놓지 않으면 일이 닥칠 때 충분히 처리할 수 없으니 미리 준비하지 않을 수 없다.

옛날에 어떤 사람에게 일을 맡기고 싶을 때는 그 부형이 밤낮으로 이 도리를 가르쳤다고 한다. 평범한 재능을 가진 사람이 어찌 하루아침에 일을 다 감당할 수 있단 말인가. 처음부터 교육을 통해 그 마음을 안정시키는 것이 소위 '교양'이다.

인내는 온갖 묘함의 관문이니, 관직에 있는 자가 반드시 먼저 힘써야 하는 것이다. 청렴, 신중, 근면에다 인내까지 갖추면 이루지 못할 일이 없으리라!

『서경書經』에 의하면 '반드시 인내해야 하니, 그렇게 하면 성취가 있으리라'고 했는데, 이는 일을 처리하는 근본이라고 할 수 있다.

속담에 '인내가 재난을 극복한다'고 했고, 소능은 자신의 시에서 '인내가 있는 곳에 기쁨이 생기네'라고 했는데, 이 모두가 인내의 중요성을 말해주는 것이라 할 수 있다. 왕기공은 '아주 신 초를 세 말은 먹어야 재상을 할 수 있다'고 했는데, 이 역시 인내의 중요성을 강조한 말이다.

위의 내용에서 알 수 있듯, 여본중이 관직생활에서 얻은 경험이란 결국 두 극단의 평형점을 찾는 것이다. 소위 '남이 직언해도 화

를 내지 않고, 친숙하다고 해서 대의를 어기지 않는다'인데, 이는
중용의 전형적인 격언이라 할 수 있다.

영광은 치욕의 주춧돌이다

『삼사충고』의 충고

원나라 사람인 장양호는 지방관리, 감찰어사 등 30여 년에 걸친 관직생활에서 터득한 노하우를 『삼사충고』라는 책을 통해 보여주고 있다. 그 내용은 아주 실용적인 것으로, 관직에 몸담고 있는 사람들에게 많은 것을 시사해주고 있다.

동서고금을 막론하고 관직생활을 하는 자에게 가장 어렵고 위태로운 고비는 법률과 기강을 준수하는 것이다. 굳이 그 이유를 밝히자면, 모든 사람들이 하는 일을 마음대로 하지 못하고, 모든 사람들이 즐기는 것을 마음껏 즐길 수 없으며, 모든 사람들이 개인적으로 소유할 수 있는 것을 삼가야 하기 때문이다.

강한 자에게도 약한 면이 있고, 정결함이 쉽게 오염될 수 있다는 것은 바로 그것을 지키기 어렵다는 걸 가리키는 말이다. 그렇다면 위태롭다는 것은 무엇을 가리키는 것일까?

일반 사람이 어떻게 천자와 시비를 말하고, 대신들과 가부를 논할 수 있겠는가? 또한 타인의 단점을 적발하고, 타인의 관직을 빼앗으며, 심지어 타인에게 죄를 씌워 극형으로 몰아가는 것은 조금만 실수해도 그 화가 자신에게 돌아올 테니 그 아니 위태로운가?

관직에 있으면서 맡은 바 책임을 다한다면, 이러한 화를 피할 수 없는 것도 아니다. 이를 위해서는 솔직한 언행을 취하고 불행만이 아니라 생사까지 두려워하지 않는 각오를 해야 한다.

윗사람을 모시거나 조정에서 일을 처리할 때, 언제나 마음을 차분히 가라앉혀 모든 일을 사리에 어긋나지 않게 해야 한다. 이렇게 하면 비록 완곡할지라도 비굴하게 보이지 않고, 열정에 넘치더라도 대결하는 상태까지 가지 않을 것이다.

침착함과 냉정함을 잃은 처사는 윗사람을 모시는 도리에 어긋날 뿐만 아니라 자신에게도 그리 좋은 점이 없을 것이다. 옛 사람들이 수레에 매달리거나 옷자락을 잡고 늘어지는 행동을 한 것은 모두 피치 못할 긴박한 사연으로 그럴 수밖에 없었기 때문이다. 진실로 일이 이렇게까지 되지 않기 위해서는 법을 위한 법 집행을 하지 말아야 한다.

선인들은 '스스로 기개 있게 죽는 것은 쉬운 일이지만, 조용히 의를 취하는 일은 어렵다'고 했다. 이상의 내용을 본받아 실천할 수 있다면, 뒤따르는 사람이 없을까 걱정하지 않아도 될 것이다.

국가 대사를 책임 맡은 대신이 형벌을 받거나 치욕을 당하는 일이 절대로 없다고는 할 수 없다. 그러한 경우에는 침착하게 이치를 밝혀 위기를 모면해야 한다. 만일 눈물 흘리며 애걸만 한다면, 두려움으로 어쩔 줄 모르는 그 상태에서 어떻게 자신의 입장을 밝힐 수 있겠는가?

책임을 다해 국가와 백성을 위해 일하다가 죄를 얻은 것이라면, 이는 부끄러운 일이 아니라 오히려 영광스러운 일이다. 그러니 포승에 묶인들, 가혹한 형벌에 처한들 무슨 부끄러움이 있으랴! 따라서 군자는 도리를 밝혀 스스로를 믿는 것을 소중하게 여긴다.

사람에게 죽음이 있는 것은 마치 낮이 있으면 반드시 밤이 있고, 더위가 있으면 반드시 추위가 있는 이치와 같아서 크게 개의할 바가 아니다. 아들로서 효를 위해 죽고 신하로서 임금을 위해 죽는다면, 그 죽음은 위대한 것으로서 후세에 이름을 남기게 된다.

태사공은 '죽음에는 태산보다 무거운 것과 깃털보다 가벼운 것이 있다'라고 했다. 의를 위한 죽음이라면 태산보다 무거운 것이고, 그 반대라면 깃털보다 가벼운 죽음이 될 것이다. 보잘것없는 인간이 순식간에 산악처럼 우뚝 솟아 해와 달과 나란히 한 것은 모두 의를 지켰기 때문이다.

인간의 귀천과 수명은 모두 정해져 있는 것이니, 하늘의 이치에 맞게 행하면 관직에 오르게 되고 그 반대라면 좌절할 것은 말할 나위조차 없다. 열심히 일하는 자는 위태롭고 아무 일도 하지 않는 자가 평안할 거라는 생각은 무지하고 세속적인 견해이니, 군자로서 취할 비기 이니다.

정직하게 사는 자에게 불행이 있을 수 있고, 간사한 무리에게 복이 주어질 때도 없지 않다. 군자는 이를 일컬어 불행과 요행이라고 한다. 여기에는 시비와 영욕이 엇갈려 있다.

절개와 의리를 지키는 자는 도덕이 있는 자로 부귀공명을 이루었다고 방탕하지 않으며, 빈곤하다고 짜증을 내지 않으며, 권세 앞에서도 흔들림이 없다. 이것은 삶의 도리다.

아첨을 일삼고 믿음이 없어서 쉽게 흔들리는 자에게는 설사 영예가 주어진다 해도 일시적인 데 지나지 않는다. 흐르는 세월 속에서 과거의 영광은 바람인 양, 번개인 양 사람들의 기억 속에서 사라지고 말 것이다. 그러나 간악함은 천고의 세월이 하루인 양 사라지지 않고 그 치욕을 치르게 한다. 따라서 영광을 위한 삶을 살도록 노력해야 옛 사람들에게 부끄럽지 않은 삶을 살 수 있다.

재상과 같이 높은 직위에 있게 된 것을 단지 영광으로 생각해선 안 된다. 영광이 치욕의 전주곡이 될 수 있다는 점도 잊지 말아야 한다. 오직 스스로 수양을 잘 닦는 자만이 그 영광을 오래 간직할 수 있고, 그렇지 못한 자는 쉽게 치욕의 길로 치닫게 된다.

그렇다면 어떻게 해야 수양을 잘 할 수 있을까? 매사에 청렴하고, 윗사람에게 충성하며, 공정하게 처사하고, 부하들을 사랑해서 신중하게 대하는 것을 가리켜 수양을 잘 닦는다고 한다. 이렇게 하면 영예가 떠나지 않고, 여론의 지지가 그치지 않으며, 신령이 보살펴주니, 이때는 스스로 영광을 떠나려 해도 영광이 그를 떠나지 않는다.

반대로 수양을 잘 못하는 것은 사욕에 어두워 공소을 잊고, 기강을 지키지 않으며, 교훈을 받아들이지 못하고, 과오를 자꾸 범하는 것을 말한다. 이렇게 되면 악명이 떠나지 않게 되고 사람들의 호평을 얻을 수 없으니, 늘 화가 따르게 된다. 그 결과 언제나 뿌리질 수 없는 치욕 속에 시달리게 된다.

가령 재상의 자리에 있다면 무슨 선행인들 못하며, 무슨 공인들 이루지 못할 것인가. 그런데도 사소한 이익에 미혹해 경거망동한다면 평생 후회할 수밖에 없을 것이다.

예로부터 왕후장상 중에 얼어죽거나 굶어죽은 자는 없었지만, 재물이나 술, 혹은 여색이나 무사안일 때문에 죽은 자는 부지기수이니 어느 시대에서나 그 사실을 찾아볼 수 있다.

옛날 제갈량은 20여 년을 승상의 지위에 있으면서도 집안 살림은 한치도 늘지 않았지만, 가난에 죽지 않고 임금을 모시는 일에 지쳐서 숨을 거두었다. 이 때문에 그의 이름은 오늘날까지 널리 알려져 사람들을 감동케 하고 있다.

또 다른 재상 당원재는 티끌만한 이익에도 눈을 밝히는 욕심쟁이였다고 한다. 그의 집에 후추가 8백 석이나 되었다고 하는데, 그

쓸데없는 탐욕 때문에 지금까지도 사람들에게 경계의 대상이 되는 치욕을 당하고 있다.

사람은 백 년을 살 수 있는 몸이었지만 실제 수명은 겨우 팔구십에 지나지 않는다. 평균 80년을 살 수 있다 해도 뜻을 이루어 공명을 누리는 기간은 불과 삼사십 년밖에 되지 않는다. 역사에서 임금이나 재상이 백성을 위하고 있을 때는 천하가 태평하지 않은 적이 없었다.

세상을 살아가면서 많은 사람들은 현재는 잘 알지만 미래는 잘 예측하지 못한다. 미래를 예측하는 자는 과거, 현재에 대한 관찰에 근거해 그 추세를 파악하고, 자세한 분석 끝에 미래도 정확히 예견한다. 집에 화재가 일어난 뒤에야 부랴부랴 나무를 옮기거나 병이 난 다음에야 약초를 구하는 등은 모두 시기를 놓친 무모한 짓으로, 아무리 애를 써도 기대하는 목적을 이루기 어렵다.

당당하게 서 있는 둑에 개미구멍이 생겼다고 하자. 설령 잠시 동안은 위기가 없을지라도 모든 일에 주도면밀한 자는 반드시 개미구멍을 막을 것이다. 왜냐하면 결국 둑이 그 조그만 개미구멍 때문에 무너질 수 있다고 예견하기 때문이다. 천하의 모든 일을 이렇게 처리하면 무슨 걱정이 있으랴!

대체로 나라가 혼란에 빠지고 신하들이 제 구실을 못하는 것은 하루아침에 일어나는 일이 아니다. 매번 과오를 범할 때마다 그것을 작다고 방치했고, 매번 작은 죄가 있을지라도 무시했기 때문에 날이 가고 달이 가면서 바늘 도둑이 소 도둑 되듯 결국 큰 화근이 되어버린 것이다.

임금은 신하가 간언할 때면 아무리 사소한 것이라도 소홀히 취급하지 말아야 한다. 별로 중요하지 않게 보이는 것이 결국 큰 화근이 되고, 처음에는 눈에 띄지 않던 것이 마지막엔 결정적인 요소로 작용한다는 것을 잊지 말아야 한다.

따라서 임금의 지위에 있는 자는 이러한 것을 예견하고 미리 대책을 준비해야 한다. 술자리에 너무 집착하지 말고, 사냥과 들놀이에 너무 방종하지 말며, 정치는 제도를 세워 그에 따라 행하며, 재물과 관계되는 일을 처리할 때는 백성에게 해가 되지 않도록 하며, 형벌을 쓸 때는 무고한 자가 연루되지 않도록 조심하며, 군자를 멀리하지 말고 소인의 비열함에 조심하며, 주위의 의견에 신중히 귀를 기울이며, 전쟁을 일으키는 데는 신중해야 한다.

아무리 신하가 사랑스럽다 해도 지나친 포상은 피해야 한다. 또한 교제가 깊다고 마음대로 관직을 주거나 친숙한 사이라고 건전치 못한 대화를 해서는 안 된다. 신분이 명확하면 상하가 정해지고, 상하가 하나의 체제로 정착되면 불화나 난사가 생길 수 없으므로 천하가 태평해진다.

신하로서 명예만 탐하고 고생을 싫어하는 자는 충신이 될 수 없다. 묘당에 앉아 모든 일을 수호의 방심도 없이 이시에 낮게 처리해야 한다. 두 나라의 군사가 대치한 위기일발의 상황에 비하면, 정사에 임한 것은 훨씬 편안한 상태가 아닐 수 없다. 이러한 상황에서도 귀찮은 듯 몸을 아끼려 한다면, 정말 위기에 처했을 때는 어떻게 하겠는가?

> 옛날 어떤 재상이 있었다고 한다. 다른 신하들이 보직의 후보자들을 붓으로 하나하나 골라내면서 말했다.
>
> "한 사람을 퇴출시키면 한 가정이 통곡을 하겠군."
>
> 그 모습을 본 재상이 말했다.
>
> "한 가정이 통곡을 하면, 우리 모두가 통곡을 해야 하는 것이 아니던가?"

과연 이와 같은 재상의 마음으로 모든 일을 처리한다면 공정하지 않을 수 없을 것이다.

세상만사는 어려운 일과 쉬운 일, 이로운 일과 해로운 일이 엉켜 있다. 어렵고 해가 있는 일은 누구나 다 피하려 들고, 이롭고 쉬운 일은 다투어 하려고 한다. 그러나 염두에 두어야 할 것은 관직에는 상하가 있으므로 그에 맞게 할 일도 주어진다는 점이다.

윗사람이 편안해야 하고, 그를 보좌하는 자가 부지런해야 하는 것은 천하의 도리다. 조정으로 말한다면 임금이 편안해야 하고 그를 보좌하는 신하가 부지런해야 하며, 가정으로 말한다면 부모가 편안하고 자제들이 부지런해야 하며, 자기 자신으로 말한다면 머리가 편안하고 손발이 부지런해야 한다. 이 도리를 아는 자는 임금과 부모에게 걱정을 끼치지 않을 것이다.

하지만 요즘의 집정자들은 그저 명성만 좋아해 일을 처리할 때도 엄격하지 못하고, 사람들을 격분시킬까 두려워 그 책임을 윗사람에게 지우고 있다.

슬프다! 집안을 다스리면서도 그 수고로움을 부모에게 지우고, 나라를 다스리면서도 백성의 원망을 임금에게 지운다면, 어찌 충과 효를 얻었다 하겠는가. 하물며 죄가 있는데도 문책하지 않고, 잘했는데도 상을 주지 않는다면 비록 하·은·주 삼대의 나라라도 다스릴 수 없을 것이다.

그러므로 형벌이란 엄격해서 두려운 것이 아니라 집행이 불공정해서 두려운 것이다. 제환공은 백씨의 3백 리에 달하는 영지를 몰수했지만 아무런 원망을 듣지 않았으며, 제갈량은 요립을 폐했지만 그의 부음을 듣자 요립은 눈물을 흘렸다고 한다. 그들과 같이 진정 공정한 마음을 지녔다면, 천하에 불복하는 자가 없을 것이다.

임금 대하기를 호랑이처럼 한다

증국번의 보신책

청나라의 관리 증국번은 관직생활에서 중용을 가장 잘 운용한 사람으로 손꼽힌다. 그는 당시 관리들 사이에 유행하던 '눈치 보기'식의 중용을 별로 탐탁히 여기지 않았지만, 나름내로 중용의 적극적인 면을 긍정하고 운용했다.

당시 증국번은 상군湘軍을 훈련시켜 청나라의 집권자들에게 중용되었다. 그러나 황제를 모시는 것이 호랑이를 타는 일과 같다는 걸 알았기 때문에 그는 언제나 자기 주변에 잠재되어 있는 위험에 대비하고 있었다.

특히 조정에서 끊임없이 아귀다툼이 일어날 때마다 그는 신경을 곤두세우고, 극히 조심하여 위기를 넘기곤 했다. 그때마다 그는 자신의 본뜻을 굽히지 않으면 안 됐는데, 증국번의 탁월한 중용 처세술은 바로 이 점에 있었다.

함풍 황제가 세상을 떠난 후 숙순 등 여덟 명의 친왕이 집권하면서 많은 권력이 증국번에게 넘어왔다. 8월 25일 하루 동안, 청나라 조정은 '능력이 뛰어나다' 하여 증국번에게는 태자소보를, 그 동생 증국전에게는 '지혜와 용맹으로 안경을 공략한' 공로를 인정하여 포정사와 안찰사 제일후보로, 증정간에게는 직예주 지주를, 심지어 싸움터에서 죽은 증국화에게도 표창장을 발급했다.

이렇게 가문의 형제 넷 모두 황제의 은혜를 받게 되자, 증국번은 마치 심연 속으로 빠져든 기분이었다. 엄청난 상급에 대하여 보답해야 할 무거운 책임과 의무를 지게 되었기 때문이다.

그런데 얼마 지나지 않아 9월 29일 자희태후가 북경으로 돌아왔다. 그는 공친왕 혁흔과 단짝이 되어 영국 공사의 지지 하에 여덟 명의 친왕들이 내린 기존의 명령을 모두 뒤엎었다. 그리하여 엿새 후, 숙순 등은 처형되거나 귀양 가는 신세가 되고 말았다.

이 쿠데타를 겪은 증국번은 전전긍긍하면서도 자기보호의 본능적인 반응으로 태후 일파에게 절대적인 순응의 태도를 보였다. 이 때문에 험한 형세 속에서도 증국번은 자신의 안위를 보존할 수 있었다.

관직생활을 하다 보면, 갖가지 도전이나 위험을 겪게 마련이다. 증국번과 그의 제자 이홍장은 이러한 위기에 처할 때마다 자신들의 뛰어난 처세술로 위기를 넘겼는데, 다음은 그 내용을 소개한 것이다.

제2차 아편전쟁 때였다.

1860년 4월 22일, 영국 · 프랑스 연합군은 주산을 점령한 뒤 연이어 대련, 연대, 북당과 천진을 공략했다. 9월 18일에는 북경 동쪽의 장가만과 통주를 지났고, 21일에는 북경에서 8리밖에 되지 않는 팔리교까지 쳐들어왔다.

대경실색한 함풍 황제는 동생인 공친왕 혁흔을 조정의 흠차대신으로 남기고, 후궁들을 거느린 채 황급히 열하의 행궁으로 줄행랑을 놓았다. 당시 수호대장은 연이은 패배를 당한 후 후퇴하면서 조정에 원군을 요청했다. 8월 11일, 함풍 황제는 증국번, 원갑삼에게 각각 3천 명의 병사를 거느리고 북경에 와서 즉각 전투에 가담하라고 명령했다.

황제의 조서는 8월 26일이 되어서야 증국번에게 전해졌다. 공교롭세도 이날 증국번은 상군이 휘주에서 대패했다는 급보도 접하게 되었다. 휘주는 상군의 주력 부대가 주둔하고 있는 곳으로, 태평천국군을 막는 주요 거점이었다. 이 두 소식을 거의 동시에 접한 증국번은 밤새도록 잠을 이룰 수 없었다.

고뇌하던 증국번은 동료들과 논의한 뒤 직접 군사를 거느리고 북으로 원조의 길을 나서기로 했다. 그러나 이 기간에 군영에 와서 함께 논의에 참여했던 장불이 반대하고 나섰다.

"군대를 거느리고 있는 장수라면 북경을 지키러 가는 것이 당연합니다. 그러나 양강총독의 입장에서는 본토를 지키는 책임이 더 중요합니다. 더욱이 현지 사정도 위급한 이때에 이곳을 떠난 새 떠나는 것은 절대로 불가합니다."

일리 있는 말이었다. 하지만 증국번은 조서에서 요구한 대로 부하를 보내면, 그가 자신보다 조정과 더 친숙해지지 않을까 꺼려했다. 그래서 증국번은 부하의 군대가 북경까지 가게 되면 기한을 어길 수 있다는 이유로 보내기를 거부했다.

이때 그는 자신의 모든 것, 즉 상군과 강서의 군사기지, 자신의 관직, 봉록 및 가문의 운명이 모두 조정의 흥망성쇠에 달려 있다고 생각했다. 그는 동생 증국전에게 다음과 같은 내용의 편지를 보냈다.

군대를 보내 북경을 지키는 것은 신하로서의 직분이다. 우리가 지금의 명예를 지닌 채 뭇 사람을 거느리고 있는 것은 '충의'를 떠나 이루어질 수 있는 것이 아니다.

황제를 잊지 않는 것이 '충'이고, 친구를 돌보는 것이 '의'이다. 지금 황제께서 피난을 하고 계시는데, 신하로서 모른 척하는 것은 대의에 어긋나는 일이다.

만일 수도가 함락되면 물자 공급이 불가능한 열하의 군대는 자연히 흩어지고 말 것이다. 황제가 없으면 우린들 얼마나 지탱하겠느냐? 백성들이 세금을 내지 않고 상인들이 납세하지 않으면, 자연히 양강도 무너지게 마련이다. 따라서 그 전에 황제를 도와 나라를 보위함으로써 충의의 마음을 욕되지 않게 함이 바람직하다. 또한 후세에 치욕을 남기지 않는 것도 이 길뿐이다.

증국번은 자신의 생각을 실천하는 방안을 강구했다. 즉 황제에게 자신과 호림익 가운데 한 명이 군사를 거느리고 북상하도록 청한 다음 다시 그 칙령에 따르자는 것이었다. 증국번의 속셈은 이러했다.

'황제에게 청하는 글이 전달될 때는 9월 안이고, 그것이 다시 황제의 답서로 된 조서가 되어 자기까지 오려면 적어도 10월쯤 된다. 그동안 북경의 위기는 이미 일단락을 고하게 될 것이다. 그러면 자신은 황제의 명을 거역하지 않을 뿐만 아니라 지방의 위기를 모면하는 데도 충분한 시간을 벌 수 있다.'

그러나 또 다른 경우가 있었으니, 영국·프랑스 연합군과의 교전이 길어질 수 있다는 것이었다. 증국번은 그런 상황이 닥치면 호림익을 보내기로 하고, 그때를 대비해 지방 병력의 배치에 대해서도 이미 치밀한 계획을 세워놓았다.

증국번의 북방 원조의 직접적인 목적은 외국 군대를 공격하는 것이 아니었다. 그는 황제가 피난을 간 것이 마음에 걸렸던 것이다. 그는 누차에 걸쳐 '이번 북행은 임금과 신하의 대의를 지키기 위한 것'이라고 했다. 따라서 지원군을 보내는 것이 외적을 물리치는 것보다 임금에게 더 큰 충성심을 보여준다는 의미를 부여했다.

나중에 그는 북경에서 화의가 이루어져 외국 군대가 물러갔다는 소식을 듣고 아주 즐거워했다. 북경이 당한 재난에 대해 그는 별로 놀라지 않았는데, 잿더미가 되어버린 원명원에 대하여 '원명원은 타버렸지만 그래도 북경은 그대로 남아 있지 않는가'라고 말했을 정도였다. 하지만 11월 매국적인 '북경조약'의 실체를 보고 나서야 비로소 외국 침략자들에 대한 적개심을 갖게 되었고, 나라의 앞날을 걱정하기에 이르렀다.

민족의 모순과 계급의 모순이 모두 첨예화하고 있었지만, 증국번은 시종일관 태평천국군에 대한 공격을 멈추지 않았다. 동료들과의 편지나 대화에서 그는 항상 자신의 세력 보존에 대해 상당한 관심을 보였다.

앞서 말했던 북경을 지원하는 일에 관해서도 그는 '북쪽 원조는 도리에 맞게 하기 위한 것이고, 강서와 양호를 지키는 것은 세력을 보존하는 일이다'라고 했다. 때문에 태평천국군이 활약하고 있던 구역에서만큼은 자신의 절대적 권위를 확보하기 위해 항상 노심초사했다.

처음 함풍 황제로부터 지원군을 보내라는 조서를 받았을 때, 조금이라도 시간을 끌어 태평천국군에 대적할 병력을 확보하려고 노력한 사람은 이홍장이었다. 북방 원조는 '황제를 모시는 일'로, 절대 소홀히 할 수 없는 일이었지만 증국번은 태평천국군이 승세를 타고 있어서 결코 병력을 쉽게 움직일 수 없었다.

북방 원조를 둘러싸고 증국번의 측근들은 다양한 의견을 내놓았는데, 대부분이 북상해서 북경을 지키는 데 참여하자는 쪽이었다. 그러나 이홍장만은 그들과 반대되는 의견을 내놓았다.

"외적이 이미 쳐들어온 이상 북경을 지킨다는 것은 헛소리에 지나지 않습니다. 이제 세 나라는 틀림없이 합의를 통해 화해를 이룰

것입니다. 지금 나라를 위협하고 있는 것은 외적이 아니라 태평천
국군입니다. 그들과 대적하고 있는 우리 상군은 아주 중요한 고비
에 처해 있기 때문에 매사를 신중히 대해야 합니다. 그러니 경거망
동하지 말고 다시 황제의 조서를 기다리는 것이 바람직하다고 생
각합니다."

이와 같은 말에 힌트를 얻은 증국번은 즉시 황제에게 다시 상서
를 올린 다음 그 회답을 기다리는 대책을 썼다. 과연 화해가 이루
어지자 아무 대책도 없이 지원군을 파견했던 이웃 성들은 상당한
군비만 낭비한 채 허탕을 치고 말았다. 이 사건을 통해 증국번과
이홍장이 그들보다 한 수 위라는 것을 증명해 보였다.

증국번의 뛰어남은 그의 은퇴 과정에서도 드러난다. 그는 만년에
관직을 그만두고 싶었지만, 단도직입적으로 결행하기가 어려웠다.

'조정에서 전쟁이 일어나면, 또다시 사신을 부르시는 않을까?
그때는 어떻게 대처해야 할까?'

이런 문제 때문에 그는 하루도 마음 편할 날이 없었다. 기실 그
가 은퇴하려는 마음을 먹고도 갈등한 까닭은, 자신의 술회에 따르
면 다음과 같은 세 가지 때문이었다.

'첫째, 도독都督을 하기 어려운 시기다. 지금은 불안정한 시대라
서 군대를 두어야 하고, 이를 위해서는 군비를 마련해야 한다. 군
대를 두면 전쟁으로 백성들을 어렵게 만들게 되고, 군비를 마련하
려면 백성들의 원한을 살 수 있으니, 모두 명성에 나쁜 영향을 끼
치기 때문이다. 둘째, 너무 오랫동안 권력의 핵심을 차지한 탓에
엄청난 이익을 챙겼을 거라는 의심을 받기 쉽다. 그렇게 되면 매사
에 사람들의 눈치를 봐야 한다. 셋째, 고위직에 있으면 부귀영화를
누릴 수는 있지만 항상 위험과 치욕이 뒤따를 수 있다. 옛 사람들
은, 부귀는 항상 위기의 징조라고 말했다. 평소에 영예와 높은 직

위를 멀리하는 것이 안전하게 처신하는 가장 좋은 방법이다.'

그런데 증국번이 은퇴한다는 소문을 들은 이홍장이 편지를 보내
왔다.

사직서를 올릴 때는 너무 강경한 어투를 삼가십시오. 자칫하면
다른 사람에게 자신의 의도가 드러나서 좋지 않습니다. 또 글을
올려도 즉각 허락이 날지 의문이며, 설사 은퇴한 뒤라도 전쟁이
일어나면 다시 나서야 할지도 모릅니다.

그 충고를 옳게 여긴 증국번은 관직을 그만두면 고향에 내려가
지 않고 저잣거리에서 잡일이나 하기로 결심했다. 그는 자신의 이
름이 사람들의 뇌리에서 점차 잊혀지기를 원했다. 그러다가 작은
불행이라도 닥치면 운명이라 생각하기로 했다. 그는 동생 증국전
에게 보내는 편지에 이러한 심정을 표했다.

우리 형제는 나라의 은덕을 많이 입었다. 그러므로 국가에 일이
있을 때는 회피하지 말아야 한다. 예전에 말한 것처럼 화가 닥치
든, 복이 주어지든, 명예가 훼손되든 나라를 위해서 당당하게 나
서야 한다.

그렇듯 증국번은 모든 일에서 손을 뗀 뒤 사람들의 기억에서 사
라지기를 바랐다. 더 이상 높은 관직을 노리지도 않고 은퇴한다는
말도 하지 않은 채 언제나 그 자리에 머물면서 애써 자신을 감추는
것이었다.

그의 목적은 제자들에겐 스승이 언제나 자신들과 함께 있는 것
으로, 동료들에겐 아무런 야심이 없는 것으로, 황제에게는 자신이
항상 모실 준비가 되어 있는 것으로 처신함으로써 진퇴를 자유자

재로 하는 것이었다. 이렇게 함으로써 그는 절개와 명예를 지킬 수
있었고 누구에게도 미움을 사지 않았으니, 일거양득의 효과를 얻
었다.

제10편 중용의 양생술

중국은 예로부터 건강을 유지하고 장수하기 위해 양생과 보건에 주의해왔다. 전통적인 한의 이론에 의하면, 건강을 유지하기 위해서는 우선 체내의 음양이 평형을 이루어야 한다고 한다.

즉 인체 내의 음양이 중용 상태를 유지해야 하는 것인데, 그렇지 않으면 양과 음 어느 한쪽으로 기울어서 건강이 파괴된다는 것이다. 따라서 중용은 인체 건강을 위한 양생술에서도 가장 중요한 요소 중 하나라고 할 수 있다.

중용을 취하면 장수한다

양생술에 담긴 중용의 지혜

다음에 소개하는 내용은 양생술의 전통에 대한 체계적인 서술이 아니다. 양생술에 관한 유명한 격언의 일부를 인용해 그 속에 담긴 중용의 사상을 밝혀보려고 하는 것이 그 목적이다.

『복수론福壽論』에서는 이렇게 말했다.

> 가난한 자가 장수하고 부유한 자가 단명하는 경우가 많다. 가난한 자는 늘 부족한 상태지만, 욕심 때문에 속을 태울 걱정이 없기 때문에 장수하게 된다. 그러나 부유한 자는 사치스런 생활이 습관이 되어 있을 뿐만 아니라 그로 인해 생긴 욕심으로 애간장을 태우기 때문에 수명에도 지장을 초래하는 것이다.
>
> 하지만 가난한 자가 단명인 경우도 없지 않은데, 그것은 덕이 부족하기 때문이다. 그러므로 세상을 살아가는 모든 사람들은 도를 넘는 욕심은 자제해야 한다. 분수에 넘는 관직을 차지하거나, 지위에 걸맞지 않는 수레를 이용하거나, 신분에 걸맞지 않게 많은 처첩을 거느리거나, 분에 넘치게 큰 저택을 소유하거나, 지나친

재물을 긁어모으면 신이 반드시 쥐도 새도 모르게 처벌을 내리는데 그것은 재난이나 병으로 표현된다.

온공은 『해선육게海禪六偈』에서 다음과 같이 말했다.

분노는 열화와 같고 이기적인 욕심은 화살촉과 같은데, 이러한 상태에 오래 빠져 있으면 지옥에 들어갈 수밖에 없다. 안연은 누추한 곳에 안주하고 맹자는 자연에 심취하여 부귀를 하늘에 떠 있는 구름처럼 여김으로써 지극한 즐거움의 세계에서 살 수 있었다. 충신忠信을 행하는 자는 맹수가 득실거리는 곳에서도 안전하고, 선행을 쌓는 자에게는 만사가 길한데, 이는 바로 인과응보의 결과다. 인자한 사람의 저택은 안전하고 의로운 자의 앞날은 정의로우니, 그 어떤 것도 그들의 명성과 건강에 해를 미칠 수 없을 것이다. 노력으로 몸을 닦고 공덕이 만물을 요데히게 할 때 비로소 선현의 계열에 들 수 있으며, 나아가 불교에서 말하는 보살의 경지에도 이를 수 있다. 이런 사람들의 말은 백 년을 넘게 인간의 가르침이 될 것이고, 그 행동도 천하가 본받을 것이다.

모계위 또한 유사한 내용을 피력한 바 있다.

사기와 기만으로 얻은 돈은 탐낼 것이 아니다. 쉽게 얻은 것은 쉽게 잃게 된다. 농장을 사들이고 넓은 저택을 마련하노라면 이웃의 공간은 점차 줄어들게 마련이다. 그렇게 근사하게 장만한들 며칠이나 그 안에서 살 수 있을까? 전답과 넓은 집을 마련하느라고 인생을 허비하다 보면 죽음이 닥칠 것이다. 당하에서 우는 사람 중에는 그대의 돈을 바라고서 거짓 울음을 하는 자가 태반일 것이니, 그 또한 슬픈 일이 아닐까?
중생의 마음이 그렇듯이, 속으로는 음흉하면서도 겉으로는 보살
의 경전을 외우고 있으니 이를 깨닫지 않으면 안 될 것이다.

온공의 지적은 진실을 그대로 말하는 것이니, 사람들은 주의를
해야 한다. 응거의 이야기를 들어보자.

옛날에 길을 가던 나그네가 노인 셋을 보았다. 그들은 백 살이 훨
씬 넘어 보였는데도 모두 밭에서 일하고 있었다. 너무 신기해서
그 중의 한 노인에게 물었다.
"어떻게 이렇게 건강하십니까?"
첫 번째 노인이 대답했다.
"집사람이 요염하지 않은 탓이오."
두 번째 노인은 이렇게 말했다.
"과식하지 않았기 때문이죠."
세 번째 노인도 대답했다.
"자리에 누울 때 머리까지 덮어쓰지 않았기 때문이오."
이 세 노인의 말은 장수의 비결에 관한 것이었다.

노인들의 건강 관리에는 네 계절에 따른 기상시간의 조절, 거처
에 대한 여러 가지 조건의 조화 등이 있으며, 뼈나 근육의 형태에
맞는 자세, 병환을 예방하는 호흡술, 좋은 컨디션을 유지하는 방
법, 지나친 소모를 자제하고 휴식을 주로 취하는 등 여러 가지 방
책이 있을 것이다. 그리고 화를 참음으로써 온몸의 음기를 보전하
고, 기쁨을 억제함으로써 양기를 보전해야 한다. 여기다가 약초로
적당히 보완을 하면 과실이 없게 된다.
이밖에도 정신적인 수양이 필요하다. 가난하면 가난한 대로 살

아야 하고, 부유하다고 해도 지나친 자부심은 자제해야 한다. 가난하든 부유하든 도를 지키면서 살아야지, 부귀와 빈천에 따라 흔들려서는 안 된다.

나이가 쉰 살에서 백 살에 이르기까지는 좋은 약의 도움을 받아야 하고, 선량한 말을 할 뿐만 아니라 난잡한 생각을 품지 말아야 한다. 마음은 항상 만족상태에 있어야 하고, 다른 사람에게는 언제나 너그럽게 대하고 운명을 탓하지 말아야 한다. 또 적게 생각하고, 욕심을 줄이고, 일과 말을 줄이고, 웃음과 근심을 줄이고, 희로애락도 줄여야 한다.

이상은 모두 건강을 관리하는 비법이라고 할 수 있다. 생각이 많으면 정신의 부담이 늘어나게 되고, 욕심이 많으면 이성을 잃을 수 있으며, 일이 많으면 힘에 부치게 되고, 희로애락은 정서에 영향을 미쳐서 건강에 해롭다. 이러한 것은 모두 장수에 절대적인 부정적 영향을 미치므로 주의하지 않으면 안 된다.

전하를 어렵게 여기는 자는 우매하기 때문이요, 변론에 능하지 못함은 어눌하기 때문이며, 세상 살기를 두려워하는 자는 비겁하기 때문이다. 말이 적은 자는 다른 사람에게 부담을 적게 미치고, 행위가 적으면 실수가 적게 되며, 재간이 없는 자는 사역을 적게 당하게 마련이다. 젊은 사람도 이러한 것들을 피해야 하는데 하물며 나이든 사람임에랴! 이러한 점들에 유의해야 천수를 누릴 수 있다.

『대장경大藏經』에서는 다음과 같이 말했다.

재난의 어려움을 해결하기보다는 그것을 회피하는 것이 쉬우며, 병을 치료하기보다는 병에 걸리지 않는 것이 길하다. 그런데도 요즘 사람들은 예방보다는 해결하느라고 더 열심이며, 그것을 피하기보다는 치료하는 데 더 노력한다.

임금은 훌륭한 정치로 나라의 안정을 도모하려 하지 않고, 사람들은 평소의 보양으로 건강을 도모하려 하지 않는다. 성인은 미리 행복을 위한 노력을 하며 화근은 싹이 나기도 전에 제거해버린다. 이 때문에 재난과 병을 미연에 방지할 수 있는 것이다.

사람들은 가벼운 선행은 작다고 하면서 행하지 않고, 사소한 나쁜 일은 무방하다고 하면서 신경을 쓰지 않는다. 그러나 가벼운 선행이 모여 대덕을 이루게 되고, 작은 잘못이 쌓여 큰 재앙을 불러온다는 것을 그들은 모르고 있다. 그러므로 마음의 병은 백 가지 행동을 보고서 진단해야 한다.

환자가 움직이지 않고 가만히 있다면, 어떻게 그 환부를 진단하고 병을 치료할 수 있겠는가. 병을 방치한 채 오래 두면 결국 몸 안에서 다른 변이를 일으키게 되어 금석초목이라도 치료할 수 없게 된다. 오래 사는 것은 바로 병이 없기 때문임을 알아야 한다.

『내상경』에서는 또 이렇게 말했다.

옛날의 성인들은 선행만 골라 했다. 그들은 선행이라면 사소한 것도 마다하지 않았고, 악행이라면 아무리 작은 것이라도 행하지 않았다. 악을 극복하고 선행을 추구하는 것은 약방의 감초처럼 인간 행동의 규범에 반드시 필요한 것이다.

이런 관점에서 『대장경』에서는 백 가지 병(百病)과 백 가지 약(百藥)에 대해 말하고 있다. 사람이 백 가지 병을 제거하기 위한 일념으로 매일 자신을 체크하면서 이 병의 발작을 줄인다면 재해, 고통, 번뇌, 흉한 일과 위험을 멀리할 수 있을 것이다. 이렇게 하면 자신의 생명을 연장할 뿐만 아니라 자손 후대까지 그 복이 미치게 될 것이다.

사람들은 누구나 자신의 질병을 감추고 싶어한다. 이 질병은 음식이나 풍한 등에서 비롯되는데, 사람들이 성인의 가르침을 어겼기 때문에 나타나는 현상이다. 그 결과 정신이 혼미해지고 몸이 허약해지면, 풍한 등의 침입에 대응할 수 없어서 질환이 생긴다.

덕을 쌓은 자는 한적한 곳에서도 행동을 삼가고, 관직에서 권력을 쥐고 있을지라도 악행을 저지르지 않는다. 몸에 맞게 옷을 지어입고, 양에 맞게 음식을 취하며, 부귀할지라도 도를 지키며, 비천한 몸일지라도 행패를 부리지 않는다. 따라서 잔인함과 흉포함이 그와 멀어지기 때문에 신체 내부의 질환이 일어나지 않는다.

사람이 백 가지 병을 치료한다고 백 가지 약을 사용할 필요는 없으니, 자신의 마음을 다스리면서 도를 지킨다면 장수하기는 결코 어렵지 않을 것이다.

지나치게 강함을 추구하는 것, 지나치게 비애와 우울함에 싸여 있는 것, 지나치게 즐거움에 빠져 있는 것, 노여움을 이기지 못하는 것, 소원을 이루기에 급급한 것, 지나치게 근심하고 걱정하는 것, 추위와 더위를 조절하지 못하는 것, 음양이 조화를 이루지 못하는 것 등은 모두 사람의 건강에 해롭기 때문에 반드시 정확한 해결책을 강구해야 한다.

사람이나 사물에 의해 상처를 입지 않고 음양의 법칙을 깨달을 수 있으면, 불사의 경지에 이를 수 있다. 지나친 즐거움은 기를 흐트러지게 하고, 지나치게 우수에 잠기면 기가 통하지 않게 된다. 정력을 소모하면 기가 부족해지고, 지나치게 잠을 자면 눈이 흐리게 되며, 타액이 많아지면 마음이 번거롭게 되며, 맛있는 음식을 탐내면 배탈이 날 수 있다.

사람들은 오미五味를 탐내지만, 그것이 원기를 상하게 한다는 것은 별로 알지 못한다. 성인은 오미의 독함을 알기 때문에 그것을 멀리하며, 원기가 상할까 두려워서 쓸데없이 지껄이지 않으며, 몸의 정기를 지키기 위해서 노력한다. 침을 삼키지 않으면 몸의 기가 건조해지며, 기가 건조해지면 침이 마르게 된다. 따라서 원기를 지키고 감천(甘泉, 침)을 마시는 것이 장수의 근본이다.

민진산인閩陳山人의 『소요설逍遙說』에는 다음과 같이 쓰여 있다.

성품은 분수가 정해진 것이며, 도리는 극에 이르는 법이다. 힘이 아무리 센들 운명을 이길 수는 없으며, 재주가 아무리 많다고 한들 하늘을 이길 수는 없다.

탐욕의 병이 있는 사람들이나 출세에 성급한 무리들은 부귀는 능력으로 이룰 수 있고, 공명은 지모로 성취할 수 있고, 신선의 경지는 배워서 이를 수 있고, 장수는 술법을 통해 얻을 수 있다고 말하지만, 이들은 늙어서 죽는 운명을 끝내 깨닫지 못하고 있다.

천하 사람들이 모두 갑부가 될 수 없으며, 모두 장수한다는 말을 들을 수 없으며, 모두 선량한 사람일 수 없으며, 모두 높은 관직에 올라갈 수 없으며, 모두 천하일색이 될 수는 없다. 그러나 부자는 부자로, 빈자는 빈자로, 장수하는 자는 장수하는 자로, 달인은 달인으로 모두 자신의 운명에 복종해야 한다.

이 사실은 천지든 귀신이든 움직일 수 없다. 그러므로 달관한 자는 언제나 본성에 입각해 분수대로 즐기고, 진리를 간직한 채 소박하게 지낸다. 천하에 길이 보이면 그에 따르고, 길이 보이지 않으면 세상 속에 묻혀 지낸다. 태산이 눌러도 무겁다고 탓하지 않으며, 새의 깃털을 들어도 가볍다고 하지 않으며, 출세했다고 우쭐거리지 않으며, 천길 나락으로 떨어졌다고 수치로 생각하지 않는다. 뇌성벽력이 울린다고 두려워하지 않으며, 시퍼런 칼날 앞에서도 떨지 않으며, 삶과 죽음을 아침과 저녁처럼 여기고, 가득 차거나 비워지는 것을 좋은 소식으로 여긴다.

그들은 위로 우주를 보고 아래로 인간을 굽어보며 자신을 바다에 떠 있는 부평초처럼, 창고 안의 곡식알처럼 여기면서 위치의 경중에 대해서는 별로 신경을 쓰지 않는다. 따라서 가는 곳마다 즐겁고 가는 곳마다 알맞다고 생각하며, 나아가서는 백성을, 들어와서는 이웃을 생각한다. 이렇게 살아가므로 초연하지 않을 수 없다.

오호라! 다스림에 성공한 자는 운이 따른 것이고, 현자의 여부는 도에 의하여 결정되며, 장수 여부는 자연의 현상이며, 등용 여부는 때를 만나야 한다. 세상 사람들의 앎과 재주에는 별로 차이가 없으므로 때를 잘 만나야 한다. 여건이 주어지지 않았는데도 너무 집착하는 것은 오히려 해가 될 수 있다.

『세심洗心』은 또 이렇게 말했다.

복은 청렴함에서 생기고, 덕은 양보에서 생기며, 도는 안온함에서 생기며, 명은 소화 속에서 생긴다. 근심은 과도한 욕심 때문에 생기고, 화는 탐욕에서 생기는 것이며, 과오는 경솔과 오만에서 생기는 것이고, 죄는 어질지 못한 데서 생기는 것이다.

눈을 경계해서 타인의 잘못을 보지 말 것이며, 입을 경계해서 타인의 단점을 떠들지 말 것이며, 생각을 경계해서 탐욕과 음탕함에 들어가지 말 것이며, 몸을 경계해서 악한 자를 친구로 사귀지 말아야 한다. 쓸데없는 말은 삼가야 하며, 이미 지난 일은 간섭하지 말아야 한다.

침묵, 침묵, 침묵을 지켜야 하니 무한한 신선도 이로부터 얻는 것이요, 너그럽고 너그럽고 너그러울지니 천만 가지 재난이 이로부터 사라지며, 참고 참고 참을지니 모든 원한이 이로부터 풀리게 되며, 쉬고 쉬고 쉴지니 세상을 덮는 공명도 자기 혼자서 이루는 것이 아니다.

임금을 존경하고, 부모에게 효도하며, 현명한 자를 예우하고, 덕 있는 자를 받들고, 현명함과 어리석음을 구별하고, 모르는 자를 용서해야 한다. 자신에게 자연스럽게 주어지는 것은 마다하지 말고, 기회를 놓친 것은 다시 쫓지 말아야 하며, 운수가 열리지 않을 때는 바라지 말고, 지나간 일은 곱씹지 말아야 한다.

총명한 자도 어두운 면이 있고, 득실에 집착하는 자가 오히려 많이 잃게 되며, 타인을 해치는 자는 결국 자신도 당하게 되고, 권세에 의지하는 자는 결국 화를 당한다는 사실을 명심해야 한다.

절약을 하지 않으면 가정이 망하고, 청렴하지 못하면 관직을 잃는다는 사실도 잊지 말아야 한다. 사람은 평소에 자기 자신을 경계해야 하니, 바른 마음을 갖고 살아가는 자에게는 세상에 두려운 것이 없다.

천지간의 이치를 따른다

부부생활 속의 중용

중국의 양생술에서는 부부간의 성생활이 상당한 비중을 차지하고 있다. 전문가들은 부부생활의 양생에 무지한 자는 양생을 말할 자격도 없는 것으로 보고 있다. 전통적인 무무의 성생활과 양생에 관한 이론을 살펴보면, 그 핵심이 중용에 있음을 알 수 있다.

우선 남녀의 성생활을 긍정적인 관점으로 대해야 하니, 이는 부부간의 정상적인 성생활이 이루어지지 않아서 음양이 조화를 이루지 못하면 병이 될 수 있다는 뜻이다.

다음은 남녀 모두가 성생활의 도를 지켜야 하는 것인데, 성욕을 참고 인내하거나 지나치게 방종한 것은 모두 건강에 해가 된다는 뜻이다.

마지막으로 부부생활을 할 때는 반드시 즐거움과 건강의 원칙을 함께 지켜야 한다는 것이다.

다음에 소개하는 것은 고전적인 경전들에 나와 있는 부부의 성생활과 양생에 관한 내용을 정리한 것이다.

지나치게 참는 것도 병이 된다

『현녀경玄女經』에는 다음과 같은 내용이 있다.

사람이 오랫동안 음양을 합하지 않으면 어혈이 맺히게 된다. 그 결과 유폐된 상태가 지속되면 병이 되어 수명에 지장을 준다. 지나친 방종도 수명에 지장을 주기는 마찬가지다. 오직 절도 있는 조화를 이루어야 수명에 지장을 주지 않는다.

『동현자洞玄子』에는 다음과 같이 기록되어 있다.

천하 만물 가운데 가장 존귀한 것은 인간이며, 인간의 행위 중에서 가장 중요한 것은 남녀간의 정사다. 천지의 도리에 따르듯이 음양 조화의 이치를 터득한 자만이 양생을 잘해서 수명의 연장을 도울 수 있다. 반대로 이를 배반하게 여기는 자는 수명이 줄어들게 된다.

『천금방千金方』에는 또 이렇게 쓰여 있다.

인간은 서른이 되기 전에 방종한 생활을 하는 경우가 많다. 이 때문에 마흔이 넘으면 기력이 일시에 쇠퇴하는 걸 느낄 수 있다. 기력이 쇠진하면 만병이 따르게 되는데, 그 병을 제때 치료하지 못하면 불치병이 되고 만다. 그러므로 마흔 살이 되면 성생활의 법도를 잘 지켜야 하는데, 사람들이 그렇게 하지 않으니 안타까울 뿐이다.

남녀간의 조화는 천지조화와도 같다

『옥방비결玉房秘訣』에는 다음과 같은 내용이 있다.

"충화자가 '한 번 음하고 한 번 양한 것이 도'라고 하면서 이것이
양생의 근원이라고 했는데 맞는가?"

황제가 소녀에게 물었다.

"짐이 기력이 쇠진하고 마음이 불편해서 몸이 좋지 않은 것 같은
데, 어찌하면 좋겠소?"

소녀는 다음과 같이 대답했다.

"사람의 기력이 쇠진해지는 것은 대개 음양의 교접이 그 원인이
되고 있습니다. 여자가 남자보다 강한 것은 물로 불을 끄는 것과
같으니, 이 도리를 알고 정사를 행하면 솥에서 국을 끓여내듯 쉽
지요. 음양 조화의 비결을 알면 오락五樂이 이루어지지만, 이를
모르는 자는 생명이 위태롭게 될 터이니 어찌 환락이 있겠습니
까? 신중하게 대할 문제입니다."

한나라의 부마도위 무자도는 나이가 138세였다. 효광황제가 순
시를 하다가 위수에서 그를 만났는데, 그의 머리 위로 이상한 기운
이 10자 남짓 솟구치고 있었다. 황제가 기이하게 여겨 측근에게 그
연유를 물으니 동방삭이 나서서 말했다.

"저 사람의 머리 위로 기운이 솟는 것은 천중天中이 통한 것인
데, 그 비결은 음양술에 있습니다."

황제는 좌우의 측근을 물리치고 조용히 무자도에게 물으니, 그
는 이렇게 대답했다.

"음양에 관한 것은 극히 사적인 것이라 신하로서 여쭙기가 거북
합니다. 또한 그대로 행할 수 있는 자가 극히 적기 때문에 감히 이
실직고할 수가 없습니다. 신에게 이를 전수해준 능양의 자명이란
사람은 나이가 165세인데, 이 술법을 72년간이나 견지해왔답니다.
장수를 누리기 위해서는 그에 맞게 도를 닦아야 합니다. 가령 여색

을 탐하기만 한다면, 백맥百脈이 모두 손상을 입어서 백 가지 병이 도질 수밖에 없습니다."

음陰을 끊고 양陽만 홀로 있는 것은 좋지 않다

『소녀素女』에는 다음과 같은 내용이 있다.

20대는 4일 만에 한 번씩 배출해야 하고, 30대는 8일 만에 한 번씩 배출해야 하며, 40대는 16일 만에 한 번씩 배출해야 하고, 50대는 20일 만에 한 번씩 배출해야 하니, 이것이 법도다. 건강하고 식성이 좋고 정력이 좋은 사람은 간혹 그 도를 조금은 넘을 수 있다. 마치 샘물처럼 아무리 흘러도 끝없이 채워지듯 고갈되지 않도록 유의해야 한다. 신체가 쇠약하고 원기가 부족한데다 식성까지 좋지 않은 자가 여색만 탐해서 정사를 고집한다면, 마치 호랑이 수염을 건드리는 것과 같아 매우 위태롭다. 요컨대 건강이 좋지 못한 자는 반드시 금해야 하는 것으로서 사정을 하지 말아야 한다.

60대에 이르면 정문精門을 굳게 닫아야 한다. 하지만 기력이 왕성한 자는 너무 참고 견디지 말아야 한다. 오랫동안 방출하지 않으면 역시 질환을 유발시킬 수 있기 때문이다.

『명의론名醫論』에는 다음과 같이 쓰여 있다.

남자는 정精이 근간이고, 여자는 혈血이 근간을 이룬다. 그러므로 정이 많아지면 정사를 원하게 되고, 혈이 왕성할 때는 임신하기 쉽다. 만약 고양절음(孤陽絶陰, 음을 끊어서 양만 있는 것)해서 양만 있고 음이 없게 되면 속이 불붙는 듯한데, 이때는 정상적인 배출이 되지 않아 추웠다 뜨거웠다를 거듭하면서 종국엔 질환을 야기한다.

미색은 뼈를 부수는 도끼와도 같다

『음부경陰符經』에는 다음과 같이 나와 있다.

음란한 소리나 미색美色은 뼈를 부수는 도끼나 톱과 같다. 세상 사람들은 촛불을 켜들고 그것을 살펴야 하며, 지혜의 검으로 끝없는 애욕을 결연히 잘라내야 한다. 그러면 죽음의 바다에서 표류할지라도 새로운 삶을 맞을 수 있다.

『춘추春秋』에는 다음과 같은 이야기가 담겨 있다.

진나라의 의원이 진후의 병환을 진단하게 되었다. 맥을 본 의원은 '여색을 너무 가까이한 것이 질환의 원인입니다. 귀신의 짓이나 식성과는 아무런 상관이 없습니다'라고 했다. 그러자 진후가 물었다.

"그러면 여색을 접하지 말아야 한단 말인가?"

의원이 이렇게 대답했다.

"적당히 절제할 줄 알아야 합니다."

『원기론元氣論』에는 다음과 같은 내용이 들어 있다.

욕망은 그 끝이 없는 것이며, 생명은 무한한 것이 아니다. 유한한 생명으로 무한한 욕망을 만족시킨다는 것은 자살 행위나 다름없다.

『선경仙經』은 다음과 같이 알려준다.

피로가 얼굴에 보이지 않고, 정력에 흔들림이 없고, 마음이 조용하면 장수할 수 있다.

다음은 여러 책자들에 기재되어 있는 내용을 정리한 것이다.

소리나 미색에 빠지면 정애精愛에 얽히게 된다. 마음에 생각이 있고 행동에 집착이 따르면, 밤낮으로 상념과 꿈에 빠져 끝없는 욕망에 시달리게 된다. 이렇게 되면 영혼은 피로에 지쳐 피폐해지고, 몸이란 집은 보배가 없어 쇠퇴하고 만다.

절제 없이 정욕에 빠져 너무 방종하면, 자연히 몸에 해가 된다. 마치 고목이 바람이 불면 꺾이고 터진 둑이 물을 만나면 무너지는 것과 같다. 진실로 정욕을 절제할 줄 알면 자연히 장수하게 된다.

사람의 장수와 요절은 절도를 지키는 것에 달려 있다. 만약 제때에 휴식할 수 있으면 장수를 누릴 것이고, 정욕을 멋대로 내버려 두면 생명은 아침 이슬과 같다.

정욕이 강하면 정精에 손상이 가게 마련이다. 사람에게 보배로운 것은 생명이요, 아껴야 하는 것은 몸이요, 중시해야 하는 것은 정력이다. 간장에 정기가 부족하면 눈이 빛을 잃게 되며, 폐에 정기가 원활하지 못하면 근육이 마르게 되며, 신장의 정기가 부족하면 정신의 기운이 부족해 보이고, 비장의 정기가 모자라면 치아와 머릿결이 손상된다. 만약 정기를 끊임없이 소모한다면, 질병이 생기면서 사망에 이르게 된다.

염복을 누리는 자는 수명이 짧다

부부가 오랫동안 헤어졌다가 재회할 때는 각별히 조심해야 한다. 부부간에 서로 즐길 수 있는 것은 사랑이 있기 때문이다. 그러나 사랑하는 이를 도가 넘는 정사로 끌어들여 피곤하게 만드는 것은 취할 바가 아니다. 마찬가지로 아내가 남편을 기진맥진하게 만드는 것도 진정으로 사랑하는 부부가 취할 바가 아니다.

부부는 항상 이런 점을 염두에 두고 자신을 다스려야 하는 것이니, 어느 한쪽이 이를 이해하지 못하면 다른 한쪽이 자세히 설명해서 설득해야 한다.

부부가 잠자리에 들면서 털끝만한 욕념欲念도 일으키지 않은 채 서로 포옹하면서 잠이 든다면, 음양의 정기가 서로 감응을 일으키고 서로 조화를 이룰 수 있어서 건강에 아주 유익하다. 그러나 욕념이 일단 발동하면 이것은 실패로 돌아간다.

무릇 염복을 즐기는 자는 반드시 신체에 이상이 생기면서 주어진 명대로 살지 못한다. 정이 너무 넘쳐 정기가 큰 손상을 입는 경우가 있는데, 이 역시 조물주가 그의 복을 아낀 것이다. 그런데 혹자들은 이 법칙을 깨기 위해 조물주와 맞서는데, 그 결과 수명으로 받은 복이 절반으로 줄어드니 어찌 그만두지 않겠는가!

제11편 사랑의 최고 경지, 중용

남녀간의 사랑은 인생사의 영원한 화제일 뿐만 아니라 예로부터 해결하기 가장 어려운 문제로 인식되어왔다. 때문에 중용의 원칙을 설파한 공자조차 이 문제에 대해서는 이렇게 탄식했다.

"여자와 소인은 봉양하기 어렵다. 가까이하면 대하기 힘들고, 멀리하면 금방 원망을 사게 된다."

이와 같은 생각은 남존여비男尊女卑라는 유교적 사고의 틀에 얽매여 있기 때문일 것이다. 이런 편견에 기초한 사랑은 그 자체가 중용에 어긋난다.

오늘날 남녀가 평등한 관계 속에서 이루어지는 사랑은 그 안에 중용을 담을 수 있는 넓은 여유를 갖고 있다. 이제 남녀간의 사랑에 있어 어떻게 중용의 원칙을 운용할 수 있는지 알아보자.

함께 만들어가는 사랑

구애求愛

구애는 남녀간의 사랑이 시작되는 시점이다. 이 단계는 사람의 마음을 긴장시키고 울렁이게 한다. 때문에 그 내면을 가장 파악하기 어렵고 행동조차 난처해지는 단계다. 고대 로마로부터 전해지는 『애경愛經』은 우리에게 이 구애 단계의 지름길을 설명해준다.

그 주요 내용은 구애를 할 때 어떻게 공략하고 어떻게 지키며, 어떻게 애교를 부리고 어떻게 퉁기며, 어떻게 맹세하고 어떻게 속임수를 쓰며, 어떻게 칭찬하고 어떻게 질책하는가 등 가장 난해한 문제의 해결 방법을 소개하고 있다.

흥미로운 점은 이처럼 상반된 문제를 처리하는 서양의 방법이 동양에서 내려온 중용의 사상과 일치한다는 것이다. 그렇다면 『애경』에서 구애의 단계를 어떻게 설명하고 있는지 살펴보기로 하자.

연회가 파할 즈음이면 손님들에게 미인을 접할 기회가 주어진다. 그대는 손님들 틈에 끼어 천천히 미인에게 접근한다. 그리고 손으로 가볍게 그녀를 건드리거나 발로 그녀의 발을 살짝 밟는다.

이때가 바로 서로 대화할 수 있는 절호의 기회다. 쑥스러움은 멀리 던져버려라! 기회와 비너스는 언제나 용기 있는 자를 찾는다. 그대가 언변에 능하다면 가르쳐줄 필요도 없을 것이니, 처음 시작이 순조로우면 생각도 자연스럽게 펼쳐진다.

그대는 사랑하는 이의 안색을 살피고, 그녀와의 대화 속에서 자신이 사랑의 피해자라는 인상을 굳게 심어줘야 한다. 그러한 신뢰를 얻는 일은 실제로 어렵지 않다. 여성은 모두 자신이 사랑을 받을 만한 자격을 갖추고 있다고 생각한다. 설령 가장 못생긴 여성일지라도 자신있게 애교를 부릴 수 있다.

수많은 가상의 연애가 현실로 이루어진다면 얼마나 감동적이겠는가! 젊은 여성들이여, 사랑을 표현하는 남자들이 어리석어 보이더라도 그들을 미워하지 말라! 그들은 사랑을 위해 자신을 그렇게 보이는 것일 뿐이다. 때가 되면 그들은 그대에게 더 많은 진실함과 성실함을 보여줄 것이다.

남자는 이러한 기회에 교묘하게 여성들의 환심을 사야 한다. 바치 강물이 서서히 기슭을 적시듯이 쥐도 새도 모르게 진행되어야 한다. 또한 추호의 망설임도 없이 그녀의 자태, 헤어스타일, 그리고 가녀린 손과 깜찍한 발까지 아낌없이 칭찬을 해줘야 한다.

정숙하고 아름다운 그녀는 그대의 끝없는 찬미에 점차 호감을 갖게 될 것이다. 그녀의 미모에 대한 아낌없는 찬미는 그녀로 하여금 점차 그대와 가까워지게 하는 첩경이다.

그대는 기회를 보아 대담하게 맹세할 줄 알아야 한다. 여성이 가장 쉽게 끌리는 말은 아름다운 맹세다. 물론 이러한 맹세가 아무런 의미가 없을 줄 뻔히 알면서도 말이다. 큐피드는 하늘에서 이러한 유치한 노릇을 내려다보며 비웃겠지만, 인간이 사랑을 이루기 위해서 맹세는 더없이 중요한 것이 아닐 수 없다.

 신이 실제로 우리에게 어떻게 작용하는지는 모르지만, 그들이 확실히 존재하며 우리에게 행운을 가져다준다고 믿자. 그렇다면 적절하게 향과 술을 신들에게 바쳐야 할 것이다. 그들이 언제나 수면 상태에서 휴가를 즐기고 있다고만 생각하지 말라. 그대가 조금이라도 성실하지 않은 생활을 하면, 그들은 침묵을 지키지 않을 것이다. 따라서 신들이 지켜본다고 생각하고 언제나 정숙하고 선하게 살라.

사랑에서도 마찬가지다. 맹세가 가짜일지라도 그녀를 사랑하는 마음만은 진심이어야 한다. 그러나 눈은 눈으로 갚듯이 악과 위선에 대해서는 절대로 양보할 수 없다. 만일 그녀가 악한 종류의 인간이라서 그대의 선심을 악용한다면, 그녀는 그에 마땅한 징벌을 받게 될 것이다.

눈물은 비상의 무기다. 때로는 철석같은 마음도 녹일 수 있는 것이 눈물이다. 그대는 애인이 당신의 눈물을 보고 함께 눈물을 흘리도록 해야 한다. 하지만 눈물이란 흘리고 싶다고 나오는 것이 아니므로, 그런 때는 잔꾀를 부려 눈물이 나오는 것처럼 꾸며야 하리라.

경험 많은 남자는 사랑의 속삭임과 키스를 언제나 같이한다. 애인이 거절하더라고 상관없이 자신이 의도한 바를 끝까지 관철하라. 그녀는 거절하면서 '나쁜 자식'이라는 말까지 할 것이다. 그러나 그 말은 진심이 아니다. 그대는 그저 그녀의 입술이 아프지 않도록 조심하기만 하면 된다.

그대가 키스만으로 만족한다면 미련한 족속이다. 부끄러워하지 말고 더 이상의 것을 강력하게 희망하라. 그것이 무례한 짓이라고? 천만에 말씀, 여성들은 다른 사람에게 주기를 즐겨하지만, 남이 그것을 가져가기를 더 원한다. 사랑하는 사람에게 줄 것을 준다면 그녀는 더욱 즐거워할 것이다. 사랑하지 않는 사람에겐 그러한 짓이 무례한 폭행이지만, 애인들 사이에서는 서로에게 더 이상 없는 선물이 될 수도 있다.

물론 여성으로서 처음 이성에게 애무를 받는 것이 부끄러울 수도 있다. 때문에 그녀는 처음에는 거절할 수도 있다. 그러나 애인인 남자가 능동적이면 그녀는 오히려 기뻐할 것이다.

남자는 지나치게 여자를 기다리지 말고 먼저 능동적으로 표현해야 한다. 이때 남자의 애걸도 필요하다. 애걸도 예술이 있는 법. 그 안에 자신의 목적을 이루려는 성급함이 지나치게 드러나서는 안 된다. 진정한 목적을 감추고 그녀에 대한 충만한 사랑으로 그녀의 마음을 움직여야 한다. 가면이 필요한 것이다. 미인들이 남자들의 이러한 수단에 혹해 친구에서 애인이 된 사례는 이루 다 헤아릴 수 없다.

눈송이같이 하얀 얼굴은 좋지 않다. 바닷물과 햇볕의 세례를 받았다면 그러한 얼굴을 하고 있을 수 없다. 눈송이 같은 얼굴은 농부에게도 어울리지 않는다. 얼굴을 가리지 않고 자연에 노출한 채로 농사일을 하기 때문이다. 그대도 마찬가지다. 사랑의 게임에서 왕관을 쓰게 될 그대에게 지나치게 하얀 얼굴은 역시 어울리지 않는다. 어울리지 않는다기보다 오히려 수치가 된다는 것이 더 정확할 것이다.

그러나 애처로움은 사랑에 잘 어울린다. 애처롭다는 것은 사랑의 증상으로 가장 적합한 것이다. 많은 사람들이 이 점을 대수롭지 않게 생각하는데, 그것은 잘못된 생각이라고 권하고 싶다.

중요한 것은 그 애처로움에 사랑의 고통이 담겨 있어야 하는 것인데, 이러한 효과를 얻기 위해서는 환자처럼 그대의 아름다운 머릿결을 보자기 등으로 감싸는 것도 마다하지 말아야 한다. 사랑 때문에 오는 불면, 번뇌, 고통이 그대를 애처로울 정도로 야위게 하고 있음을 리얼하게 보여줘야 한다. 가능하면 사랑 때문에 그렇게 변하고 있음을 알려줘야 한다. 경험이 있는 자는 이러한 모양을 보기만 해도 즉각 '연애하고 있구나'라고 판단한다.

여자들의 성격은 유사한 점이 있긴 하지만, 다 같은 것은 아니다. 성격에 따라 그에 맞는 방법을 강구해 그녀의 환심을 사야 할 것이다. 한 뙈기의 땅이 모든 농산물에 다 맞는 것은 아니다. 포도 재배에 좋은 땅이 있는가 하면, 밀 재배에 적합한 땅이 있듯 사람의 마음도 천차만별이다.

영리한 자는 사람들의 다양한 성격에 잘 맞추어서 행동한다. 잔잔해진 바다처럼 조용한 사람과, 포효하는 사자와 같은 성격의 소유자에게는 당연히 상대하는 방법도 달라야 한다. 그렇지 않으면 패배하게 마련이다.

가령 순진하고 보수적인 여성 앞에서 세상 물정에 밝다고 자랑하는 것은 위험한 짓이다. 또 얌전한 여성에게 너무 모험적인 일면을 보이는 것도 마땅치 않은 처사다. 남자들의 이러한 속임수 때문에 여자들은 낭패를 볼 때가 많다. 본분을 지키는 남자를 원하는 여자가 부랑자의 꾐에 걸려든 사례는 얼마든지 있다.

사랑을 얻기 위한 속임수는 선의여야 한다. 그 속임수에는 죄와 악이 배제되어야 하니, 그래야만 진정한 사랑을 얻을 수 있다. 단지 용모나 몸매와 같은 외면적인 우세만으로는 부족하다. 잘생긴 외모, 건강한 몸매에다 지적인 내면을 갖추어야 완벽하다고 할 수 있다. 외면적인 우세는 세월의 흐름에 따라 쉽게 사라지지만, 내적인 지혜는 영원히 사라지지 않을 뿐 아니라 오히려 세월이 지나면서 더 풍부해질 수 있다.

지혜는 그대에게 예상 밖의 수확을 가져다줄 수 있다. 일상생활에서도 지혜로 인해 기대치 않던 의외의 수확을 얻는 경우가 적지 않으니, 물질적인 것 외에도 주변 사람들의 호감을 살 수도 있는 것이다. 지혜롭게 살아가는 사람을 사랑하지 않고 거절하는 바보가 어디에 있을까?

사람들의 환심을 살 수 있는 가장 좋은 것은 아무래도 부지런함

일 것이다. 교활한 자와 까다로운 자가 사람들의 혐오를 받는 것은 당연하다. 사람들은 대개 폭력을 즐겨하는 동물, 예컨대 나약한 양을 잡아먹는 늑대나 닭을 낚아채는 독수리 따위를 미워한다. 그러나 그물을 쳐서 제비를 잡는 사람은 없다.

다툼을 즐기고 헐뜯기를 좋아하는 사람을 멀리하라. 남편이 사랑하는 아내를 떠나게 되는 것도, 아내가 사랑하던 남편을 떠나게 되는 것도 대체로 다툼이 그 원인이다. 쌍방이 모두 자기가 옳다고 생각하기 때문에 다툼이 일어난다.

애인은 언제나 듣기 좋은 말을 원하며, 애인과의 동침은 두 사람의 약속에 의한 것이다. 따라서 이 약속을 지속시키기 위해 누구나 상대를 강력히 원하게끔 만드는 노력을 기울여야 한다. 그대의 말소리를 듣고 싶게 하고, 그대를 가까이하고 싶어하고, 그대와 같이하면 즐겁다는 이미지를 심어줘야 한다.

이 책은 돈 많은 사람들을 위한 것이 아니다. 돈을 펑펑 쓰는 사람들은 이러한 것도 필요없고 지혜도 필요없다. 그들은 항상 '이거면 되지' 하면서 돈만 내놓으면 그만이다. 그들의 방법이 더 실용적일 수도 있지만, 그런 사랑은 단명일 확률도 높다. 여기서 소개하는 방법은 그들을 제외한 것이다. 왜냐하면 나 자신도 가난뱅이로서 사랑을 갈망한 적이 있기 때문이다.

사랑하는 사람에게 선물을 줄 능력이 없을 때는 아름다운 언어가 있지 않은가! 가난한 자는 돈은 없지만 아름다운 언어를 사용할 능력까지 없는 것은 아니다. 절대로 다툼을 피해야 한다. 다툼을 겪은 후 다시 화해하려면 금전의 역량이 필요할 수도 있다.

그러나 지혜로운 자는 미연에 그러한 일을 방지할 것이다. 서로에게 상처가 될 만한 일은 피해야 한다. 그러려면 몸도 부지런해야 하지만, 더 중요한 것은 입을 너무 한가롭게 두지 말아야 하는 것이다.

만약 애인이 그대에게 인자한 모습을 보이지 않더라도 참아야 한다. 그것은 일시적일 수 있기 때문이다. 얼마 지나지 않아 그녀는 부드러운 모습을 회복할 것이다. 마치 그대가 작은 나뭇가지를 천천히 구부리면 휘어지지만 힘껏 꺾으면 부러지듯, 애인에 대해서도 이 도리가 통한다. 강을 건너는 것도 마찬가지다. 강의 흐름을 따르면 쉽게 건너편에 닿을 수 있지만, 물살을 거슬러 올라가면 바보 같은 짓밖에 되지 않는다.

여자는 아무리 사나운 것 같아도 결국은 한 남자에게 사로잡히게 마련이다. 마치 훌륭한 말은 훌륭한 기수만이 길들일 수 있듯, 여성도 그에 적합한 남자를 만나야 비로소 여성으로서의 모습을 드러낸다. 지혜로운 남자라면 이 안에 담긴 도리를 잘 터득해야 한다.

만약 애인이 그대의 의견에 따르지 않으면, 그때는 양보를 하라. 일시적 양보는 앞날의 승리를 보장한다. 무엇이든 그녀의 의도에 따르고, 어느 때든 그녀의 의사를 만족시켜줘라. 그녀가 싫어하면 나쁘다고 하고, 그녀가 칭찬하면 좋다고 맞장구를 쳐준다. 그녀가 웃으면 같이 웃고, 울면 같이 눈물을 보여줘라.

한마디로 그녀의 눈치를 보면서 그에 맞추라는 것이다. 게임에서는 절대 이기지 말아야 하며, 잠자리에 들 때는 시중을 들어주고, 춥다고 하면 그대는 몸이 떨리더라도 옷을 벗어줘라. 난처함이나 부끄러움은 잊어버리고 그녀에게 완전히 순종해야 한다. 그러면 철석같은 마음도 녹을 텐데, 하물며 일개 여자의 마음이랴! 결국은 그대의 승리로 끝나게 되고, 그녀는 사랑스럽고 귀여운 모습으로 그대에게 다시 돌아올 것이다.

사랑은 입대한 군인의 생활과 같다. 사랑을 지키지 못하는 나약한 자는 물러나야 할 것이다. 깊은 밤의 고독, 엄동설한의 추위, 장거리 여행의 피곤, 사랑의 쓰고 단 맛, 이 모두를 감내할 수 있는 자만이 사랑을 운운할 자격이 있다.

가령 사랑하는 여인의 집이 꼭 닫혀 있을 때, 그대는 담을 넘고 창문을 통해 그녀의 방으로 들어갈 용기와 지혜를 갖춰야 한다. 그런 행동으로 그녀에게 의외의 기쁨을 줄 수 있다면 말이다. 그대는 사나운 바다를 건너 그녀에게 사랑을 표할 용기와 기력도 갖춰야 한다. 그녀에 대한 그대의 사랑을 그 무엇도 막을 수 없음을 입증해줘야 한다.

사랑하는 그녀를 위해 반드시 귀중한 선물을 준비해야 하는 것은 아니다. 귀중하지 않더라도 적당한 때에, 그대의 뜻을 전할 수 있는 것이라면 그녀에게 족하다. 과일이 무르익는 가을철이라면 그녀에게 신선한 과일 한 광주리를 선물할 수도 있다. 비록 시장에서 샀을지라도 그대가 직접 농장에서 딴 것이라고 한다면, 그녀에게 얼마나 소중한 선물이 될까! 그녀가 문학을 즐긴다면, 그대가 지은 아름다운 시가 그녀에게 얼마나 값진 선물이 될까!

이러한 선물을 받은 그녀가 그대의 어떤 요구노 나 늘어줄 거라고 생각하면, 그대는 흥분하지 않을 수 없을 것이다. 사랑하는 이에게는 금전보다 더 소중한 것이 너무나도 많다. 그대가 그녀의 섬세한 마음을 꿰뚫어볼 수만 있다면, 사랑의 화살은 그대와 멀지 않다.

애인의 뜨거운 사랑을 오래 유지하고 싶다면, 그녀의 미모에 대한 놀라움을 종종 보여줘야 한다. 그녀가 스카프를 바꾸었을 때, 그녀가 색다른 코트를 입었을 때, 그녀가 헤어스타일을 바꿨을 때, 또 그녀가 노래를 했거나 춤을 방금 끝냈을 때…… 그대는 시기를 놓치지 말고 한바탕 칭찬해줘야 한다.

새로운 옷차림이 잘 어울린다고 하거나, 새로운 헤어스타일이 그녀의 미모와 조화를 이룬다고 하거나, 그녀의 목소리가 꾀꼬리 같다고 하거나, 그녀의 춤이 매우 우아하다고 하는 식으로 칭찬을 아끼지 말아야 한다. 실제로는 그렇지 않더라도 그대는 반드시 그렇게 해야 한다. 그녀와의 즐거운 시간을 갖기 전까지는 그녀와의 관계를 가장 예술적으로 처리해야 한다. 그렇지 않으면 남는 것은 불신과 수치일 수도 있다.

가을은 좋은 계절이다. 성숙의 계절이고 수확의 계절이니 말이다. 그러나 우리는 종종 가을에서 겨울의 쌀쌀함을 느끼기도 한다. 이때 그대는 그녀의 건강에 유의해야 한다. 가령 그녀가 변덕스런 날씨 때문에 침대 신세를 지고 있다면, 그대는 최선을 다해 성의를 보여야 한다.

가을은 그대에게 좋은 파종의 기회가 될 수 있다. 온갖 번거로움을 마다치 말고 그녀의 심부름을 들어주며, 그녀에게 그대의 가슴 아파하는 모습과 눈물을 보여야 한다. 키스를 자제할 필요는 없다. 가능하면 그녀가 그대의 짭짤한 눈물을 맛볼 수 있도록 해야 한다. 그리고 그녀 앞에서 늘 높은 소리로 완쾌를 빌어야 하며, 늘 멋신 꿈을 만들어 그녀를 즐겁게 해야 한다.

그녀에게 이 모든 것은 틀림없이 아름다운 추억이 될 것이다. 그러나 지나친 아부는 금물이며, 환자에게 여러 가지 금기를 강조하는 것도 금물이다. 그대는 이 두 가지를 초월해야 한다.

여자의 결점을 지적하는 일은 어리석은 짓이다. 애인들 사이에서는 더욱 그러하다. 사랑한다면 상대의 결점까지 사랑해야 한다. 자신이 좋아하지 않더라도 그것을 미워하지 않도록 노력해야 한다. 갓 시작된 사랑에서 이것은 아주 중요하다.

나약한 사랑의 꽃은 약간의 풍파도 이겨내지 못할 수 있다. 오직 시간만이 해결의 마법사다. 시간이 지나면 모든 것이 눈에 익고 습관이 되어 생활화가 될 것이다. 그때는 여윈 것도 날씬하게 보일 것이고, 뚱뚱한 것도 풍만하게 보일 것이다. 서로가 서로에게 습관이 되어 나오는 적응이다.

애인의 나이와 출신을 묻지 말아야 한다. 그것은 검찰관의 임무이지 그녀를 사랑하는 그대가 할 일이 아니다. 그녀가 청춘의 시기를 넘겨 머리털에 약간의 성에가 끼기 시작한 나이라면 더더욱 조심해야 한다.

젊은 친구들이여, 나이를 따지지 말라! 사랑에 나이가 무슨 상관인가! 혹시 많은 사람들이 거들떠보지 않는 연령층에 더 달콤한 사랑이 숨어 있을지 누가 알랴! 그대의 젊음과 패기는 이때 더욱 소중한 것이 될 테니, 때를 놓치지 말고 힘을 내라. 남자의 모든 열정과 힘을 그 부인들에게 드려라. 이것을 최후의 병역 봉사라고 생각하라. 그대에게 소중한 무엇이 주어질 것이다.

부인들은 사랑에 대한 상당한 지식을 갖고 있다. 그러한 지식과 경험은 그녀들을 사랑의 예술가의 경지에 이르게 한다. 그녀들은 짙은 화장으로 시간이 남긴 흔적을 가리고, 부인의 늙은 추태를 보이지 않으려고 조심할 것이다. 부인들은 그대에게 지대한 관심을 보일 것이고 애교 섞인 자태도 나타낼 것이다. 어떤 춘화도 그녀들의 모습을 담아내지 못할 것이다.

진정한 만남의 즐거움은 두 사람이 함께 만드는 것이다. 동상이몽은 금물이다. 애인과 누워서 엉뚱하게 농사일이나 생각한다면, 그것이 사랑에 지장을 초래하는 것은 당연한 일이다. 서로가 상대의 사랑을 느끼면서 그것을 감정으로, 혹은 행동으로, 혹은 기쁨의 소리로 표현할 때만이 사랑은 클라이맥스에 도달한다. 상대에 대한 애걸도 있고, 복종도 있는 사랑만이 진정한 기쁨을 가져다줄 수 있다.

얼으려면 먼저 줘라

성애性愛

남녀간의 결합은 사람에게 가장 아름다운 일이자 가장 위험한 일이다. 그것은 삶의 기쁨을 수는 감동이 되기도 하지만 자칫하면 타락한 범죄의 모습으로 변신하기도 한다. 그렇다면 어떻게 해야 이성간에 최선의 결합을 이루어낼 수 있을까? 에리히 프롬은 『사랑의 기술』에서 다음과 같이 말하고 있다.

성애란 상대와의 완전한 융합, 즉 다른 사람과 한 덩어리가 되려는 갈망이다. 성애는 본질적으로 배타적이지 보편적이 아니다. 그런데도 일종의 사랑으로 여겨지고 있기 때문에 가장 쉽게 사람을 기만하는 것일 수도 있다.

우선 성애는 순간적으로 '사랑에 빠지는' 폭발적인 경험, 즉 그 순간까지도 타인이었던 두 사람 사이의 장벽이 무너져 내리는 성 경험과 섞여 있다. 그러나 이처럼 급작스럽게 친밀해지는 감정은 본질적으로 오래갈 수 없다.

두 사람이 일단 친밀해진 후에는 더 이상 극복해야 할 장벽이 없기 때문에 그들의 관계는 다시 깊어질 수 있는 원동력을 잃게 된다. 사랑하는 상대를 완전히 파악하고 있는 것 같지만, 실제로는 아무것도 모르고 있다. 따라서 사랑하는 상대로 하여금 자기 내면을 한층 더 이해할 수 있는 기회를 만들어주고, 동시에 자신도 상대의 깊은 인격을 이해할 수 있는 기회를 갖는다면, 더 이상 이해할 것이 없다는 느낌은 사라질 것이다. 뿐만 아니라 매일 새로운 느낌이 새록새록 살아날 것이다.

유감스러운 것은, 세상 사람들은 이런 점을 감지하지 못하고 모든 것을 쉽게 드러낸다는 점이다. 이런 부류의 사람들에게는 이성간의 사랑이란 단지 성적 접촉에 그칠 뿐이다. 그들은 다른 인간과의 분리를 주로 신체적 분리로 경험하기 때문에 육체적인 결합은 그 분리를 극복하는 것을 의미하는 셈이다.

사람들은 나름대로 분리의 감정을 극복하는 방법을 갖고 있다. 자신들의 사생활을 서로 터놓고 이야기하거나, 자신의 희망과 불안을 털어놓거나, 자기 성격의 어린이 같은 면을 보여주거나, 세상에 대한 공통의 관심사를 키우는 일 등이 분리를 극복하는 것으로 받아들여지고 있다. 심지어 자신의 분노를 보여주는 것, 자신의 애증을 보여주는 것, 자신의 나약한 자제력을 보여주는 등 극단적인 방법도 친밀감을 가져온다고 한다.

이러한 방법은 부부간에 서로 품고 있는 변태적인 매력을 설명해주는데 부부는 잠자리를 같이할 때나, 혹은 서로 미워하거나 분노를 터뜨릴 때만 더 친밀하게 보이는 것이다. 하지만 이렇게 이루어지는 친밀함은 시간이 지나면서 점차 사라져버린다. 가령 뜻하지 않게 낯선 사람을 만나 사랑에 빠지게 되면, 똑같은 수법으로 새로운 친밀감을 만들어간다.

이러한 반복을 얼마나 할지는 그 누구도 장담할 수 없다. 다만 강렬한 사랑의 감정이 누그러지면, 새로운 사랑은 저번과 다르리라는 착각에 빠져 다시 새로운 정복, 새로운 사랑을 찾으려는 희망으로 끝난다. 이와 같은 착각은 원래 성적인 욕망이 사람을 미혹에 빠지게 하듯, 그 기만적인 성격에 의해 강화된다.

사람을 한 몸으로 만드는 성적인 욕망은 생리적 욕구일 뿐만 아니라 고통과 긴장의 완화이기도 하다. 성적인 욕망은 사랑에 의해 자극되는 것이 일반적이고 정상적이지만, 반드시 그러한 것만은 아니다. 때로는 고독감과 초조감, 정복하고 싶다거나 정복당하고 싶다는 감정, 허영심이나 심지어 상처를 주거나 파괴하고 싶은 욕망도 성적인 욕망을 자극할 수 있다.

성적인 욕망은 강렬한 정서와 쉽게 결합되며, 그 정서에 의해 쉽게 자극을 받는다. 뿐만 아니라 사랑을 그 강렬한 정서의 하나로 취급하는 것 같다. 성적인 욕망은 거의 모든 사람의 마음속에서 사랑이라는 관념과 짝을 이루고 있기 때문에 그들은 서로의 육체적 욕구가 일치하면 사랑하고 있다고 착각할 때가 많다.

물론 사랑은 성적인 결합에 대한 욕망을 불러일으킬 수 있다. 그러나 사랑의 자극 속에서 이루어지는 육체적 관계에는 탐욕이나, 정복하거나 정복당하고 싶다는 욕망은 포함되어 있지 않으니, 시종일관 화기애애한 분위기 속에서 부드러운 사랑을 속삭일 수 있다.

반면 성적인 욕망이 앞서 말한 사랑 외에 다른 감정의 자극으로 이루어지면, 결과는 그 반대일 수밖에 없다. 그것은 도취적이고 순간적인 관능적 융합 이상이 될 수 없다. 짧은 순간의 결합이 지나가고 환상이 사라지면 두 사람은 점차 생소함을 느끼게 되고, 그 감각이 날로 심해지면 결국 이별의 결과를 초래하게 된다.

중요한 문제는 이로 인해 두 사람이 서로에 대한 부끄러운 인상을 갖거나, 심지어 증오의 감정을 유발할 수 있다는 것이다. 친밀함은 프로이드가 믿었던 것처럼 성적 본능의 승화가 아니라 형제애의 직접적인 결과다. 그리고 육체적이지 않은 사랑에도 존재하지만 육체적인 형태의 사랑 속에도 존재한다.

성애는 형제애나 모성애에서는 찾아볼 수 없는 배타성을 갖고 있다. 성애의 배타적 성격에 대해서는 좀더 많은 검토가 필요하다. 일반적으로 성애의 배타성은 사랑하는 상대에 대한 소유욕으로 잘못 해석되기 일쑤다.

우리는 일상생활에서 서로 사랑에 '빠져 있는' 두 사람이 다른 사람에 대해서는 별다른 사랑을 느끼지 못하는 것을 볼 수 있다. 이들의 사랑은 실제적으로 '쌍방의 이기주의'에 불과하다.

두 사람은 개인이란 단일한 개체를 두 개의 개체로 확장함으로써 분리란 과제를 해결하고자 한다. 그들의 고독에 대한 극복은 단두 사람 사이에서 이루어진 것이기 때문에 나머지 사람들과는 여전히 분리되어 있으므로 소외된 상태로 남는다. 따라서 고독을 극복한 그들의 '결합'도 일종의 환각에 지나지 않는다.

성애는 배타적이긴 하지만, 상대방을 통해 모든 사람과 살아 있는 모든 생명을 사랑할 수 있다. 오직 그 중에 한 사람과 가장 전체적이고 가장 강렬한 융합을 이룰 수밖에 없다는 의미에서만 성애는 배타적이다. 성애가 타인에 대한 사랑을 배제하는 것은 성적인 융합의 의미, 즉 생활의 모든 면에서 완전히 양보한다는 의미에서 배타적일 뿐 결코 깊은 형제애에서 나오는 것은 아니다.

성애도 일종의 사랑이라면 그 전제조건이 있다. 즉 '나는 내 존재의 본질로부터 사랑하고 있고, 상대방을 그의 존재의 본질에서 경험한다'라는 전제조건을 갖고 있는 것이다. 우리는 누구나 모든 인간의 일부인 동시에 전체를 이루고 있다. 그렇다면 우리가 사랑하는 사람이 누구든 별 상관이 없다.

사랑은 본질적으로 의지에 따르는 행동이니, 그것은 자신의 인생을 상대방에게 완전히 맡기겠다는 결단의 행위여야 한다. 이것이 바로 결혼은 파기할 수 없다는 사상의 배경이 되며, 두 배우자가 서로를 선택하는 것이 아니라 서로를 위해 선택됨으로써 서로의 사랑을 기대하고 있는 전통적인 결혼의 지렛대가 되고 있는 근본적인 이유다.

그러나 현대 서양 문화에서는 이런 생각을 잘못된 것으로 여기고 있다. 그들은 사랑을 자발적인 정감의 산물로 여기고 있으며, 불가항력적이고 돌발적으로 발생하는 감정에 사로잡힌 결과로 파악한다. 이런 관점에서 모든 남자는 아담의 일부분이며, 모든 여자는 이브의 일부분이라는 사실보다 서로 관계를 맺은 두 사람의 특수성만 볼 뿐이다.

그들은 성애의 중요한 요인, 즉 의지를 무시하고 있다. 누구를 사랑한다는 것이 단순히 강렬한 감정만은 아니다. 그것은 하나의 결정이고, 판단이며, 약속이다. 가령 사랑이 감정뿐이라면, 영원히 사랑하겠다는 약속의 근거는 사라져버릴 것이다. 왜냐하면 감정은 나타났다가 사라질 수도 있기 때문이다. 만약 나의 행위에 판단과 결단이 포함되어 있지 않다면, 어떻게 이 사랑이 영원할 거라고 판단할 수 있겠는가.

따라서 사랑은 처음부터 끝까지 의지와 약속에 따른 행동이며, 그렇다면 기본적으로 사랑하는 대상이 누구인지는 전혀 문제가 되지 않는다. 결혼이 타인에 의해 주선된 것이든, 아니면 스스로 선택한 것이든 일단 혼인이 이루어지면 의지의 행동이 사랑의 지속을 보장하려고 노력한다. 그러나 이런 견해는 인간의 보편적인 인성과 성애의 모순적인 성격을 보지 못한 처사다.

사람은 인간이라는 정체성을 이루면서도 각자 상이한 특수성을 지니고 있으며, 이러한 모순은 인간관계에서 구현되고 있다. 즉 우리는 동일한 정체성 속에서 형제간의 우애로 모든 사람들을 사랑해야 하는 동시에 상이한 특수성에 의해 고도의 개성화가 각자에게 요구되는데, 이는 바로 성애에서 구현되는 것이다. 성애에서 요구되는 특수성은 전체가 공유할 수 없는 두 사람만의 특별하고 개인적인 특성이다.

따라서 이 두 가지 견해, 즉 성애를 두 사람 사이에만 존재하는 완전히 개인적인 독특한 매력으로 보는 견해와 성애를 의지의 행위 외에는 아무것도 아니라는 견해는 모두 옳다. 그러나 좀더 적절히 표현한다면, 이런 견해는 정확하다고도 할 수 있고 모두 잘못된 것이라고도 할 수 있다. 마치 성애로 이루어진 관계가 파멸되면 즉각 헤어져야 한다는 관점과, 성애의 관계는 어떠한 상황에서도 파멸되지 말아야 한다는 관점이 모두 편파적인 것처럼 말이다.

남녀간의 사랑은 사람마다 특수성이 있다고는 하지만, 모두 의지적인 행위로서 그 공통성 또한 무시할 수 없다. 중요한 것은 사랑하는 사람이 서로 동시에 만족을 느껴야 하는 것이다.

사랑에 빠진 사람들이여, 너무 조급해하지 말라! 그대에게 속한 것은 반드시 올 것이기 때문이다.

사랑에도 호사다마란 말은 통한다. 사랑하는 여인이 그대의 애무를 요구하고 있을 때, 그대는 서슴지 말고 그녀의 소원을 들어줘라. 그 대가로 그녀의 은은한 눈빛이 그대를 상대할 것이다. 다음에는 달콤한 속삭임, 가슴을 설레게 하는 신음이 있을 것이다.

그러나 그대는 그녀를 버려둔 채 홀로 극락의 세계로 떠나가지 말아야 한다. 두 사람은 함께 사랑의 목적지에 도달해야 하며, 동시에 서로 패배한 듯이 무기력하게 쓰러질 때야말로 사랑의 최고 경지에 이른 것이다. 그 무슨 번거로운 재촉과 무서운 공포의 위협 없이, 오로지 그대에 의하여 사랑의 배는 여유 있게 건너편 언덕을 향하여 움직일 것이다.

중국의 고대 서책들 가운데는 이성의 결합에 대해 이와 유사한 사상들이 많이 나타난다. 손사막의 『천금요방千金要方』에는 다음과 같은 내용이 담겨 있다.

여인을 다루는 방법은 기운을 아직 감응시키고 싶지 않아서 양기가 미약할 때 즉시 교접해야 한다. 반드시 천천히 유희하면서 정신과 마음이 조화롭게 감응하도록 해야 한다. 오래 있으면 음기를 얻을 수 있는데, 이때 양기로 밀어내면 잠깐 동안에도 스스로를 강화할 수 있다.

……소위 약하게 들어갔다가 급하게 빼내는 것이다. 나아가고 물러서는 것을 느리게 하다가 정情이 발동할 때 그친다. 무턱대고 덤비듯이 하지 말아야 하니, 그때는 오장이 뒤바뀌어 맥을 다치게 되어서 백 가지 병을 부른다. 그러나 여러 번 교접하더라도 신중하고 정밀하게 하면, 모든 병을 다 치유하고 수명도 날로 길어진다.

……기운을 취하려면 깊게 교접하고서 움직이지 말라. 오래 있으면 기가 위로 오르면서 열이 나는데, 이때 입을 맞추어 여인의 기를 받아 삼킨다. 그런 다음 서서히 진퇴를 거듭하다가 뜻이 움직이면 멈추고, 눈을 감고 휴식하면서 자리에 누워 도인導引하면 신체가 건강해진다.

……양은 화火이고 음은 수水이다. 물이 불을 끄는 것처럼 음도 양을 소실케 한다. 따라서 너무 오래 지속하게 되면 음이 양을 이기게 되어 오히려 양을 해치게 되니 얻은 것을 잃을 수 있다.

……정기가 약해지면 질환이 따르게 되고, 정기가 바닥을 드러내면 생명이 끝을 맺게 되니 조심하지 않을 수 없다. 수차례 교접한 후에 한 번 사정을 하면 정기가 늘어나서 사람의 건강을 허하게 하지 않으나, 교접하자마자 사정을 하는 경우에는 그 이익이 적다. 교접하자마자 사정을 하면, 정기가 자연적으로 보충되더라도 그 효과가 더디고 미약하다. 반대로 여러 번 교접한 후에도 사정하지 않으면 정기의 보충도 신속하다.

『선경』에서는 다음과 같이 말한다.

여자를 다루는 법에서 한 달에 두 번씩, 1년에 24번 배설하면 2백 세까지 질병 없이 무난히 살 수 있다. 거기에다 약까지 복용하면 더 오랜 수명을 누릴 수도 있다.

일반인은 20대에는 4일에 한 번씩, 30대는 8일에 한 번씩, 40대는 16일에 한 번씩, 50대는 20일에 한 번씩 배출해야 하고, 60대에는 정문精門을 굳게 닫아서 배출하지 말아야 하며 아주 건강할 경우에도 한 달에 한 번을 넘기지 말아야 한다.

정력이 너무 강한 사람은 억지로 참지 말아야 하니, 오래도록 배출하지 않으면 질병이 생길 수 있기 때문이다. 만약 60살이 넘어 수십 일을 교접하지 않았는데도 평정된 마음을 가질 수 있는 자는 스스로 굳게 닫을 수 있다.

『포박기抱朴子』에서는 4계절 동안 부부가 지내는 방법을 소개하고 있다.

봄의 즐거움

남편은 어리고 아내는 마음이 고우며, 남편이 순하고 아내가 공손하면, 그들의 기후는 하늘이 화창하고 햇볕이 따뜻할 것이다. 또한 꾀꼬리가 울고 제비가 쌍을 지어 즐겁고 명랑한 기분이 항상 그들과 함께 할 것이다. 따라서 부부의 성생활도 깨가 쏟아져 서로 손을 잡고 꽃길을 걷는 것과 같다.

여름의 즐거움

여름에는 넓은 뜨락, 깊은 사랑채, 아름다운 병풍들이 둘러 있는 가운데 한밤의 등불 또한 풍치를 돋운다. 연못에는 연꽃, 연못 주변에는 휘휘 늘어진 실버들이 하늘거리고 있다. 버들가지 같은 허리에, 날씬한 몸매를 가진 아내가 아름답게 단장해 남편을 맞는 그 광경은 누가 봐도 감탄을 자아내리라. 훈훈한 사랑방에 들어가는 부부의 모습은 마치 한 쌍의 원앙새가 노니는 채색화를 방불케 한다.

가을의 즐거움

옥 깔개 위에 자리를 하고서 풍류 가락을 듣고 있는 풍경. 은은한 달빛은 주렴 사이로 비치고, 향기는 사랑채를 가득 채운다. 아끼고 사랑하는 부부의 마음 또한 한량이 없을 것이다.

겨울의 즐거움

겨울이 왔다. 난실暖室에서 향기로운 규방을 다녀도 꼭 손을 쥐고 다니는 부부. 겨울의 추위도 그들 사랑의 열정에 녹아버린다. 손화로를 안고 약주 잔을 기울이면서 눈을 맞추며 웃는 그 모습이 비길 데 없이 풍요로운 생활이다.

욕망을 자제하라

자애自愛

남녀관계에서 가장 금해야 하는 것은 바로 방종이다. 그것은 정상적인 일이나 생활, 그리고 건강에도 상상할 수 없는 해악을 가져오기 때문이다. 이런 까닭에 중국의 전통적인 양생법에서는 중용에 근거한 절욕(節慾, 욕망의 절제)의 개념을 제시하고 있다. 명나라의 고렴高廉은 『준생전遵生箋』에서 다음과 같이 말하고 있다.

인생을 살아가면서 아름답게 단장한 여색을 보면 누구나 유혹을 느낄 것이며, 쾌락에 탐닉하고 싶은 마음도 누구에게나 얼마간은 있을 것이다. 하지만 그와 같은 쾌락 뒤에 큰 화가 따르고 있는지 여부는 누구도 추측할 수 없을 것이다. 그래서 일찍이 장생은 '사람에게 가장 두려운 것은 잠자리에서 절제하지 못하는 것'이라고 했다. 이처럼 양생에서 가장 중요한 문제는 욕망의 절제다. 욕망을 절제해야 하는데도 욕망대로 한다면, 그 욕망을 건전히 쓰는 것이 아니라 오히려 해치는 것이 아니겠는가.

……양생의 이치와 고요함을 지키는 방법은 지혜의 검으로 세속

과의 인연을 잘라내고 밝은 눈으로 환영을 꿰뚫어보는 것이다. 죽음이 내 생명을 빼앗아가지 않도록 청정하고 담박한 가운데 세속의 쾌락을 물리쳐야 하며, 또 생명으로 하여금 죽음을 재촉케 하지 말고 성품을 굳건히 하고 성의誠意를 간직함으로써 정도로 돌아가길 힘써야 한다.

다음은 여러 경서 중에서 욕망의 절제에 대해 언급한 몇 가지 내용을 정리한 것이다. 욕망을 억제하기 어려운 사람들에게 얼마간이라도 도움이 되길 바란다.

황제가 말했다.

"음양의 조화가 도를 이룬다. 그 조화를 잃고 어느 한쪽에 치우치면 질환이 일어나게 될 것이다. 음과 양 어느 한쪽이 결여된 상태는 마치 봄이 있고 가을이 없거나, 겨울이 있고 여름이 없는 것처럼 그 조화를 잃게 된다. 그러므로 음양의 조화를 이루는 것이 성스러운 법도다. 성인들은 바로 음양의 조화를 이루어 끊기지 않게 함으로써 천진天眞을 지킬 수 있었다."

전원기全元起가 말했다.

"여색을 즐길 때 절제를 못하면 정력이 소모되고, 탐욕과 질투가 그치지 않으면 정신이 산란해진다. 성인은 정精을 아끼고 베푸는 것을 중시하니, 이 때문에 골수가 원만하고 튼튼하다."

고자高子가 말했다.

"욕망을 절제할 줄 아는 자는 매일 경계를 하지 않더라도 저절로 욕망이 없다. 하지만 욕망이 많은 자는 매일 계율을 지키더라도 하루라도 욕망이 없을 수 없다. 만일 천상의 5백 가지 계율을 다

지키라고 하면서 범할 때마다 수명을 깎는다면, 사람은 모두 다 요절하고 말 것이다. 그러므로 너무 엄격한 표준에 맞추는 것도 바람직한 일은 아니다. 하지만 가르침의 뜻은 욕망을 경계하고 절제함으로써 시간이 지나면 그 효과를 보는 데 있다.

내가 수많은 계율 중에서 이 몇 가지만을 열거하는 것은 반드시 지켜야 하는 것이기 때문이다. 양생을 진정 아는 자는 계율을 범할 때의 두려움을 알아서 다음의 내용을 범하지 말아야 한다.

첫째, 음양의 조화를 잘 지키고 교접하는 데 법도가 있으면 수명을 연장한다.

둘째, 동침의 법도를 지키고 대상을 잊을 수 있다면 수명을 연장한다.

셋째, 젊은 남녀에 빠지지 않는 자는 수명을 연장한다.

넷째, 요염함을 탐하지 않고 거리의 여자를 멀리하면 수명을 연장한다.

다섯째, 정精을 황금처럼 아끼고 몸을 보배처럼 간수하면 수명을 연장한다.

여섯째, 약물을 열심히 복용해 하부의 근원을 잘 돋우면 수명을 연장한다.

일곱째, 집 밖의 여색을 탐하지 않고 자기 마음을 흐트러뜨리지 않으면 수명을 연장한다.

여덟째, 망령된 생각을 하지 않고 헛된 꿈을 삼가면 수명을 연장한다.

아홉째, 젊었을 때 환락을 탐하지 않고 늙어서도 계율을 잘 지키는 자는 수명을 연장한다.

열째, 여색을 원수처럼 피하고 정욕을 금할 줄 아는 자는 수명을 연장한다."

이 모든 것은 『음부경』의 다음 내용과 그 일치점을 찾아볼 수 있다.

음란한 소리나 미색美色은 뼈를 부수는 도끼나 톱과 같다. 세상 사람들은 촛불을 켜들고 그것을 살펴야 하며, 지혜의 검으로 끝없는 애욕을 결연히 잘라내야 한다. 그러면 죽음의 바다에서 표류할지라도 새로운 삶을 맞을 수 있다.

사랑은 쉬워도 결혼은 어렵다

소군과 소홍의 비련

남녀간의 사랑은 예술이나 문학의 영원한 주제다. 하지만 오늘날 우리는 조화롭지 못한 결혼생활을 많이 볼 뿐만 아니라, 사랑이 결혼의 과정이라는 종대의 관념조지 흔들리고 있음을 알고 있다. 심지어 결혼이란 사랑의 무덤이라고까지 말하는 사람도 있다.

이와 같은 현실은 이성과 정서의 관계에 대해 심각한 문제를 제기하고 있다. 결혼은 이성적인 선택의 행위이지만, 순수한 이성적 사랑이란 존재하지 않는다. 따라서 결혼이라는 생활의 한 측면에서도 중용의 원칙이 절실하다.

중용에 따라서 남녀간에 빚어지는 이성과 정서의 문제를 처리한다면, 결혼생활은 보다 원활한 균형을 지켜갈 수 있다. 물론 이것은 말처럼 쉽지 않다. 우리가 알고 있는 수많은 현인들도 이 문제만큼은 속수무책인 경우가 많았기 때문이다.

유명 작가인 소군과 소홍 역시 백년해로를 기약한 연인이었지만, 아쉽게도 헤어지고 말았다. 두 사람 모두 문학적 재능이 뛰어났고, 서로를 지극히 갈망했다. 그런데 이런 점이 도리어 그들을 헤어지게 만든 직접적인 원인이 되었다. 소군이 소홍에게 보낸 편지의 일절을 살펴보자.

그대는 이 세계에서 유일하게 나를 이해하는 사람이오. 그래서 나도 그대를 진정으로 사랑하게 되었소. 그런데 지금 이 사랑 때문에 그대와 나는 모두 고통의 심연 속에 빠지게 되었군요. 사랑이 우리 고통의 근원이 되었다고 할까요. 하지만 사랑으로 인해 영원히 고통의 쓴맛을 볼 수만은 없소. 우리 함께 이 질곡을 헤쳐나갈 방법을 찾아봅시다.

소군은 방랑벽을 가진 동북 지방의 사나이였다. 그는 사랑의 고통을 이겨내는 가장 좋은 방법은 인내라고 여겼다. 하지만 그 자신은 언제나 인내하지 못했다.

시인의 낭만적인 품성이 마음을 휩쓸고 지날 때마다 그는 자신의 감정을 참고 있을 수 없었던 것이다. 병이 든 소홍이 일본으로 휴양하러 떠난 후 소군은 이런 내용의 편지를 보냈다.

당신이 떠난 뒤로 매일 화분에 물을 주고 있소. 그런데 불과 이틀 정도 물 주는 것을 잊어버렸더니 꽃이 시들어버렸소. 그래서 오늘 다시 물을 듬뿍 준 다음 화분을 문 옆의 작은 궤짝 위에 올려놓았소. 거기는 햇볕이 잘 들어오는 곳이오. 그 작은 방에 별로 대단한 것은 없지만, 그래도 그대가 떠나고 나니 소중하게만 보이는군요.

소군은 꽃을 아꼈지만 가꿀 줄 몰랐으며, 훌륭한 소설가였지만 훌륭한 애인은 아니었다. 그에 비해 소홍은 겉보기엔 대단히 의연하고 자존심 강한 여자 같았지만, 실제로는 아주 연약하고 민감했다. 일본에 머물면서 소군을 잊지 못하던 그녀는 다음과 같은 편지를 보냈다.

> 지금 한 가지 일을 당신에게 부탁하겠어요. 반드시 어떻게 하겠다는 내용을 답장에 지세히 써서 보내주서야 헤요. 우선 푹신한 베개를 사세요. 이 편지를 보는 즉시 말이에요. 딱딱한 베개는 뇌신경에 나쁘답니다. 당신이 살 수 없으면 답장을 보낼 때 알려주세요. 그러면 제가 여기서 사서 보내드리겠어요. 이곳의 가격이 거기보다 쌀 겁니다. 그 다음 당신이 이불처럼 덮고 있던 모직으로 된 침대보를 하나 더 사세요. 내가 이곳에 가져온 것과 같은 걸로 말예요. 좀 두꺼우면 더 좋고요. 당신이 사러 나가기 싫으면 답장 속에 꼭 알려주세요. 제가 사서 부쳐드릴게요. 그리고 야식은 먹지 말아요.

이러한 글을 쓸 때면 소홍은 자신이 유명한 여류작가라는 것을 잊어버린 것처럼 보인다. 편지에는 보통 여자들과 마찬가지로 연인에 대한 자상한 배려가 절절이 담겨 있다.

그녀에게 가장 중요한 것은 연인의 의식주였다. 연인의 모든 것을 자신의 것으로 간주하는 애틋한 감정은 추호의 상처에도 견디지 못하는 것이었다. 하지만 현실에서는 그런 상처를 피할 수 없었다. 사랑에 의해 받는 상처에 대하여 그 누구를 탓하겠는가. 그것은 단지 영원한 유감으로 남을 수밖에 없는 것이었다.

1930년대 중국 문단에서 가장 행복해 보였던 '이소(二蕭, 소군과 소홍)'의 사랑은 결국 결실을 맺지 못하고 말았다. 1940년 소홍은 홍콩으로 떠났다. 그리고 홍콩이 일본군에 함락된 뒤에는 모진 생활고를 겪어야 했다. 그녀는 1942년 31세의 나이로 세상을 떠났는데, 최후의 시간이 다가오자 그녀는 이렇게 회고했다.

"나는 소군을 사랑해요. 지금도 변함이 없죠. 우리 두 사람은 함께 고난의 세월을 겪어왔어요. 하지만 그의 아내로서의 날들은 너무 힘들었죠."

강철 같은 의지의 소유자인 소군 역시 반세기가 넘도록 단순하고 순박하며 굳센 연인이었던 소홍을 잊지 못했다.